토기장이

"우리는 진흙이요 주는 토기장이시니
우리는 다 주의 손으로 지으신 것이라"(이사야 64:8)

Randy Alcorn

GIVING

우리가 나눌 때 일어나는 일들

랜디 알콘의 기빙

랜디 알콘 지음 • 김신호 옮김

토기장이

Giving is the Good Life:
The Unexpected Path to Purpose and Joy
by Randy Alcorn

Togijangi B/D 3F, Mangwonro 26, Mapogu, Seoul 04007 Korea

This Korean edition is published by arrangement with
Tyndale House Publishers, Inc.
(351 Executive Drive Carol Stream, IL 60188 USA)

특별한 표기가 없는 모든 성경 구절은 개역개정성경을 인용한 것입니다.

랜디 알콘의

기빙

추천의 글

"사랑하지 않고도 줄 수는 있지만 주는 것 없이 사랑할 수는 없다"

이 책의 원제는 「멋진 인생의 비결, 나눔」이다. 늘 나눌 준비가 되어 있는 저자의 삶이 던지는 메시지는 파워풀하다. 그는 동네 슈퍼를 가더라도 천국을 소개하는 자신의 소책자를 들고 다닌다. 그리고 주변을 둘러보며 물건 사기를 망설이거나 결제하기를 주저하는 사람들에게 다가가서 조심스레 3불이나 5불 정도의 작은 나눔을 통해 복음을 전한다. 이 중에는 그날 자살을 하려던 사람도 있었는데 아무 이유 없이 베푼 저자의 작은 사랑을 통해 살기를 선택하며 크리스천이 된 경우도 있다.

저자는 우리에게 늘 주변을 살펴보라고 말한다. 뿐만 아니라 각 챕터마다 소개되는 나눔 예화들은 그야말로 나눔이 일으키는 '기적'의 현장들이다. 책 속에 이런 고백이 있다. "우리 부부는 지난 30년 동안 팔린 천만 권 이상의 책의 인세를 하나님 나라의 일을 위해 드리는 특권을 누려왔다." 그에게 나눔은 의무가 아니라 특권이라는 것이다. 그는 EPM(Eternal Perspective Ministry)이란 사역단체를 세우고 평생 헌신해 오고 있다. 영원의 관점에서 우리의 인생을 살아가며 재정을 쓰도록 가르치는 사역이다. 천국을 강조하며 이 땅에서의 나눔은 천국으로 미리 보내는 놀라운 투자라는 점을 지속적으로 가르친다.

"주님은 우리의 돈과 시간을 들여 다른 사람을 사랑하는 급진적인 삶을 살도록 우리를 부르셨다. 이 부르심은 손해처럼 보이지만 정확하게 우리의 삶을 확장하고 향상시킨다. 우리의 돈과 소유를 하나님의 손에 맡기는 것은 영원까지 이어지는 투자다."

"결산의 날이 반드시 있기에 영원한 투자 수익률(EROI)을 기억하라. 나눔은 수익률이 좋은 투자다. 사랑하지 않고도 줄 수는 있지만 주는 것 없이 사랑할 수는 없다. 그러니 급진적인 나눔을 하라." 이것이 이 책에서 시종일관 강조하는 나눔의 영성의 핵심이다. 결과적으로 급진적인 나눔은 주님이 약속하신 '풍성한 인생' 즉 우리 모두가 꿈꾸는 멋진 인생으로 우리를 인도한다는 것이다.

저자를 비롯해서 책 속에 소개된 나눔의 예화 주인공 그 누구도 억지로 나눔을 하는 경우는 없다. 기꺼이 단순하게 살기를 결정하고 자신에게 주어진 돈과 소유를 복음을 전하기 위해, 하나님 나라의 확장을 위해 나누는 삶을 선택한 것이다. "의사처럼 일하고 간호사처럼 쓰겠다"는 어느 의사의 고백도 도전을 준다.

저자는 '무엇이 진정 멋진 인생인가'라는 제목으로 이 책을 시작하며 답은 '관대한 나눔의 삶'이라고 결론짓는다.

"우리가 나누면 하나님이 기뻐하시고, 우리의 선물을 받는 사람이 행복해하고, 우리도 행복해진다. 사탄만 제외하고 모두가 이기는 게임이다. 나눔에 대한 보상은 천국에서만 주어지는 것이 아니라 이 땅에서도 얻을 수 있다. 그것은 바로 진정한 평안과 자족, 기쁨이다."

독자 여러분, 저자의 영성을 너무 부담스럽게 받아들이지 않기를 바란다. 바로 오늘부터 하나님이 주시는 마음이 있다면 작더라도 '나눔의 모험'을 시작해 보자.

이렇게 멋진 책을 추천하게 되어 감사하고 영광스럽다.

이찬수 분당우리교회 담임목사

차례

추천의 글

1장 무엇이 멋진 인생인가 • 9

PART 1 멋진 인생

2장 돈을 많이 갖는 것이 멋진 인생은 아니다 • 25

3장 더 나은 종류의 풍성함 • 45

4장 사랑은 어떤 모습일까 • 65

5장 우리가 할 수 있는 최고의 투자 • 85

6장 부자가 되는 것의 위험성 • 99

7장 당신의 보물을 오래 안전한 곳에 보관하라 • 117

PART 2 돈에 대한 나쁜 소식과 좋은 소식

8장 자족: 얼마만큼이 충분한가 • 133

9장 돈: 축복인가 저주인가? • 151

10장 돈이 당신의 영혼에 할 수 있는 것은 무엇인가 • 171

11장 돈에 대한 좋은 소식 • 187

12장 진정한 부의 원천 • 203

13장 **선한 일에 부요하게 되라 • 223**

14장 **나눔은 흥미진진한 모험이다 • 239**

15장 **천국에 예금된 보물들 • 257**

16장 **하나님 나라 우선 • 287**

17장 **영원한 생명은 우리가 죽기 전에 시작한다 • 305**

18장 **하나님이 지속적으로 우리에게 더 많이 주실 때 • 323**

결론 **현재가 기회의 문이다 • 341**

감사의 글

역자의 글

주

1장
무엇이 멋진 인생인가

삶이 가치가 있다기보다 멋진 삶이 가장 가치가 있다.

소크라테스

훌륭한 삶은 하나님을 경외하여 그분 앞에서 경건하게 사는 사람의 몫이다.

전 8:12, 메시지

당신은 멋진 삶을 살고 있는가? 만약 그렇지 않다면, 당신은 분명 그런 삶을 살고 싶어 할 것이다.

어떤 것이 멋진 삶인지에 대해서는 사람마다 다양한 생각이 있겠지만, 하여간 **모든 사람**이 그런 삶을 원하고 있는 것은 사실이다. 그런데 이러한 삶이 아니라면 다른 대안으로 어떤 삶이 있겠는가? 좋지 않은 삶인가? 방향이 없거나, 죄의식에 고통을 받거나, 비참하게 살아가는 삶인가?

우리 모두는 언제나 멋진 삶을 살고 싶어 하지만, 어떻게 그런 삶을 살 수 있는지에 대해서는 이해하지 못하는 경우가 많다. 온라인 조사에 의하면, 멋진 삶에 대한 대부분의 사람들의 생각에는 항상 '행복'이 포함되어 있다. 불행을 원하는 사람은 아무도 없기에 당연한 반응이다. 또한 대부분의 사람들은 다른 사람들이 행복하기를 원하고, 할 수만 있다면 그렇게 되도록 도와주고 싶어 한다. 하지만 더 깊이 들어가 보면, 그리스도를 따르는 사람이라 하더라도 하나님과 다른 사람들을 섬기는 일에 자신을 드리게 되면 자신의 행복이 희생될지도 모른다는 두려움을 느낀다.

만일 우리가 하나님을 기쁘시게 하고 다른 사람을 최선을 다해 섬기면서도, 동시에 행복과 깊은 만족을 누릴 수 있다면 그보다 더 좋은 일이 있을까? 하지만 그런 일은 가능하지 않다고 당신은 생각할지 모른다. 이것이 정말 가능할까?

이기적이 되지 않으면서 참으로 멋진 인생을 살 수 있다면 얼마나 좋을까? 하나님께서 우리가 풍성한 삶을 살아가기를 원하실 뿐만 아니라(요 10:10), 우리에게 실제로 그것을 경험할 수 있는 분명한 지침을 주셨다면 상황은 달라질까? 무엇을 붙잡아야 하고 무엇을 피해야 하는지 잘 알고, 비록 망가진 세상이지만 의미 있고 풍성한 삶(멋진 인생)을 살 수 있다면?

사실이라고 하기에는 너무 멋진 말로 들리는가? 실제로 이것은 '매우 멋지며' 또한 사실이다. 이런 사실을 나는 이 책에서 다루려고 한다.

멋진 인생은 반문화적이다

우리가 살고 있는 세상은 이렇게 소리치고 있다. "돈을 많이 벌어 너 자신을 위해 사용해라. 그러면 행복해질 것이다. 이것이 멋진 인생이다!" 그러나 이것은 또 하나의 잘못된 말이다. 이것은 거짓말이다.

예수님은 사역 기간 내내 멋진 인생에 대한 개념을 우리 머릿속에 각인시키는 데 관심을 가지셨다. 예를 들어, 예수님은 "주는 것이 받는 것보다 더 복이 있다"(행 20:35)고 하셨다.

예수님은 다른 사람을 위해 돈을 흘려보내는 것이 돈을 움켜쥐고 있는 것보다 더 큰 기쁨을 준다고 하셨다. 직관에 반대되는 것처럼 보이지만, 우리의 최고의 선함과 그것에 따라오는 행복은 받는 것이 아니라 주는 것에서 발견된다. 다른 말로 관대한 삶이 멋진 인생이다.

돈과 소유를 나누는 것이 행복과 동일하다는 생각은 역설이다. 인간의 이성적인 사고로 볼 때는 나 자신을 위해 돈을 사용하는 것이 자신에게 최고의 이익이며, 이것은 어느 정도 사실이다. 우리 모두는 먹을 음식과 거주할 장소와 입을 옷이 필요하다. 그러나 이러한 기본적인 필요가 채워지고 나면, 돈은 너무나 쉽게 도움이 되기를 중단하고 우리를 아프게 하기 시작한다.

CreditCards.com에 따르면, 미국인은 평균 약 16,000달러의 카드 빚을 지고 있다. 대학생들은 평균 40,000달러 정도의 학자금 대출을 떠안고 졸업을 하며, 이보다 훨씬 많은 빚을 지고 있는 학생들도 있다. 약 40퍼센트의 미국인들은 신용카드 빚을 매달 갚지 못하고, 자신들이 감당하지 못할 소비를 계속하며 재정적인 속박에서 헤어나지 못하고 있다. 사람들은 멋진 삶을 추구하기 위해 지속적으로 빚을 지지만, 심리학자들은 빚으로 유지되는 생활 스타일은 우울증, 염려, 분노, 스트레스, 자기 부정, 화, 당황, 후회, 부끄러움, 그리고 두려움을 낳게 된다고 말한다.[1] 이것은 멋진 인생과는 정반대의 삶이다. 이것은 끔찍한 삶이다!

우리를 자유롭게 하는 진리가 여기 있다. '더 풍족하게 살아가는' 것이 실제로는 우리를 더 초라하게 만든다는 것이다. 오늘날의 문화가 정의하는 '멋진 인생'은 결과적으로 최고의 삶을 살지 못하게 한다.

우리 모두는 마음속으로 이것이 사실임을 알고 있다. 가지고 있는 마지막 1원까지(혹은 대출을 받아 이보다 훨씬 많은 금액을) 자기 자신을 위해 소비하더라도 결국 비참하게 될 것이다. 비참하게 되고 싶다면 욕심과 인색함이 바로 그 비결이다. 돈을 움켜쥐고 있는 사람은 자기 자신만을 위해 돈을 쓰는 사람처럼 이 지구상에서 가장 불행한 사람이다. 예수님은 우리의 돈과 시간을 들여 다른 사람을 사랑하는 '급진적인 삶'을 살도록 우리를 부르셨다. 이 부르심은 우리에게 손해처럼 들리지만 사실은 이득이다. 하나님의 경제학에 따르면, 이것은 정확하게 우리의 삶을 확장하고 향상시킨다.

관대함은 보상이 있다

이 책은 정말로 멋진 인생을 사는 것에 대한 이야기다. 내가 이렇게 말하는 이유는, 관대한 그리스도인의 삶이 실제보다 더 편하고 더 행복한 것처럼 보이도록 내가 과장되게 주장하는 것은 아닌지 당신이 궁금해할 수도 있기 때문이다.

첫째로, 나는 나눔이 항상 쉽다거나 희생하는 것이 없다고 말하려는 것이 아니다. 내가 말하려는 것은, 하나님의 섭리 안에서 그 보상은 희생보다 훨씬 더 크리라는 것을 강조하는 것뿐이다. 관대함은 하나님의 최선이요, 바로 우리를 위해 계획하신 것이다. 장기적으로 보면 이 것은 항상 사실이며, 단기적으로 보더라도 사실인 경우가 많다.

아이티에 있는 어린이를 후원하기 위해 매달 몇 번의 바닐라 라떼와 두 번의 외식을 포기하였다고 가정해 보자. 라떼와 외식이 결코 잘못된 것도 아니고 그것을 아쉬워할 수는 있지만, 그 돈으로 도움이 필요한 어린이를 돕는다면 20분간 즐기는 커피나 외식과는 비교할 수 없을 정도의 큰 행복으로 밀려올 것이다. 나의 인생은 나 자신을 초월한 목적을 가지고 있으며, 나는 사소한 것에 대해 "아니오"라고 말함으로써 하루하루를 영원의 관점으로 살아갈 수 있다. 이러한 기쁨과 관점은 음식을 먹고 나서나 커피 컵을 쓰레기통에 던지고 나서도 사라지지 않는다.

이 책은 이 땅에서뿐만 아니라 영원까지 지속되는 즐거움을 가져다주는, 예수님을 따르는 자들에게 주어지는 충만한 기쁨과 관대한 모험에 대한 것이다. 그러면 이제부터 무슨 이야기를 할 것인가? 1부에서는 하나님이 제시하신 멋진 인생에 대해 살펴보고, 예수님께서 "내가 온 것은 양으로 생명을 얻게 하고 더 풍성히 얻게 하려는 것이라" (요 10:10)라고 말씀하신 의미를 찾아갈 것이다. 생명을 얻는 첫 번째 단계는 분명하다. 바로 그리스도를 신뢰하는 것이다. 멋진 인생은 궁극적으로 영원한 생명이 있는 곳에서 시작된다. 예수님은 이렇게 말씀하셨다. "누구든지 목마르거든 내게로 와서 마시라 나를 믿는 자는 성경에 이름과 같이 그 배에서 생수의 강이 흘러나오리라"(요 7:37-38).

그리스도를 믿고 나서 차고 넘치는 생동감과 충족감, 자족함을 누리는 풍성한 삶을 경험하기 위해서는 무엇을 해야 하는가?

최고의 성탄

아빠에게 자전거를 선물하기 위해 온라인에서 쇼핑하던 10살 릴리와 릴리의 엄마는 우연히 장애인을 위해 특수 제작된 자전거를 보급하는 기관으로 연결되는 링크를 따라 들어갔다. 자전거를 타고 행복한 표정을 짓는 아이들을 보면서 릴리는 엄마에게 이렇게 말했다. "나도 한 아이에게 저 자전거를 사주고 싶어요."

릴리의 엄마는 이러한 딸의 마음이 사랑스러웠지만, 특수 자전거의 가격이 수천 달러라는 게 문제였다. 이틀 후 릴리는 그 자전거가 장애인에게 어떤 도움이 되는지 설명하며 후원을 요청하는 편지를 써서 엄마에게 보여주었다.

릴리는 그 편지를 친척과 친구 75명에게 보냈고, 이후 돈이 들어오기 시작했다. 소문은 계속해서 퍼져나갔고, 크리스마스가 가까워 오자 더 많은 후원이 들어왔다. 크리스마스에 릴리는 산타 모자를 쓰고 장애가 있는 세 여자아이들에게 자전거를 선물했다. 그들은 척추뼈 갈림증을 앓고 있는 13살 아바, 뇌성마비를 앓고 있는 15살 제니, 그리고 희귀한 유전 질환을 앓고 있는 4살의 로즈였다.

"내 생애 최고의 크리스마스였어요"라고 릴리는 탄성을 질렀다.

마침내 그녀는 자전거 7대에 해당하는 돈을 모금하여 필요한 사람들에게 전달하였는데, 모두들 얼마나 기뻐했는지 모른다.

릴리는 자기가 자전거를 기부했던 한 소녀와 함께 자전거를 타고 달리며, "나는 빨리 달리면서 땀을 흘리고, 스쳐 지나가는 바람을 느끼는 것을 좋아해요. 아바도 그렇게 했어요. 그녀는 발이 아니라 팔로 페달을 밟았지만 정말 날아가는 것 같았어요"라고 말했다.

릴리는 매년 크리스마스마다 지속적으로 모금할 계획을 세우고 있다. "나는 아이들이 얼굴 가득 바람을 느끼도록 해주고 싶어요."*

"Project Mobility Cycles for Life Riley Christensen 2010 Adaptive Cycle Giveaway," YouTube video, 1:46, posted by Project Mobility, December 16, 2011, https://www.youtube.com/watch?v=RbuhnHXXoF8. See also Gary Sledge,"5 Stories That Celebrate the Spirit of Giving," Reader's Digest, accessed January 27, 2019, ttps://www.rd.com/true-stories/inspiring/5-stories-that-celebrate-the-spirit-of-giving/.

영원한 생명을 소유하고 있음에도 불구하고 예수님이 우리에게 약속하신 것을 충분히 경험하지 못하는 그리스도인들이 많다. 우리는 인생의 스트레스와 중압감에 눌려 무언가 나사가 빠진 것처럼 방치된 느낌을 가질 때가 있다. 그러면 기쁨과 삶의 목적을 잃어버린다. 삶이 따분해지고, 더 이상 신나는 모험으로 느껴지지 않는다. 번창하는 삶이 아니라 쪼그라드는 삶이 된다.

만일 당신이 나아가야 할 방향을 알았다면 용기를 가져라. 물론 우리가 지음을 받은 세상(이 땅이 아닌 새 땅)에서 살기 전까지는 어려움과 도전들을 완전히 제거할 수 없는 것이 사실이다. 그러나 예수님이 약속하신 풍성한 삶을 경험하기 위해서 죽을 때까지 기다릴 필요가 없다는 것 또한 분명하다.

이 책의 2부에서는 디모데전서 6장에서 말하는 돈에 대한 나쁜 소식과 좋은 소식을 다루려고 한다. 나쁜 소식은 돈을 사랑하고 섬기게 되면 돈은 우리를 파괴하고 생명과 행복을 빼앗아 갈 것이라는 사실이다. 좋은 소식은 만일 우리가 모든 것에 대한 하나님의 소유권을 인정한다면, 우리의 자원을 물질적, 영적 필요가 있는 사람을 돕는 데 사용하는 청지기가 될 수 있으리라는 것이다. 이에 대한 보상으로 우리는 미래의 상급과 현재의 만족, 삶의 목적, 그리고 성경이 말하는 "참된 생명"(딤전 6:19)을 얻게 될 것이다.

나눔은 영원한 투자다

당신은 이렇게 생각할지 모른다. '그래 맞아, 다른 사람을 도와주는

것이 내게 기쁨을 준다는 것은 이해해. 그런데 누군가를 도울 때 느끼는 좋은 감정, 그 이상으로 주어지는 유익이 정말 있을까?'

도움이 필요한 사람을 돕거나 복음을 전하기 위해 쓴 돈은 그 순간 사라져 버리고 영원히 없어져 버린다는 생각이야말로 나눔에 관한 가장 큰 오해 중 하나다. 우리는 나눔이 다른 사람에게 유익이 될 것은 기대하지만, 우리에게는 전혀 그렇지 않을 것이라고 확신한다. 심지어 나눔은 우리에게서 신나는 삶을 빼앗아 갈 것이라는 마귀의 거짓말을 믿고 있다.

이런 말도 안 되는 잘못에 빠져서는 안 된다. 예수님은 제자들에게 돈을 나누면 그들의 마음이 천국에 쌓은 보물을 따라가게 될 것이라고 말씀하셨다(마 6:19-21). 또한 부활의 때가 오면, 어려운 사람들을 도운 것에 대해 하나님께서 보상해 주실 것이라고 말씀하셨다(눅 14:14). 우리가 나눈 것과 나눔을 받을 사람들과는 어떻게든 영원한 연관이 있다. 마틴 루터는 이런 유명한 말을 남겼다. "내 손에 가진 많은 것들은 모두 잃어버렸다. 그러나 하나님의 손에 맡긴 것들은 지금도 여전히 가지고 있다."

하나님의 손에 맡기는 것은 영원까지 이어지는 투자라고 성경은 말하고 있다. 그러나 이것은 단순히 우리의 나눔이 언젠가 좋은 것을 가져다줄 것이라는 뜻이 아니다. 이것은 다른 사람을 좋게 하는 동시에, 현재 이곳에서도 실제로 우리에게 좋은 것을 줄 것이라는 의미다. 이것이 바로 멋진 삶을 관대함과 떼어놓을 수 없는 이유다.

언젠가 하나님을 오랫동안 믿어온 그리스도인이 이렇게 말하는 것을 들었다. "나는 영적인 의무를 다하기 위해 꼬박꼬박 십일조를 드려왔지만, 신나게 드린 적은 결코 없었어요. 어느 날 아내와 나는 관대함에 대해 배우게 되었는데, 그 이후로는 드리는 것이 신이 나기 시작했어요. 여태껏 그렇게 기쁨이 가득한 표정으로 십일조를 준비하는 모습은 본 적이 없었다고 제 아내는 말했지요!"

사실이라고 하기에는 너무나 멋진 것 같은가? 계속해서 읽어 나간다면 나눔과 관대함이 있는 삶이 우리가 상상하는 것보다 훨씬 흥미진진하다는 사실을 발견하게 될 것이다.

관대함은 그리스도인뿐만 아니라 모든 사람에게 유익하다

자선은 그리스도인의 세계 바깥에서도 아주 많이 강조되고 있다. 빌 게이츠, 워런 버핏, 배우, 음악가, 운동선수들이 다양한 형태의 자선사업에 매진해 왔다. 그리스도를 고백하지 않음에도 불구하고 가난한 사람들을 도우며 억압받는 사람들을 옹호해야 한다고 믿는 사람들이 적지 않다.

실제로 최근에는 관대함이 주는 유익에 대한 많은 연구가 이루어지고 있다. 사회학자인 크리스천 스미스와 힐러리 데이비슨은 수년간의 주의 깊은 연구에 근거하여 나눔에 대한 책을 썼는데, 그것은 바로 「관대함의 역설: 우리가 받는 나눔, 우리가 잃는 탐욕」(The Paradox of Generosity: Giving We Receive, Grasping We Lose)이다. 이 책의 결론이 예상 밖으로 보일 수 있지만, 자신이 관대하신 하나님의 형상대로 지음을 받았다는 것을 이해하는 사람들에게는 전혀 놀라운 일이 아니다. 이 책에서는 "주는 사람들은 돌려받는다. 다른 사람의 유익을 위해 돈을 지출함으로써 우리는 자신의 지위를 상승시킨다. … 이것은 단순히 철학적이거나 종교적인 가르침이 아니라 사회학적인 사실이다"[2]라고 말하고 있다. 스미스는 미국의 성인 이천 명 이상을 대상으로 개인적인 인터뷰를 포함한 방대한 조사를 하여 다음과 같은 사실을 발견했다.

> 돈을 기부하고, 자원봉사를 하고, 사람과의 관계에서 관대하고, 이웃과 친구들에게 관대하며, 개인적으로 관대한 사람이 되는 것의 중요성에 가치를 부여하는 것은, 개인의 행복과 육체적인 건강, 삶에 대한 분명한 목적의식, 우울 증상의 탈피, 개인적 성장에 대한 높은 관심과 모두 상당히 긍정적인 상관관계가 있다.[3]

제니 센티는 자신의 책 「행복으로 나아가는 나눔의 길: 삶을 변화시키는 나눔의 위력」(The Giving Way to Happiness: Stories and Science behind the Life-Changing Power of Giving)에서 브리티시 컬럼비아 대학의 엘리자베스 던 교수가 2008년에 발표한 연구 결과에 대해 설명한다. 연구의 참가자들은 5달러나 20달러가 든 봉투를 받았다. 한 부류에게는 그 돈을 그날 밤까지 다 소비하라고 하였고, 다른 사람들에게는 타인에게 나눠 주라고 하였다. "자신을 위해 소비하도록 지침을 받은 참가자들보다 다른 사람이나 자선 기관에 기부하도록 지침을 받은 참가자들이 훨씬 큰 행복감을 느꼈다."[4]

이러한 사실들은 현실과 동떨어진 사례가 아니다. 과학적인 연구들은 관대함이 상상할 수 없이 많은 보상을 준다는 수천 년 전에 기록된 하나님의 말씀이 사실임을 증명하고 있다. 하나님은 관대한 사람들에게 이 땅에서뿐만 아니라 다가오는 세상에서도 보상하신다. 왜냐하면 그분은 은혜의 하나님이시고 그분 자신이 가장 후한 기부자이시기 때문이다.

관대함은 받는 자와 주는 자 모두에게 유익하다

놀랍게도 성경은 나눔이 받는 사람의 삶을 어떻게 변화시키는지에 대해서는 많이 언급하지 않는다. 그렇지만 나눔이 **주는 사람**의 삶을 변화시킨다는 것은 아주 많이 말하고 있다.

굶주린 사람들이 배부르게 되고, 아이들이 깨끗한 물을 마실 수 있게 되며, 마음에 닿는 언어로 하나님의 말씀을 받은 사람들이 감격의 눈물을 흘리는 이야기들로 이 책을 가득 채울 수도 있다. 물론 몇 가지 생생한 이야기를 이 책에서 다루게 되겠지만, 나는 나누는 사람의 행복과 영적인 변화에 주목하는 성경의 모범을 따르려고 한다.

세상의 모든 필요를 다루기에 이 작은 책은 턱없이 부족하다. 여기서 나는 간단하게 빈곤과 불법, 그리고 복음을 듣지 못한 사람들의 현실에 대해 다루겠지만, 당신은 이러한 필요에 대해 이미 알고 있거나 다른 곳에서 배울 수 있을 것이다. 도움이 필요한 사람들을 섬기는 나의 최선의 방법은, 하나님의 사람들에게 관대한 나눔이 얼마나 경이롭고 기쁨이 넘치는 경험인지 알려 주고, 현재와 미래에 상급이 있다는 사실을 보여 주는 것이다.

이 책은 성경적인 관대함의 원리를 적용하여 인생이 바뀐 사람들의 이야기로 가득 차 있다. 각각의 이야기들은 실질적인 모범으로 당신의 상상력을 자극하고, 예수님을 새로운 방법으로 섬기려는 당신의 꿈을 확대해 주는 데 도움을 줄 것이다. 실제로 있었던 이러한 삶의 모델들은 단순히 기억해야 할 말뿐 아니라, 따를 수 있는 발자국을 보여 줄 것이다. 이제 당신은 자신이 있는 장소에서 자신만의 독특한 방법으로 이러한 원리들을 적용하여 다른 사람들의 모범이 될 수 있다. "너희는 우리로 말미암아 나타난 그리스도의 편지니 이는 먹으로 쓴 것이 아니요 오직 살아 계신 하나님의 영으로 쓴 것이며 또 돌판에 쓴 것이 아니요 오직 육의 마음판에 쓴 것이라"(고후 3:3).

하나님의 보너스

"생애 첫 번째 보너스를 받게 되었을 때, 우리의 나눔은 완전히 새로운 수준으로 올라갔어요. 보너스 금액은 오천 달러였어요. 나는 웬디 식당에서 아내 리사와 어린 두 아들과 저녁 식사를 하며 보너스 이야기를 꺼냈지요." 잭 알렉산더가 말했다.

그런데 이 소식을 가족들에게 알렸을 때, "오늘 무슨 일이 일어났는지 당신은 믿지 못할 거예요"라고 리사가 응답했다. 아내는 수단의 간호사로부터 새로운 지프 자동차가 필요하다는 편지를 받았다고 했다. 그 값이 얼마인 줄 아는가? 오천 달러! 처음에 잭의 반응은 "안… 돼…"였다. 하지만 그때 리사는 이러한 숙명적인 말을 하였다. "당신, 이 일에 대해 기도해 볼래요?"

"하나님은 기도 가운데 나를 만나 주셨고, 내게 두 가지를 보여 주셨어요. 첫째로 예방 접종을 통해 수백 명의 어린이들의 목숨을 구하고, 많은 사람들에게 도움을 주는 것이 얼마나 가치 있는 일인지 보여 주셨지요. 그 돈을 보내는 것이 얼마나 엄청난 투자인지 깨닫게 되면서 정말 놀라운 감정에 휩싸였어요. 둘째로 하나님이 우리를 선택하셔서 이 일을 하게 하시고 그분의 일에 동참하게 하신 것은 정말로 놀라운 특권임을 성령을 통해 깨닫게 하셨어요. 그래서 우리는 그 돈을 보내기로 했습니다."*

* "Jack and Lisa Alexander: 2015 Celebration of Generosity," Vimeo video, 20:25, Generous Giving, April 25, 2015, https://vimeo.com/126023293.

우리의 나눔을 통해 다른 사람의 인생이 바뀔 수 있다는 사실에 나는 흥분을 감출 수 없다. 또한 나는 하나님의 영광과 우리 자신의 유익을 위한 나눔이 우리의 삶을 어떻게 바꾸는지를 알게 될 때 감동하지 않을 수 없다.

나는 당신이 이 책을 통해 하나님과 관대함에 대한 보다 큰 관점—이 세상 훨씬 너머에 있는 데까지 도달하는—을 갖게 되기를 기도한다. 그 과정에서 멋진 인생이란 진정 무엇을 의미하는지 더 잘 이해할 수 있게 되기를 기도한다.

토의를 위한 질문들

1. 이 장를 읽기 전에, 당신은 '멋진 인생'을 어떻게 정의해 왔는가? 멋진 인생이 관대함과 연결되어 있다는 생각이 당신에게 도전이 되는가? 이 연결은 어떤 이유로 타당한가? 아니면 어떤 이유로 타당하지 않은가?

2. 세상의 정의에 따르면 당신은 현재 멋진 인생을 살고 있는 것 같은가? 성경의 정의에 따르면 당신은 멋진 인생을 살고 있는가? 어떤 이유로 그렇게 생각하는가?

3. 당신이 알고 있는 사랑, 시간, 돈, 전문 지식이나 기술에 가장 관대한 사람들을 떠올려 보라. 전반적으로 그들은 관대하지 못한 사람보다 더 행복해 보이는가, 덜 행복해 보이는가?

4. 저자는 "나눔에 있어 가장 큰 오해 중의 하나는, 도움이 필요한 사람이나 복음을 전하기 위해 드려진 돈은 사라질 뿐이고, 영원히 없어진다는 것이다"라고 말한다. 이 오해를 당신의 나누려는 열망에 영향을 줄 영원한 투자의 개념으로 대체하면 어떻게 되겠는가?

PART 1

멋진 인생

내가 온 것은 양으로 생명을 얻게 하고
더 풍성히 얻게 하려는 것이라

요 10:10

2장
돈을 많이 갖는 것이 멋진 인생은 아니다

멋진 삶을 살지 못한 사람은 결코 멋진 죽음을 맞을 수 없다.
로버트 벨라민

선한 삶의 시작은 하나님을 경외하는 것, 그리하면 하나님의 복을 알게 되리라.
주께 드리는 할렐루야, 영원하리라!
시 111:10, 메시지

2007년에 배우 오웬 윌슨은 자살 시도에 실패하여 손목에 날카로운 칼자국을 남겼다. 〈피플〉 매거진에는 물질적인 풍요로움이 그의 삶의 전부라는 뜻을 내포하는 "모든 것을 가진 코미디언"이란 기사가 커버스토리로 실렸다. 돈, 명성, 고급 자동차, 섹스, 마우이 해변에 있는 별장, 그리고 유명 인사들이 누리는 모든 혜택이 행복을 가져다준다는 사회 전반의 믿음이 벗겨지면서, 그의 자살 시도에 사람들은 경악하였다. 결국 오웬 윌슨은 멋진 삶을 살지 못했다는 말인가?[1]

〈피플〉 매거진의 다음 호에는 한 독자가 편집자에게 날카로운 질문을 던진 편지가 실렸다. "최고의 커리어, 전 세계를 누비는 여유, 말리부 맨션, 백만 달러의 수입이 8월에 이 사건이 일어나기 전에 오웬을 괴롭히는 '마귀들'의 음흉한 계략을 막지 못했다면, 오웬이 누렸던 그 물질적 풍요가 오히려 속임수로 사람들을 유혹하는 것은 왜 방치하고 있나요?”[2]

모순은 피할 수 없다. 대부분의 오웬 윌슨의 팬들은 생각해 보지도 않고 자기들의 따분하고 일상적인 삶에서 벗어나기 위해 그들의 우상이 누리고 있는 화려한 삶을 추구한다. 그러나 이 거래를 통해 그들은 윌슨이 그렇게도 간절하게 빠져나오고 싶어 했던 바로 그 삶을 자신도 모르는 사이에 받아들이게 된다.

대부분의 사람들은 유명 인사가 가진 돈이나 소유 근처에도 못 가지만, 수많은 유명 인사들이 이와 같이 비참하게 인생을 마감한다. 돈이 멋진 삶을 사는 충분 요소라면, 왜 번영을 추구하는 미국의 일인당 자살률이 전쟁으로 망가지고, 비극에 시달리며, 가난으로 찌든 수단보다 높겠는가?[3]

한 가지 분명한 사실이 있다. 우리에게 멋진 인생이라고 끈질기게 선전하고 사라고 강요하는 것은 예수님이 약속하신 풍성한 삶이 아니다.

좋은 것을 최고의 것으로 교환하기

몇 년 전에 우리 부부는 OM(Operation Mobilization)이라는 선교기관에서 운영하는 배에서 닷새를 머문 적이 있다. 로고스 호프(Logos Hope) 호는 항구를 다니면서 복음의 메시지를 전 세계에 전하는 임무를 띠고 있다. 자원봉사팀들은 거리에서 드라마나 음악을 공연하면서 복된 소식을 나누고, 다른 승무원들은 배 안에 있는 거대한 책방을 방문하는 사람들에게 성경과 기독교 서적을 저렴한 가격으로 팔거나 무료로 나눠 준다.

자마이카에 정박할 때는 여섯 개 나라에서 온 400명의 젊은 승무원들이 수천 명의 방문객들을 환영하고 섬기는 모습을 관찰할 수 있었다. 그중 일부는 배를 떠나 주위 가난한 마을에서 온종일 섬기기도 했다.

밤이 늦도록 승무원들과 이야기를 나누었는데, 생명을 주시는 하나님의 은혜에 대한 이야기로 시간 가는 줄 몰랐고, 웃음소리가 끊이지 않았다. 대부분 돈도 없고 신용카드도 없었던 이 젊은이들은 다른 일을 하면서 훨씬 더 많은 돈을 벌 수도 있었다. 우리는 그들을 측은하게 여길 수도 있었다. 왜냐하면 이 배의 숙박시설이나 음식 수준은 크루즈보다는 전투함에 더 가까웠고, 그들은 종종 허드렛일을 장시간 해야 했기 때문이다. 그러나 완벽해 보이는 삶은 아니더라도 그들 대부분이 진실하고, 보람 있고, 행복한 삶을 사는 것 같아 오히려 우리는 그들이 부러웠다.

우리 부부는 세탁실에서 일 년 동안 일했던 필리핀 출신 젊은 자매 오드리를 만났다. 그녀는 자신이 그리스도를 전했을 때 사람들이 그리스도를 영접한 이야기들을 들려주었다. 심지어 그녀는 그들의 언어를 몰랐고 그들 또한 그녀의 언어를 몰랐지만, 그들은 그녀가 전해 준 말을 받아들이고 이해했다. 그녀는 기적을 간증했다. 그녀는 기쁨에 가득 찬 얼굴로 이렇게 말했다. "저는 이 이야기를 기억할 때마다 하나님이 얼마나 무한하고 크신 능력을 가지고 계신지 끊임없이 놀라게 됩니다. 이러한 소망을 사람들에게 전할 수 있다는 것은 정말 큰 특권입니다!"[4]

그렇다면 과연 누가 멋진 인생을 살았는가. 오웬 윌슨인가, 아니면 로고스 호의 오드리인가!

재물에 대해 예수님은 어떻게 말씀하셨나

구글에서 '멋진 삶'을 찾으면, 살 만한 가치가 있는 인생을 어떻게 이룰 수 있는지 세속적인 관점과 종교적인 관점에서 다양한 조언을 얻을 수 있을 것이다. 그중에는 돈 중심의 세계관을 혹평하는 것도 있다. MarketWatch.com에 실린 "멋진 삶은 돈에 대한 문제만이 아니다"라는 기사는 "건강과 재산이 행복의 두 요소라고 지금까지 알려져" 왔지만, "영적, 정서적, 정신적인 면과 육체적인 건강"이 중요하다는 것을 계속해서 강조하고 있다.[5]

그럼에도 불구하고 아직도 '멋진 인생을 보내는 사람들'이라고 찾아보면, 우선 화려한 배경 가운데 있는 사람들의 동영상이 두 개 등장한다. 첫 번째 영상은 엄청난 돈 더미 속에서 파티하며 노래를 부르는 사람들의 모습이고, 두 번째 영상은 호화로운 휴양지에 느긋하게 누워 있는 사람들의 모습이다. 세 번째는 유명한 나이트클럽에 관한 것이다. 한 기사의 제목은, '부를 쌓고 멋진 삶을 사는 비결'이다.

이 동영상과 기사들 모두 멋진 삶을 분명하게 정의하지 못하고 있다. 그 이유는 무엇인가? 이것을 만든 사람은 시청자와 독자들이 행복을 사기 위해서는 돈을 축적하고 많은 돈을 소비해야 한다는 것에 동의하고 있다는 가정을 하고 있기 때문이다.

돈만 가지고는 멋진 삶을 살 수 없다는 것이 개인적인 경험과 연구를 통해 분명히 밝혀졌음에도 불구하고, 수많은 사람들이 돈이면 다 되는 것처럼 생각하고, 살아가고, 선택을 한다.

진리를 추구하는 사람들은 이러한 세계관이 어떻게 근본적으로 왜곡되었는지를 분명히 깨달을 필요가 있다. 이 치명적인 관점을 고쳐 주기 위해 예수님은 "삼가 모든 탐심을 물리치라 사람의 생명이 그 소유의 넉넉한 데 있지 아니하니라"(눅 12:15)라고 말씀하셨다. 이 말씀의 후반부를 다른 번역본으로 살펴보면 다음과 같다.

- 너의 진정한 삶은 네가 소유하는 것으로 이뤄지는 것이 아니다. (GNT)
- 삶은 얼마나 많이 소유했는가로 측정되지 않는다. (NLT)
- 필요한 것보다 더 많이 가졌다고 해서 그것이 생명을 주는 것은 아니다. (WE)

예수님은 이 구절 바로 다음에서, 멋진 삶에 대한 우리의 생각을 완전히 뒤집어 버리는 어리석은 부자의 비유를 말씀하신다.

> "한 부자가 그 밭에 소출이 풍성하매 심중에 생각하여 이르되 내가 곡식 쌓아 둘 곳이 없으니 어찌할까 하고 또 이르되 내가 이렇게 하리라 내 곳간을 헐고 더 크게 짓고 내 모든 곡식과 물건을 거기 쌓아 두리라 또 내가 내 영혼에게 이르되 영혼아 여러 해 쓸 물건을 많이 쌓아 두었으니 평안히 쉬고 먹고 마시고 즐거워하자 하리라 하되"

(눅 12:16-19).

여기까지만 보면 멋지게 들리지 않는가? 자신을 위해 많은 돈을 쌓고, 일찍 은퇴하고, 호화로운 삶을 사는 것!

19절의 다른 번역들을 보면 부자의 철학을 잘 알 수 있는데, 이것은 아메리칸 드림과 아주 비슷하게 들린다.

- 신나게 살아라! 먹고, 마시고, 마음껏 즐겨라. (CEV)
- 편히 쉬어라! 먹고, 마시고, 즐겁게 지내라. (RSV)
- 느긋하게 지내라! 먹고, 마시고, 좋은 시간 보내라! (PHILLIPS)
- 내가 그것을 이루었으니 이제 은퇴할 수 있어. 편하게 지내며 내 인생을 즐기면 돼! (MSG)

예수님은 이 사람의 부정직성이나 도둑질, 혹은 정의롭지 못한 행동을 꾸짖지 않으셨다. 우리가 알다시피 그는 회당에 충실하게 참석하였을 것이다. 그는 다른 사람들이 꿈꾸는 그런 삶을 살았다. 그렇다면 무엇이 문제인가?

그때 놀라운 일이 벌어졌다. "하나님은 이르시되 어리석은 자여 오늘 밤에 네 영혼을 도로 찾으리니 그러면 네 준비한 것이 누구의 것이 되겠느냐"(눅 12:20).

이 부자는 자신이 멋진 삶이라고 믿는 대로 살려고 노력했다. 그런데 무엇이 궤도를 벗어나게 했는가? 첫째는 죽음이다. 둘째는 되돌릴 수 없는 자기 인생에 대한 하나님의 심판이다. 디지털 시대 이전이었던 고등학교 시절, 선생님은 사진 용지를 용액에 집어넣어 어떻게 사진을 만드는지 가르쳐 주셨다. 사진이 현상액에 담겨 있을 동안에는 변경이 가능했다. 그러나 정지액에 집어넣는 순간, 그것은 영원히 고정된다. 마찬가지로 우리가 죽어 영원으로 들어가면, 이 땅에서의 우리 인생은 영원히 고정이 되어 다시는 수정이나 조정이 되지 못한다. "한 번 죽는 것은 사람에게 정해진 것이요 그 후에는 심판이 있으리니"(히 9:27).

이 부자는 아직 회개할 기회가 있고 지혜를 선택할 수 있기에, 잠언에 나오는 어리석은 사람과는 다르다(잠언 26장을 보라). 우리가 죽고 나서 이루어지는 하나님의 평가는 최종적이다. 리셋 스위치도 없고, 다시 도전할 수도 없다. 인생의 마지막에서 하나님이 당신을 어리석은 사람이라고 말씀하신다면, 당신은 영원히 어리석은 사람이 되는 것이다.

이 비유는 우리 모두에게 경고를 하고 있다. 예수님은 어리석은 부자의 경험을 다른 사람들에게 적용하신다. "자기를 위하여 재물을 쌓아 두고 하나님께 대하여 부요하지 못한 자가 이와 같으니라"(눅 12:21). 하나님께 대하여 부요하지 않으면서 자기를 위해 재물을 쌓는다는 것은, 물질적으로나 영적으로 도움이 필요한 사람들을 도움으로 하나님을 높여 드리지 않고, 자기의 재산에만 매달려 있는 상태를 의미한다.

하나님은 우리의 인색함이나 관대함을 개인적으로 적용하신다. 후하게 나누는 사람들에게는 하나님을 향하여 부유하게 하시고, 다른 사람들은 생각하지도 않고 움켜쥐거나 자신만을 위해 사용하는 사람들에게는 하나님을 향하여 가난하게 하신다. 하나님은 우리가 궁핍한 자들에게 나누어 준 것을, 마치 자신이 직접 받은 것처럼 간주하겠다고 말씀하신다. "가난한 자를 불쌍히 여기는 것은 여호와께 꾸어 드리는 것이니 그의 선행을 그에게 갚아 주시리라"(잠 19:17). 예수님은 동일한 원칙을 반복하여 이렇게 말씀하셨다. "임금이 대답하여 이르시되 내가 진실로 너희에게 이르노니 너희가 여기 내 형제 중에 지극히 작은 자 하나에게 한 것이 곧 내게 한 것이니라 하시고 … 이 지극히 작은 자 하나에게 하지 아니한 것이 곧 내게 하지 아니한 것이니라"(마 25:40, 45).

하나님의 우선순위와 일치하지 않거나 죽음 이후까지 이어지지 못하는 생활 스타일은 그 당시의 모습이 아무리 매력적이고 의미 있게 보인다 할지라도 좋은 것이 아니다.

이 땅에서 가장 행복한 장소

엔젤 윌리엄스는 이런 이야기를 들려주었다. "부모님이 이혼하고 난 다음 가장 친한 친구의 가족이 저를 받아 주었어요. 그 해에 우리 학교 졸업반은 디즈니랜드로 여행을 가게 되었지요. 모금으로 간신히 재정을 모았으나 최종적으로 40달러가 부족했는데, 더 이상 재정 후원도 없었고 도움을 청하고 싶은 마음도 없었어요. 선생님은 언제까지 납부해야 하는지 알려 주셨지만 어쩔 수가 없었어요. 그런데 다음 날 완납한 학생 명단을 보니 제 이름이 있는 거예요. 잘못된 사실을 알려 주려고 사무실에 갔는데, 지불이 다 되었다는 말만 듣게 되었지요. 그 후 선생님이 저를 위해 그렇게 하셨다는 것을 알게 되었고, 이 일은 평생 제 마음속에 남아 있어요. 선생님은 고맙다는 말은 하지 말라고 하시며, 제가 기뻐하기만을 원하셨어요."*

* Facebook comment in reply to my post requesting giving stories.

무엇이 어리석은 사람으로 만드는가

그리스도가 말씀하신 어리석은 부자의 이야기에서 '어리석은'이라는 단어의 문자적인 의미는 '생각이 없다'는 뜻이다. 즉 아무 생각이 없고 분별이 없다는 말이다. 어리석은 부자는 영원한 실체와는 거리가 먼 사람이다. 죽음이란 불가피한 것임에도 불구하고 그는 미리 준비하지 못했고, 하나님 앞에서 결산하게 될 날이 온다는 것도 기억하지 못했다(롬 14:12).

어리석은 부자는 마치 자기가 우주의 중심인 것처럼, 마치 이 땅에서 영원히 살 것처럼 이 땅에 자신을 위해 보물을 쌓았다. 그는 자신이 가진 은, 금, 수확물, 땅, 창고가 실제로 자기 소유라고 여긴 어리석은 자였다. 또한 자신과 자신의 소유물에 대한 하나님의 요구를 무시한 어리석은 자였다.

- "땅과 거기에 충만한 것과 세계와 그 가운데에 사는 자들은 다 여호와의 것이로다"(시 24:1).
- "은도 내 것이요 금도 내 것이니라 만군의 여호와의 말이니라"(학 2:8).

지혜로운 사람은 "주님, 당신이 내 손에 맡기신 모든 것으로 내가 무엇을 하기를 원하십니까?"라고 항상 물을 것이다. 하나님은 살아있는 말씀인 예수님과 기록된 말씀인 성경을 통해 우리에게 자신을 나타내 보이신다. 하나님의 말씀은 죽음 이후를 위해 현재 어떻게 준비해야 하는지 정확하게 말하고 있다. 비록 오늘날의 문화나 심지어 그리스도인 친구들이 그렇게 하도록 부추기더라도, 우리는 어리석은 부자처럼 살아서는 안 된다!

세상의 눈으로 보면, 어리석은 부자는 대단히 성공한 사람이었다. 오늘날이었다면 모두의 칭송을 받고, 어쩌면 교회나 사역기관의 이사로 군림했을지도 모른다. 그러나 결국 그의 모든 성공은 아무 쓸모가 없게 될 것이다. D. L. 무디는 "우리의 가장 큰 두려움은 실패하는 것이 아니라, 별 볼 일 없는 일에 성공하는 것이다"[6]라고 말했다.

만일 이 어리석은 부자가 하나님을 창조주이자 구속자이며, 그가 가지고 있는 모든 것의 궁극적인 주인으로 인정했더라면, 천국에 보화를 쌓고 하나님을 향하여 부해지려고 했을 것이다. 하지만 그는 자신을 위해 이 땅에 보물을 쌓았고, 죽음이 찾아왔을 때 갑작스럽게, 그리고 영원히 그것들을 잃게 되었다.

이 비유에서 가장 슬픈 점은, 만일 우리가 이 사람을 만나게 된다면 대부분 선견지명을 가지라고 권할 것이라는 사실이다. **그에게 부족한 것은 정확하게 선견지명이 맞다.** 그는 20년 앞을 바라보고 계획을 세웠을 수는 있지만, 이천만 년을 준비하며 계획하는 데는 실패했다. 그리고 밝혀진 대로, 그는 심판대 앞에서 하나님을 대면하기 전까지 20년조차도 준비하지 못했다. 20분에 더 가까웠을 뿐이다.

돈과 소유를 어떻게 보며 그것으로 무엇을 할 것인지에 있어서, 옳은 것은 또한 지혜롭고, 잘못된 것은 또한 어리석다. 결국에 가서 이 사람의 '멋진 인생'은 환상으로 판명이 났다. 이 사람을 **죄인** 부자라고 부르지 않고, **어리석은** 부자라고 부른 것에 주목하자.

크리스천 스미스와 힐러리 데이비슨은 관대한 삶을 살지 못한 사람들을 관찰했다.

> 우리가 가지고 있는 것에 매달리면, 우리가 얻을 수 있는 보다 좋은 것을 잃게 된다. 우리가 소유하고 있는 것에 집착하면, 그것이 우리에게 주는 장기적인 가치를 깎아내리게 된다. 미래의 불확실성과 재난으로부터 자신을 보호해야겠다는 생각으로 꽉 차 있으면, 불확실성에 대해 더욱 염려하게 되고, 미래에 닥칠지 모르는 재난에 취약하게 된다. 간단히 말해, 다른 사람들을 잘 돌보지 못하는 것이 실제로 우리 자신을 제대로 돌보지 못하게 만든다.[7]

물질만능주의자들은 자기 파괴를 일삼는 움켜쥐는 사람들이다. 그러나 그리스도를 따르는 사람들은 나눔을 통해 더욱 풍요로워지는 사람들이다. 왜 그런가? 나눔은 필연적으로 우리의 마음과 삶, 기쁨의 용량을 확장시키기 때문이다.

오해하지 말기 바란다. 진정으로 멋진 인생은 부유함이나 즐거움을 거부하는 것이 아니다. 대신에, 하나님의 돈과 소유물을 다른 사람들의 필요와 하나님의 영광을 위해 기쁨으로 나눌 때 얻게 되는 더 크고 지속적인 부유함과 즐거움을 추구하는 것이다.

하나님은 은혜롭게도 우리 자신과 다른 사람들의 필요를 채우는데 필요한 돈과 소유를 우리에게 주신다. 그분은 우리가 인생을 즐기기를 원하시지만, 과도하게 주어서 원하는 욕구를 마구 채우도록 하시지는 않는다. 돈과 소유물이 생명을 주는 것은 아니다. 그것은 우리가 갈망하는 정체성, 목적, 삶의 의미, 안전과 같은 것을 결코 우리에게 제공할 수 없다.

최근에 나는 소위 말하는 '멋진 삶을 살아가는' 어떤 사람과 그의 친구들이 겪고 있는 불행, 질병, 환멸 등에 대해 들을 수 있었다. 나는 인용 부호를 사용하여 표현하였지만, 그는 인용 부호를 사용하지 않거나 그 '멋진 삶'이라는 것이 실제로 엄청나게 나쁜 것이라는 아이러니는 언급하지 않았다. 그의 경우, '멋진 인생'이란 마약과 성적인 문란으로 인해 아내와 자녀들을 잃고, 결과적으로 자신을 완전한 공허함 가운데로 떨어뜨리는 것이었다.

흔히 말하는 멋진 인생이 일시적인 쾌락을 가져온다 하더라도, 그것은 "잠시 죄악의 낙"(히 11:25)일 뿐이다. 이러한 향락은 이 땅에서조차 지속되지 않으며, 인생 그 이후까지 지속되지 않음은 말할 필요도 없다. 예수님의 이야기 가운데 나오는 부자는, 그의 재산이 오래가지 못함을 어렵게 배웠다. 죽음을 맞이했을 때 그는 하나님께서 "너는 어리석은 인생을 살았다!"라고 선포하시는 극적이고 영원한 종말을 맞게 될 것이다.

영원한 생명보험

아트 디모스는 십 대일 때 도박을 좋아했고, 라스베이거스에서 부자가 되는 것이 인생의 목표였다. 그는 몇 개의 도박실을 열어 매일 10,000달러 한도로 영업을 하였다. 그는 "무엇인가를 계속 추구하였지만, 내가 정말로 추구하는 것이 무엇인지 결코 깨달을 수 없었어요"라고 말했다. 상당한 성공을 거두었음에도 그는 평안도 없었고 행복도 없었다.

어느 날 저녁 아트는 전도 집회에 참석하여 복음을 접하게 되었다. 예수님은 그를 구원해 주셨고, 그는 자신의 삶을 주님께 바쳤다. 그의 마음속에서는 놀라운 변화가 일어났다. 돈이 왕좌에서 내려온 것이다.

새로운 직업이 필요함을 알고, 아트와 그의 아내 낸시는 필라델피아로 이사를 가서 네셔널 리버티 보험회사를 세웠다. 사업이 급속도로 성장하였지만, 아트는 하나님을 영화롭게 하고 하나님의 나라를 확장하려는 목적에 항상 초점을 맞추었다.

어느 날 아트는 담당 목사에게 이렇게 말했다. "풀타임 사역에 나의 인생을 드리고 싶습니다."

"선교사가 되기를 원하나요?" 목사가 되물었다.

"아니에요. 선교사들은 이미 충분해요. … 오늘날에는 많은 돈을 벌어서 선교사들을 후원할 사람들이 필요해요"라고 아트는 말했다.

수년에 걸쳐 아트와 낸시는 성공적인 비즈니스를 이용하여 예수님에 대한 사랑을 다른 전문가들과 나누었다. 아트는 사무실에서 만나는 거의 모든 사람들에게 자신의 이야기를 했다. 그는 이렇게 도전하였다. "당신의 인생을 소비하지 말고 투자하세요!"

아트는 Cru(Campus Crusade for Christ)의 이사로 섬겼는데, 그의 막대한 재정적 투자로 전 세계 수백만의 사람들이 예수 그리스도의 복된 소식을 들을 수 있었다. 1979년에 아트는 53살의 나이로 갑자기 세상을 떠났다. Cru 본부 건물에 있는 그의 초상화 아래 명판에는 이러한 문구가 적혀 있다. "그의 삶은 그리스도와 그분을 섬기는 일에 바쳐졌다."*

그의 딸 낸시 라이히를 포함하여 아트 디모스를 아는 사람들은 예외 없이, 예수와 복음에 대한 그의 열정은 나눔에 대한 열정과 일치했다고 말한다. 이러한 사실로부터 배울 수 있는 것은, 이 열정들은 궁극적으로 서로 구분이 안 된다는 것이다.

아트가 죽고 나서 아스 S. 디모스 재단이 만들어졌다. 이 재단은 전도 책자 「삶을 위한 파워」(Power for Living)를 출간하여 널리 보급하였으며, 복음적인 사업을 위해 많은 재정을 후원하였다.

*John Rinehart, "The Gospel Patron behind Cru," Gospel Patrons, December 7, 2017, https://www.gospelpatrons.org/articles/the-gospel-patron-behind-cru.

삶의 원천

멋진 인생을 살기 위해 무엇이 필요한지 이해하기 위해서는, 인생이란 정말 무엇이며, 어디로부터 왔고, 어디를 향해 가는지를 이해하여야 한다.

하나님은 인생의 영원한 원천이시다. 그분은 인간에게 "생기"(창 2:7)를 주셨고, 첫 번째 사람이 살아있는 하나님과 교감할 수 있도록 창조하셨다. 에덴동산의 생명나무(창 2:9) 앞에서 하나님은 아담과 하와와 함께 생명을 주는 행복한 관계(창 3:8)를 누리며 산책을 하셨다. 그렇지만 하나님은 이들에게 아름다운 인생을 비극적인 죽음으로 끝나게 만드는(창 2:17) 특정 나무의 과실만은 먹어서는 안 된다고 경고하셨다.

그들은 불순종하였고, 약속된 대로 죄는 죽음을 가져왔다. 아담과 하와의 육체적인 죽음은 점차적으로 진행되었지만, 생명을 주는 하나님과의 영적인 관계의 종말은 즉시 닥쳤다.

이후로 사람들은 육체가 죽어가고, 관계가 깨어지고, 꿈이 좌절되는 영적 죽음의 상태로 살게 되었다. 죽음은 새로운 일상이 되었다. 그러나 이것이 이야기의 끝은 아니다. 복음의 기쁜 소식은, 예수님의 희생이 우리를 대신하여 죄와 죽음을 정복했다는 것이다.

요한복음은 하나님께서 예수님을 통해 세상을 창조하셨으며, 예수님은 창조물에 생명과 빛을 가져오셨다고 말한다(요 1:1-5). 그분은 죽은 나사로를 살리심으로 죽은 사람을 다시 살리는 능력이 있음을 보여 주셨다(요 11:42-44). 또한 무덤에서 살아나심으로 궁극적인 죄의 죽음과 죽음 자체의 패배를 확증하였다. 예수님의 부활은 우리를 의롭게 하고 우리에게 생명을 준다(롬 4:25). 그가 다시 살아나심은 하나님이 우리를 죽음에서 생명으로 옮기시는 근거가 된다(고전 15:17).

예수님은 다음 네 구절에서 자신을 **생명**이라고 부르신다.

- 생명의 떡(요 6:48)
- 생명의 빛(요 8:12)
- 부활이요 생명(요 11:25)
- 길이요 진리요 생명(요 14:6)

요한복음은 생명의 중요성을 조금도 과장하지 않는다. 다음의 구절들을 살펴보자.

- "하나님이 세상을 이처럼 사랑하사 독생자를 주셨으니 이는 그를 믿는 자마다 멸망하지 않고 영생을 얻게 하려 하심이라"(요 3:16).
- "아버지께서 죽은 자들을 일으켜 살리심 같이 아들도 자기가 원하는 자들을 살리느니라"(요 5:21).
- "내가 진실로 진실로 너희에게 이르노니 내 말을 듣고 또 나 보내신 이를 믿는 자는 영생을 얻었고 심판에 이르지 아니하나니 사망에서 생명으로 옮겼느니라"(요 5:24).
- "살아 계신 아버지께서 나를 보내시매 내가 아버지로 말미암아 사는 것 같이 나를 먹는 그 사람도 나로 말미암아 살리라"(요 6:57).

더 나아가 요한은 그의 복음서 독자들에게 "오직 이것을 기록함은 너희로 예수께서 하나님의 아들 그리스도이심을 믿게 하려 함이요 또 너희로 믿고 그 이름을 힘입어 생명을 얻게 하려 함이니라"(요 20:31)라고 말한다. 예수님은 아버지께 "영생은 곧 유일하신 참 하나님과 그가 보내신 자 예수 그리스도를 아는 것이니이다"(요 17:3)라고 하셨다.

예수님은 단순히 생명에 이르는 표지판이나 컴퍼스가 아니다. 그 자신이 생명이다. 그는 단지 물로 인도하는 지도나, 보물이 숨겨져 있는 지점을 표시하는 X자가 아니다. 오히려 그는 생수이며 보물이다.

고통에도 불구하고 우리는 기쁨을 선택할 수 있다

허드슨 테일러가 중국내지선교회를 위한 은행 계좌를 열기 위해 신청서를 작성하고 있었는데, 그중에 자산 목록을 적는 칸이 있었다. 테일러는 자산 합계 항목에 "10파운드와 하나님의 모든 약속들"이라고 적었다.[8]

우리의 최대 자원은 영적인 것이지 물질적인 것이 아니다. 영적인 것들은 이 땅이 아니라 다른 세상에서 나온다. 그곳이 바로 멋진 인생이 시작되는 곳이다.

작가인 알리스 그레이는 친구 마린과 함께 점심을 먹으며 그들이 직면하고 있는 어려움들에 대해 대화를 나누고 있었다. 그런데 가까운 테이블에 앉아 있는 밝고 기쁜 표정을 하고 있는 한 젊은 여성이 눈에 띄었다. 그녀는 미소를 지으며 그들의 대화를 우연히 엿듣게 되었다고 말했다. 그녀는 알리스와 마린에게 하나님께서 그들의 심적 고통을 이해하고 계시며 그들을 그리스도의 사랑에서 끊을 수 있는 것은 아무것도 없다고 격려하였다.

명랑한 그 여성이 일어나 나갈 때, 알리스는 그녀가 지팡이를 짚고 묵직한 신발을 신은 채 심하게 절뚝거리는 것을 보았다. 종업원은 이 여성이 일 년 전에 치명적인 자동차 사고를 당했다고 설명해 주었다. 그녀는 몇 번이나 병원에 입원했다. 남편은 그녀와 이혼해 버렸고, 그녀는 집도 포기한 채 작은 아파트에 살아야 했다. 운전을 할 수 없었기에 대중 교통수단에 의존해야 했고, 직장을 구할 수도 없었다.

알리스는 큰 충격을 받았다. 후에 알리스는 이 우연한 만남을 기억해 보았다. "그 젊은 여성은 주님이 주시는 기쁨으로 가득 차 있었어. 지친 기색이라고는 찾아볼 수 없었어. 그녀는 우리를 찬양과 약속의 말씀으로 격려해 주었지. 그날 그녀와 만났을 때, 우리는 그녀의 삶에 몰아닥친 폭풍우를 상상조차 할 수 없었어. 비록 그녀는 차가운 겨울바람 가운데 내몰렸지만, 마치 하나님의 포근한 소망의 피난처에서 살아가는 것처럼 보였어."[9]

환경만 생각하면, 이 젊은 여성은 오웬 윌슨 같은 사람과는 비교할 수 없을 정도로 불행한 삶을 살고 있었다. 그러나 그러한 역경에도 불구하고, 심지어 그것을 통해서 그녀는 하나님을 알아가고, 그리스도 안에서 풍성한 삶을 살아가고 있었다. 그녀는 머리로만이 아니라 존재의 중심에서부터 멋진 인생의 원천이 부유함이나 명성이 아니라 오직 그리스도뿐임을 알고 있었다.

살아계신 하나님은 말씀하셨다. "내가 오늘 하늘과 땅을 불러 너희에게 증거를 삼노라 내가 생명과 사망과 복과 저주를 네 앞에 두었은

즉 너와 네 자손이 살기 위하여 생명을 택하고"(신 30:19).

하나님은 우리에게 진정한 생명과 그것과 함께 따라오는 축복을 제시하신다. 아울러 죄와 그것과 함께 항상 따라오는 저주에 대해 경고하신다. 에덴동산에서 그러셨던 것처럼, 하나님께서는 삶의 풍요함은 그분을 순종하는 데서 나온다고 말씀하신다. "내 말을 네 마음에 두라 내 명령을 지키라 그리하면 살리라"(잠 4:4).

우리의 문제는 대대로 이어져온 중대한 문제다. 우리는 의롭지도 않고, 생명을 주시는 하나님의 명령을 완전하게 지킬 수 있는 능력도 없다. 생명과 죽음의 차이는 알고 보면 아주 간단하다. "아들이 있는 자에게는 생명이 있고 하나님의 아들이 없는 자에게는 생명이 없느니라"(요일 5:12).

그리스도의 죽음과 부활에 동참한 우리의 정체성에 초점을 두면, 우리도 진실되고, 의롭고, 아름다운 삶을 살아갈 수 있는 힘을 얻게 된다. "아버지의 영광으로 말미암아 그리스도를 죽은 자 가운데서 살리심과 같이 우리로 또한 새 생명 가운데서 행하게 하려 함이라"(롬 6:4). 조금 전에 언급한 식당에서 만난 젊은 여성은 이런 아름다운 삶을 살아가고 있었다. 그것은 하나님의 은혜가 넘쳐나는 활기찬 삶이며, 곧 디모데전서 6장 19절에서 말하는 "참된 생명"이다. 다른 말로 하면 **멋진 인생**이다.

이런 삶은 예수를 믿는 사람이라면 누구든지 누릴 수 있다. 식당 체인점과 두 개의 은행, 목장과 농장, 그리고 부동산 개발회사를 설립하여 운영하던 제리 케이븐은 사업을 접고 은퇴할 즈음 진정한 즐거움을 느꼈다고 말한다.

> 59세에 은퇴를 준비하면서 멋진 호수가 보이는 집을 구입하기 위해 돌아다녔어요. 그때 하나님은 우리의 계획을 바꾸시고 무리엘과 제가 외국에 돈과 시간을 드리도록 이끄셨지요. 정말 신나는 일이었어요. 적은 금액으로 시작하였는데, 이제는 상당한 금액을 선교를 위해 드리고 있어요. 우리의 마음은 이제 다른 나라에 있어요. 우리는 자주 그곳들을 방문하며 사역을 하고 있어요.[10]

케이븐 부부는 이렇게 말한다. "다른 나라에 살고 있는 가난한 그리스도인들이 하나님을 믿는 모습을 보고 나서, 우리는 하나님께 '우리'가 가진 돈을 모두 드리기 원하시는지 물어보았어요. 하나님께서는 아직 이렇게는 인도하지 않으셨어요. 하지만 그분이 말씀하시면 그대로 순종하려고 해요."[11]

우리가 멋진 인생을 살면, 사람들은 금방 알아본다. 케이븐 부부는 이런 이야기를 덧붙였다. "예수를 믿지 않는 어떤 부부가 우리의 나누는 삶을 지켜보았어요. 그것이 우리를 얼마나 흥분시키고 변화시키는지도 보았지요. 그때는 아직 그리스도인이 되기도 전이었는데도 그들은 나누는 삶을 살기 시작했어요. 그들은 기쁨을 보았고, 자신들도 기쁨을 누리기를 원했어요!"[12]

예수님이 그분의 백성에게 보여 주신 삶에 대한 다음의 말씀은 아마도 가장 단순하면서도 심오하다고 할 수 있다. "내가 온 것은 양으로 생명을 얻게 하고 더 풍성히 얻게 하려는 것이라"(요 10:10).

나눔의 삶은 의무감이나 죄책감이 아니며, 힘든 일이거나 간신히 끌려가는 삶도 아니다. 그것은 풍성한 삶이다.

토의를 위한 질문들

1. 유명 인사들은(혹은 당신이 알고 있는 당신보다 더 많은 돈을 가진 사람들은) 자동적으로 '멋진 삶'을 살 것이라는 인식을 한 적은 없는가? 그렇지 않다는 증거에도 불구하고 종종 이것이 사실이라고 가정하는 이유는 무엇이라고 생각하는가?

2. "당신이 제 손에 맡기신 모든 자산으로 무엇을 하기를 원하십니까?"라고 하나님께 물은 적이 있는가? 만일 이 기도가 습관이 된다면, 돈과 나눔에 대한 관점이 어떻게 바뀌겠는가?

3. 시간을 내어 하나님의 소유권에 대해 이야기하고 다음의 구절들을 읽어 보라. 레 25:23; 신 10:14; 대상 29:11-12; 욥 41:11; 시 24:1-2; 시 50:10-12; 학 2:8; 고전 6:19-20. 이 구절들은 하나님이 무엇을 소유하고 계시다고 말하는가? 이러한 성경적인 선언이 왜 반문화적인가?

4. 만일 당신이 단지 20년이 아니라 이천만 년 동안 지불해 주는 투자에 집중하기 시작한다면, 당신의 우선순위와 돈이나 시간을 사용하는 방식에 어떤 변화가 있겠는가?

3장
더 나은 종류의 풍성함

이제 이 땅의 모든 것을 가지고 있는 사람을 생각해 보자. …
그러나 이 사람의 속은 텅 비어 있다. 왜냐하면 그의 마음이
자신이 지음을 받은 목적, 바로 그리스도로 충만하지 않기 때문이다.
윌리엄 브리지

내가 온 것은 양으로 생명을 얻게 하고 더 풍성히 얻게 하려는 것이라
요 10:10

어느 날 외과의사인 래네 락키가 조깅을 할 때, 하나님은 그녀를 깜짝 놀라게 하셨다. 직업적으로 전성기를 맞고 있는 그녀에게 '의사처럼 일하고 간호사처럼 살아가라'는 생각을 심어 주신 것이다.

그날 이후 래네는 간호사가 받는 정도의 월급으로만 생활하고 나머지 소득은 모두 나누고 있다. 그녀는 하나님이 우리가 가진 모든 것으로 예배를 받을 만한 소중한 분이라고 믿는다. 그분이 우리에게 주시지 않은 것은 아무것도 없기 때문이다. 그녀는 말한다. "우리가 '우리는 그의 소유다'라는 생각을 문자 그대로 받아들인다면, 사고방식과 생활방식이 완전히 달라질 것입니다. 나눔 또한 달라집니다. … 세상에 집착하기보다 말씀에 더 견고하게 뿌리를 내리면, 하나님은 우리를 삶과 나눔에 있어 이 시대정신에 저항하는 길로 이끄십니다. 두려움의

삶 대신 믿음의 삶을 살게 하십니다. 우리 자신을 위해 사는 대신, 그분을 위해 관대하게 살게 하십니다."[1]

동료들은 래네가 자신이 가진 것보다 낮은 수준으로 살면서 멋진 삶을 포기했다고 생각할지 모르지만, 실제로 그녀는 풍성한 삶을 누리는 비결을 발견한 것이다.

아무도 빼앗을 수 없는 보물

요한복음 10장에서 거짓 목자인 바리새인들은 사람들을 참 목자이신 예수님에게서 멀어지도록 만들기 위해 애를 썼다. 예수님께서는 풍성한 삶을 약속하셨지만, 거짓 종교지도자들에 대해서는 사람들의 삶을 도적질하는 강도요 살인자라고 말씀하셨다. 그분은 자신에 대해 이렇게 말씀하셨다.

> "그러므로 예수께서 다시 이르시되 내가 진실로 진실로 너희에게 말하노니 나는 양의 문이라 나보다 먼저 온 자는 다 절도요 강도니 양들이 듣지 아니하였느니라 내가 문이니 누구든지 나로 말미암아 들어가면 구원을 받고 또는 들어가며 나오며 꼴을 얻으리라 도둑이 오는 것은 도둑질하고 죽이고 멸망시키려는 것뿐이요 내가 온 것은 양으로 생명을 얻게 하고 더 풍성히 얻게 하려는 것이라 나는 선한 목자라 선한 목자는 양들을 위하여 목숨을 버리거니와"(요 10:7-11).

종교적인 목자들은 메시아가 절대적으로 필요한 지친 사람들에게 하나님 중심의 소망과 격려를 전해 주어야 했다. 하지만 오히려 그들은 사람들을 속박하고, 의무적으로 해야 할 고된 일들을 사람들의 어깨에 지웠다. 이와 대조적으로, 예수님은 우리를 자유롭게 하고 풍성한 삶을 주기 위해 오신 우리의 선한 목자셨다.

예수님은 종교지도자들에게 말씀하셨다. "너희는 너희 아비 마귀에게서 났으니 너희 아비의 욕심대로 너희도 행하고자 하느니라 그는 처음부터 살인한 자요 진리가 그 속에 없으므로 진리에 서지 못하고 거짓을 말할 때마다 제 것으로 말하나니 이는 그가 거짓말쟁이요 거짓의 아비가 되었음이라"(요 8:44). 왜 예수님은 사람들의 존경을 받고 성경을 믿고 있는 종교지도자들에게 이토록 심한 말로 모욕을 주셨을까? 그것은 그들이 자신들의 경제적인 이득, 인기와 지위, 권력을 위해 사람들을 이용했기 때문이다.

예수님은 "도둑이 오는 것은 도둑질하고 죽이고 멸망시키려는 것뿐이요"라고 말씀하시며, 사탄이 얼마나 생명을 미워하는지 우리에게 경고하신다. 사탄은 거짓말쟁이와 살인자일 뿐만 아니라 도둑이다. 10절에 번역된 '도둑질하다'라는 뜻의 kleptomaniac는 그리스 단어 klepto에서 파생되었다. Kleptomania는 훔치려는 강박적인 충동, 재정적인 필요에 대한 독립 등을 의미한다. 마귀는 최초의 kleptomaniac이다.

강도는 일반적으로 교묘하지는 않다. 권총을 얼굴에 대고 현금을 요구하는 식이다. 이와 반대로, 소매치기는 군중 속에서 정신이 없게 만드는 전략을 사용한다. 소매치기의 파트너가 당신 앞을 막아서면,

당신은 “비켜 주세요”라고 말할 것이고, 바로 이 순간 뒤에 있던 도둑이 당신의 지갑을 훔쳐 달아날 것이다.

마귀가 눈에 띄게 노골적으로 우리를 유혹한다면 알아차리기가 훨씬 쉬울 것이다. 하지만 마귀는 돈을 우상으로 삼아 예수를 왕좌에서 끌어내리도록 유혹할 때, 눈에 띄는 방식으로 단번에 접근하지 않는다. 오히려 어느 날 일어났는데 그때 비로소 우리가 영적으로 파산 상태가 된 것을 깨닫게 하거나, 어리석은 부자처럼 죽을 때까지 깨어나지 못해 너무 늦어 버리도록 교묘하고 점차적으로 작업한다.

무지한 사람들은 쉽게 사기꾼의 표적이 되는 반면, 사기꾼과 소매치기의 계략을 아는 사람들은 가장 소중한 것을 꽉 쥐고 빼앗기지 않으려고 한다. 바울은 이렇게 말한다. “이는 우리로 사탄에게 속지 않게 하려 함이라 우리는 그 계책을 알지 못하는 바가 아니로라”(고후 2:11). 승리를 쟁취하기 위한 핵심 요소는 적을 아는 것이다. 만일 우리가 예수님이 우리에게 주시려는 멋진 삶을 소중하게 여긴다면, 사탄과 그의 졸개들이 그것에 손을 대려고 할 때 단단하게 붙들 것이다. 디모데전서 6장 19절은 우리에게 참된 생명을 취하라고 명령하고 있다.

사탄은 하나님께서 아담과 하와에게 원래 주려고 하신, 또한 그리스도께서 오셔서 회복하려고 하신 그 멋진 삶을 빼앗아 감으로써 우리를 경멸하고 파괴하려고 한다. 우리를 파괴하려는 사탄의 핵심 전략은 돈과 소유가 풍성한 삶의 근원이라고 우리에게 확신시키는 것이다.

만약 당신이 절대 도둑맞지 않을 것이라고 생각한다면 아마도 문을 열어 놓은 채 현금을 서랍에 넣고 나갈 것이다. 예수님은 우리가 돈을 사랑하는 것의 위험성을 부인하려 한다는 것을 아시고 이렇게 경고하셨다. "그들에게 이르시되 삼가 모든 탐심을 물리치라"(눅 12:15).

마귀가 돈과 소유보다 더 중요한 것은 없다고 우리를 노골적으로 속이기는 쉽지 않을 것이다. 그렇지만 '정말 필요한' 온갖 물건들로 가득 찬 카탈로그 페이지를 넘기게 하면서 유혹하기는 쉽다. 우리는 성적으로 유혹하는 인터넷 사이트는 거부할 수 있지만, 온갖 종류의 물건에 대한 욕망에 빠지게 하는 사이트에는 쉽게 굴복한다. 우리는 블랙 프라이데이 세일 기간에 전혀 불필요한 물건들을 무더기로 사는데, 아이러니하게도 이는 우리에게 탐욕에 주의를 기울여야 하고 우리의 소유에 따라 인생이 좌우되는 것은 아니라고 말씀하신 분(눅 12:15)의 탄생일에 막이 내린다.

마약이나 알코올, 성적인 도착의 위험성에 대해서는 경각심을 갖고 있으면서도 통제하지 못하는 쇼핑은 정상이라고 생각하는 사람들이 종종 있다. 이것을 막아야 하며, 이를 극복하기 위한 회복 프로그램에 참석해야 한다고 주장하는 사람들은 별로 없다. 우리는 마치 물질만능주의의 대세는 유지하고 '책임'은 회피하겠다는 무언의 약속을 한 것만 같다.

물질만능주의의 거짓말을 믿게 만드는 사탄의 캠페인에 수많은 우군들이 모여 있다. 광고는 우리에게 멋진 삶을 제공하겠다는 '상품들'을 팔기 위해 존재한다. 광고주들에게는 다행스럽게도, 광고가 약속하는 것을 실제로 실현해 주는 상품은 없기 때문에, 잘 잊어버리는 소비자들은 이번에는 만족을 줄 것이라 기대하며 계속해서 물건들을 구입한다.

그러나 그 물건들은 결코 멋진 삶을 제공해 주지 못한다.

숨막힐 정도로 너무 많이 소유하지 말라

물질적인 풍요 속에 파묻혀 살면서 예수님이 말씀하신 풍성한 삶을 경험하는 것은 어려운 정도가 아니라 불가능하다. 물질적인 것이 근본적으로 나쁜 것이어서가 아니다. 쌓아 놓은 물건들이 우리를 숨막히게 하고, 짓밟고, 예수님으로부터 차단하기 때문이다.

적절한 분량의 어떤 소유물은 공급자이신 그분께 더 가까이 가게 만들 수 있다. 예를 들어, 좋은 책을 구입하거나 아내가 보온이 되는 머그잔을 사줄 때, 혹은 딸이 손주들의 사진을 줄 때 나는 진심으로 하나님께 감사한다. 다른 소유물들, 예를 들어 한 번도 입지 않는 옷이나 이미 가지고 있는데 새로 생긴 최신형 전자제품들은 나 자신이나 하나님 나라에 아무런 의미가 없다. 만일 어떤 것이 나의 시간을 조금씩 잡아먹는다면, 그것은 하나님과 그분의 말씀으로부터 점점 멀어지게 할 수 있다.

많은 것들이 중립적이거나 심지어 즐거움을 줄 수 있지만, 그것은 우리의 구원자 대신 우리의 물건을 더 신뢰하는 것으로 끝나기가 너무 쉽다.

어떤 사람들은 풍성한 삶을 물질적인 부유함과 혼동하기도 한다. 번영신학은 하나님이 원하시는 것은 항상 우리가 부유하게 되는 것이며, 우리 자신을 위해 돈을 사용하는 것이라고 말한다. 그러나 머리를 누일 곳조차 없으셨고, 걸친 옷과 샌들 이외에는 아무것도 소유하지 않으셨던 예수님은(마 8:20) 돈 중심, 소유 중심의 삶을 살지 않으셨다. 따라서 우리 역시 그러한 삶을 살지 않아야 함은 분명하다.

나눔의 부메랑 효과

윌슨 부부는 자녀들이 다른 나라에 있는 사람들을 도와주는 기회를 갖게 되기를 원했다. 자녀들이 축구를 좋아했기에, 그들의 크리스천 재정 상담가는 어려움에 처한 과테말라 어린이 축구 프로그램을 도와주면 어떻겠냐고 제안했다.

윌슨 가족은 세계축구선교회(Global Soccer Ministries, GSM)의 연 예산이 40,000달러인 것을 알게 되었고, 여기에 더 많이 기부하기를 원했다. 그들은 GSM에서 주최하는 모든 특별 행사를 후원하고, 사용하지 않을 때는 임대 소득이 생기는 복합 건물을 짓는 데 기부하기로 작정하였다.

땅을 기부 받고 저렴한 가격으로 잔디를 입힘으로 윌슨 가족은 600,000달러를 기부하여 1,200,000달러의 복합 건물을 지을 수 있었다. 그 결과 매년 200,000달러 이상의 수익이 발생하여 GSM 전체 운영비를 지원하고 사업도 확장할 수 있었다. 이제는 많은 사람들이 이 놀라운 선물을 누리게 되었지만, 아마도 윌슨 가족보다 더 많이 기뻐하는 사람은 없을 것이다.

* This story was sent to me by Al Mueller, president of Excellence in Giving, based in Colorado Springs (http://excellence ingiving.com).

예수님은 라오디게아 교회에게 "네가 말하기를 나는 부자라 부요하여 부족한 것이 없다 하나 네 곤고한 것과 가련한 것과 가난한 것과 눈 먼 것과 벌거벗은 것을 알지 못하는도다"(계 3:17)라고 말씀하셨다. 이는 교회에 다니는 사람들에게 하신 말씀이다. 무엇이 그들의 영적 가난에 대한 인식을 사라지게 했는가? 바로 그들의 물질적인 풍요로움이다. 물질적 풍요는 실제로는 풍성한 삶을 파괴하고 있으면서도, 사람들이 마치 이런 삶을 살고 있는 것처럼 믿도록 속이고 있다.

많은 물건을 가지고 있는 것이 곧 풍성한 삶이라면, 부유한 비신자들은 예수가 필요 없을 것이고, 이는 다른 모든 사람들도 마찬가지일 것이다. 물질만능주의는 시체에 옷을 입히고 화장으로 얼굴을 꾸미지만, 그것은 여전히 죽은 것이다. 예수님은 우리를 생명을 가장한 죽음에서부터 참된 풍성한 생명으로 되돌리기 원하신다. 그분이 세상에 오신 이유는 우리로 "생명을 얻게 하고 더 풍성히 얻게"(요 10:10)하기 위해서다.

예수님은 "내가 주는 물을 마시는 자는 영원히 목마르지 아니하리니 내가 주는 물은 그 속에서 영생하도록 솟아나는 샘물이 되리라"(요 4:14)고 약속하셨다. 풍성한 삶은 금가루나 물질적인 소유를 얼마나 가지고 있는지에 따라 측정되지 않는다. 그것은 우리에게 기쁨을 주는 임재를 사랑으로 허락하시는 우리의 창조주이시며 구속자이신 그분이 우리 안에 거하신다는 소중한 사실에 뿌리를 두고 있다. 예수님이 말씀하신 것과 동일한 삶은 우리가 다시 부활할 때 완성될 것이고, 그것은 죄와 사망, 고통으로부터의 궁극적이고 완전하고 최종적인 구원을 의미할 것이다(계 21:4).

하지만 우리는 저주 가운데 있는 이 세상에서 살아가는 동안에도 악의 파괴적인 능력을 극복하는 승리를 경험할 수 있다(롬 6:13-14; 고전 15:57). 우리는 단순히 **죽고 나서야** 승리하는 것이 아니라, 이 모든 일에 우리를 사랑하시는 이로 말미암아 넉넉히 이길 수 있다(롬 8:37).

풍성한 삶은 오늘부터 시작된다

우리는 처음 회심할 때만이 아니라 매일 그리스도를 신뢰함으로 강력한 실체를 붙잡을 수 있다. 예수님은 상황이 더 나아질 때까지 기다리거나, 풍성한 삶을 시작하기 위해 죽을 때까지 기다리도록 계획하지 않으셨다. 풍성한 삶은 바로 **지금**부터 시작된다! 따라서 만일 당신이 그리스도인이고 멋진 인생을 추구한다면, 그것을 발견하기 위해 멀리 갈 필요가 없다. 예수님보다 더 멀리 가서 찾을 필요가 없다. 그분을 알고, 그분 안에서 기뻐하고, 그분을 섬기고, 그분을 따르는 사람들로부터 배우고, 그분이 말씀하시는 것을 행하면 된다. (물론 그분이 말씀하시는 것을 알기 위해서는 말씀을 배워야 한다.) 이것보다 더 신나는 삶은 없다.

예수님은 마음의 에덴으로 이르는 입구로서, 피난민들의 궁극적인 피난처가 되시며, 가난하든 부유하든 이 세상의 모든 노숙자와 비탄에 잠긴 사람들의 보금자리가 되신다. 석가모니가 그 문이 아니다. 인도 신화의 크리슈나신이 그 문이 아니다. 모하메드가 그 문이 아니다. 몰몬교 창시자인 조셉 스미스가 그 문이 아니다. 심지어 하나님의 진정한 선지자였던 모세, 엘리야, 다윗, 세례 요한도 그 문이 아니다. 경건하고 신실했던 예수님의 어머니 마리아도 그 문이 아니다(누가복음 1장 47절에서 그녀는 자신에게도 구원자가 필요하다고 고백했다).

하나님은 우리에게 생명, 보호, 평안, 인도함을 주기 위해 대변자나 선지자, 천사를 보내지 않으셨다. 그분은 자신의 아들, 자신의 가장 소중한 존재를 보내셨다. 그분은 유일한 구원자이셨으며, 우리를 위해 자신의 모든 것을 기꺼이 주셨다.

내가 그리스도인이 된 지 얼마 되지 않았을 때, 여러 신실한 신자들은 기적적인 체험을 일상에서 추구해야 한다고 나를 설득했다. 일 년이 넘도록 연구한 후, 나는 "하나님 곧 우리 주 예수 그리스도의 아버지께서 그리스도 안에서 하늘에 속한 모든 신령한 복을 우리에게 주시되"(엡 1:3)라는 하나님의 약속을 기억하였다. 또한 나는 이러한 말씀도 읽었다. "그의 신기한 능력으로 생명과 경건에 속한 모든 것을 우리에게 주셨으니 이는 자기의 영광과 덕으로써 우리를 부르신 이를 앎으로 말미암음이라"(벧후 1:3).

나는 스스로에게 이런 질문을 해보았다. '하나님이 내게 이미 주신 것보다 더 필요한 것이 무엇인가?' 그 질문을 통해 나는 우리 안에 거하시는 성령의 능력으로 인해(롬 8:11) 예수님만으로도 풍성한 삶을 누리는 데 충분하다는 것을 깨닫게 되었다.

이것은 그리스도를 아는 모든 사람들에게 동일하게 적용된다. 우리는 단순하게 그리스도께서 약속하신 풍성한 삶으로 들어가서 즐길 필요가 있다. 이것이 하늘의 무한한 기쁨을 기대하며 현재의 기쁨을 발견하는, 하나님이 주시는 행복을 누리는 삶이다. 이러한 삶은 미래의 영원한 실체를 미리 현재에 누리는 경험이다.

멋진 인생은 그리스도와 함께 시작하고 끝난다

이스라엘 백성들이 약속의 땅에 들어가기 전에, 하나님은 "아름다운 물건이 가득한 집"(신 6:11)을 약속하셨다. 그리고 그러한 멋진 삶을 즐기기 위한 조건을 제시하셨다. "여호와께서 보시기에 정직하고 선량한 일을 행하라 그리하면 네가 복을 받고 그 땅에 들어가서 여호와께서 모든 대적을 네 앞에서 쫓아내시겠다고 네 조상들에게 맹세하신 아름다운 땅을 차지하리니"(신 6:18). 하나님이 보시기에 선한 일을 하는 것과 그분의 좋은 약속들을 누리는 것에는 직접적인 상관관계가 있다.

마찬가지로 베드로는 이렇게 말한다. "너희가 이방인 중에서 행실을 선하게 가져 너희를 악행한다고 비방하는 자들로 하여금 너희 선한 일을 보고 오시는 날에 하나님께 영광을 돌리게 하려 함이라"(벧전 2:12). 따라서 멋진 삶의 주요한 부분은 선한 행위를 통해 겉으로 드러나는 도덕적이고, 윤리적이며, 하나님 중심적인 삶이다.

그렇지만 잊으면 안 될 것이 있다. 풍성한 삶을 즐기기 위해서는 선한 삶을 살아야 하지만, 이것으로 충분한 것은 아니다. 믿지 않는 사람 중에서도 친절하고 관대한 사람들이 있고, 그들은 모든 면에서 매우 훌륭한 삶을 살고 있기 때문이다. 모든 사람들은 하나님의 형상으로 창조되었기에, 일반 은총으로 인해 하나님의 속성을 나타낼 수 있다. 그러나 하나님께서는 그리스도 없는 우리의 의로운 행동은 궁극적으로 더러운 옷(사 64:6)과 같다고 말씀하신다. 우리는 오직 그리스도를 우리의 구세주로 받아들임으로써 모든 불의에서 깨끗함을 받는다. 그때 우리 안에 거주하시는 성령께서 하나님을 기쁘시게 하는 삶을 살 수 있도록 힘을 주신다.

그리스도를 알고 난 다음이라 하더라도, 우리는 멋진 삶이 항상 '즐거운 삶'이 아님을 이해해야 한다. 때로는 인기가 없더라도 한 걸음

앞으로 나아가 진실을 말해야 할 것이다. 이는 사람들이 우리를 미워하거나 비방할 수도 있다는 뜻이다. 심지어 우리 삶이 위험에 처할 수도 있다는 뜻이다. 안정감과 인기를 얻는 것은 우리가 관여할 바가 아니다.

우리는 오직 한 청중, 진정 멋진 삶이 무엇인지 정의할 수 있는 하나님만을 기쁘시게 하기 위해 존재한다. 우리가 그분을 기쁘시게 하고 있다는 것을 안다면 큰 희생을 치러야 할 때에도 큰 기쁨과 평안을 얻을 수 있다. "오히려 너희가 그리스도의 고난에 참여하는 것으로 즐거워하라 이는 그의 영광을 나타내실 때에 너희로 즐거워하고 기뻐하게 하려 함이라"(벧전 4:13).

이것은 어떤 모습으로 나타날까? 빌립보에서 바울과 실라에게 어떤 일이 있었는지 살펴보자. "무리가 일제히 일어나 고발하니 상관들이 옷을 찢어 벗기고 매로 치라 하여 많이 친 후에 옥에 가두고 간수에게 명하여 든든히 지키라 하니 그가 이러한 명령을 받아 그들을 깊은 옥에 가두고 그 발을 차꼬에 든든히 채웠더니"(행 16:22-24).

하나님의 사람들은 역사를 통틀어 이런 박해를 계속해서 받아왔다. 이어지는 구절에서 바울과 실라가 어떻게 반응하였는지 살펴보면 놀랍다. "한밤중에 바울과 실라가 기도하고 하나님을 찬송하매 죄수들이 듣더라"(행 16:25). 죄수들이 왜 듣고 있었을까? 그들이 도저히 기뻐할 수 없는 상황에서 찬양을 했기 때문이다. 빌립보 간수는 어떻게 예수를 믿게 되었을까?(31-33절) 아마도 바울과 실라가 가장 어두운 상황에서도 행복과 찬양이 넘치는 풍성한 삶을 사는 것을 보았기 때문은 아닐까?

수십 년 동안 루마니아 감옥에서 고문을 당하고, 나중에 순교자의 목소리(Voice of the Martyrs)를 설립한 리처드 웜브란트는 "감옥에서 다른 죄수들을 가르치는 것은 엄중하게 금지되어 있습니다. … 그렇게 하다가 적발이 되면 심한 구타를 당하게 되지요. 우리 중 다수는 설교할 수 있는 특권을 위해 대가를 치르기로 결심하고 공산주의자들의 보복을 받아들이기로 했습니다. 다시 말해, 우리는 설교하고, 그들은 구타하였습니다. 우리는 설교하면서 행복했고, 그들은 때리면서 행복했고…. 그래서 모두가 행복했습니다."[2]

그리스도를 따르는 알렉산더 솔제니친은 수십 년간 투옥생활을 한 후에 이렇게 말했다. "나는 지난 투옥 기간들을 돌아보며, 이런 놀라운 고백을 합니다. '감옥이여, 너는 내게 얼마나 축복이었는가!'"[3]

최악의 상황에서도, 마귀의 저주 아래 놓인 이 세상에서 넓고 깊은 풍성함을 경험할 수 있는 것, 이것이 그리스도인의 삶이 구별되는 이유이기도 하다. 이러한 영적 수준의 풍성함은 핍박받는 환경에서 살아가는 그리스도인들이 사치스럽고 인기 있는 불신자들보다 훨씬 더 많은 기쁨을 누릴 수 있다는 것을 의미한다.

요약하면, 바울, 실라, 웜브란트, 그리고 솔제니친은 최악의 환경에서조차 풍성한 삶을 최대한 누렸다. 우리가 자신을 부인하면, 하나님께서는 보상하신다. 우리가 자신을 잃어버리면, 우리는 자신을 찾는다. 우리가 멋진 삶이 항상 즐거운 삶은 아니라는 것을 받아들이고 어려운 선택을 할 때, 하나님께서는 우리가 그것을 위해 포기한 그 어떤 것보다 더 큰 즐거움과 행복을 넘치도록 주신다.

하비(취미) 그 이상

거대한 소매 체인점 하비 로비(Hobby Lobby)의 창업자인 데이비드 그린은 경제적으로는 가난하였지만, 영적으로는 부유한 환경에서 성장하였다. 그의 아버지는 목사였고, 두 형제도 목사가 되었다. 두 자매는 목사와 결혼하였고, 셋째는 전도자가 되었다.

반면 데이비드는 잡화점 체인의 가게에서 나름 열심히 일을 해서 가게를 운영하는 매니저가 되었다. 그는 가족과 더 많은 시간을 보내면서도 가족의 생계를 책임질 수 있는 방법을 찾기를 원했다. 그래서 사업 파트너와 함께 액자용 나무 자르는 기계를 600달러에 구입했는데, 그들은 작게 시작한 이 사업이 언젠가 상당할 규모로 성장할 것이라고는 꿈도 꾸지 못했다.

사업이 성장하면서 데이비드는 그의 사업을 향한 하나님의 특별한 계획이 있음을 깨달았다. "나의 형제와 자매들처럼 전임 사역에 뛰어들지 못한 데 대한 불편한 마음이 사라졌어요. … 분명 하나님은 사업가를 위한 목적이 있으셨던 거예요."*

오늘날 하비 로비는 47개 주에 800개 이상의 가게가 있으며, 연 매출은 40억 달러 이상이다.** 하비 로비는 저녁 8시에 모든 상점을 닫고 주일에는 문을 열지 않음으로 32,000명 이상의 직원들이 가족들과 함께 지내며 교회에 갈 수 있도록 배려하고 있다. 또한 동종의 다른 어떤 회사보다 지속적으로 초봉을 높게 지불하고 있다.

그린 가족은 회사 이익의 50퍼센트를 하나님 나라를 위해 드리고 있다. 데이비드의 아들인 마트는 이렇게 말한다. "관대함은 하나님과의 친밀함에 이르는 관문입니다. … 그래서 우리 가족의 사명선언문은 '하나님을 친밀하게 사랑하고, 지나칠 정도로 관대하게 살라'입니다."***

* William F. High with Ashley B. McCauley, The Generosity Bet: Secrets of Risk, Reward, and Real Joy (Shippensburg,PA: Destiny Image, 2014), 144.

** "Our Story," Hobby Lobby, accessed January 27, 2019, https://www.hobbylobby.com/about-us/our-story.

*** "Treasuring Jesus," Gospel Patrons, April 14, 2017, https://www.gospelpatrons.org/journal_authors/mart-green/entries/5.

풍성함은 자연스럽게 흘러넘친다

예수님은 "나를 믿는 자는 성경에 이름과 같이 그 배에서 생수의 강이 흘러나오리라 하시니"(요 7:38)라고 말씀하셨다. 흘러넘치는 풍성한 삶이, 생명의 근원이 되시고 사람들을 위해 아낌없이 자신을 주신 예수를 아는 것에서 나온다는 것은 가장 확실한 사실이다.

풍성하고 관대한 삶에 적용할 수 있는 오래되었지만 도움이 되는 사례가 있다. 예수님은 종종 이스라엘 북쪽에 위치한 아름다운 갈릴리 호수에서 제자들과 함께 배를 타셨다. 요단강에서 깨끗한 물이 흘러들어왔으므로, 물은 맑았고 고기들이 많이 살았다.

남쪽으로 88마일 내려가면 더 크고, 다른 종류의 물로 이루어진 호수인 사해가 있다. 사해는 지구상 가장 낮은 곳 중 하나에 위치하고 있으며, 많은 물을 수용하고 있지만 조금도 방출하지 않는다. 바다보다 10배나 염분 농도가 높기 때문에, 그곳에는 고기나 식물이 생존할 수 없다.

반면 갈릴리 호수는 요단강에서부터 물이 흘러들어왔고, 그 물은 다시 또 흘러나갔다. 물이 머무르지 않고 계속 통과하였기 때문에 물고기와 식물이 살 수 있었다. 출구가 없이 갇혀 있기만 한 사해는, 물을 받아들이기만 할 뿐 증발하는 것 말고는 내보내지 않았다. 방출하지 않는다는 것은 생명이 없다는 의미다.

이것은 일반적으로 그리스도인의 삶에 대한 좋은 비유이지만, 특별히 관대한 삶에 대해 아주 잘 표현하고 있다. 우리가 신실한 청지기가 되고 다른 사람들을 사랑하기 위해서는, 하나님의 공급하심을 받는 사람이 되어야 할 뿐 아니라 그것을 흘려보내기도 해야 한다. 그럴 때에만 하나님이 우리를 위해 의도하신 참되고 풍성한 삶을 경험할 수 있다.

이렇게 드라마틱하게 흘러넘치는 삶을 살면, 비록 기독교 신앙에 적대적인 사람들이라 할지라도 놀라운 영향을 받게 된다. 내 친구 목사는 주일에 어느 공립학교의 강당을 빌려 예배를 드리고 있었다. 이 학교에 새 교장이 부임했는데 그는 그리스도인에 대한 적대감을 숨기지 않았다. 그의 마음속에서는 교회를 인정할 수가 없었고, 이런 자신의 생각이 옳다고 생각했다.

어느 날, 교장은 그의 학교 교사 중 이 교회에 다니고 있는 사람의 책상 위에 성경이 놓여 있는 것을 보았다. 교사는 자신의 성경을 일반 장소에서 가지고 있을 법적 권한이 있다고 말했지만, 교장은 그 말에 개의치 않았다. 교장은 목사에게 다른 장소를 찾아보라고 요구했다.

그러나 그 후 몇 년 사이에 많은 일들이 일어났다. 교장이 나오기도 전에 교인들이 먼저 와서 정리를 하고 학교를 위해 기쁨으로 시간과 돈을 사용하는 것을 교장이 알게 되었다. 그들은 청소하는 날을 정하고 학부모-교사 컨퍼런스에 음식을 제공했으며, 매년 교사들에게 선물권을 증정했다. 그들은 잘 보이기 위해서가 아니라, 그리스도의 사랑과 친절이 삶에서 흘러나와서 그렇게 행동했다.

그 교회의 목사가 내게 이렇게 말했다. "삼 년이 지난 후, 교장은 우리의 적대자가 아닌 후원자가 되었습니다. 우리의 섬김이 주님을 향한 그의 마음을 부드럽게 녹인 것이지요. 그는 내게 자신의 속마음을 털어놓기도 하고, 학교 직원들에게 연설을 해달라고 요청하기도

했습니다."

목사는 이를 놀라운 반전이라고 불렀다. 이렇게 된 이유는 어디에 있는가? 그것은 관대한 행동이 뒤따르는 그리스도인들의 멋진 삶에 있다. 예수님은 이렇게 설명하신다. "이같이 너희 빛이 사람 앞에 비치게 하여 그들로 너희 착한 행실을 보고 하늘에 계신 너희 아버지께 영광을 돌리게 하라"(마 5:16).

더 밝은 미래

방글라데시에 사는 비스와나는 젊은 나이에 사고를 당해 잘 움직일 수 없었다. 직업을 가질 수도 없었고, 모든 희망도 사라져 버렸다. 나중에 그는 수미와 결혼하여 수몬토라는 아이를 얻었다. 장애로 인해 소득이 없었던 비스와나는 가족들의 생계를 해결하기 위해 마리화나를 팔기 시작했다.

컴패션 어린이개발센터가 지역교회에 세워졌을 때, 비스와나는 자기 아들에게는 보다 나은 미래를 제공할 수 있으리라는 기대로 재빠르게 그곳에 등록했다. 거기에서 수몬토는 공부를 할 수 있었을 뿐만 아니라 학용품, 점심, 그리고 필요한 의료혜택도 받았다. 수몬토의 후원자가 이 가정에 소 여섯 마리를 살 수 있는 돈을 보내 주자, 비스와나는 마리화나를 파는 일에서 손을 뗄 수 있게 되었다. 그는 나중에 소 세 마리를 팔아 작은 땅을 구입해서 약초와 향신료를 판매하는 가게를 열었다. 일을 할 자리가 없어 빈둥거리던 비스와나의 형이 이제는 이 가게 운영을 도와주고 있다.*

재정적인 후원을 통해 이 두 가정은 새로운 삶을 살게 되었다. 수천 마일 떨어져 있는 세 번째 가정 또한 많은 변화가 있었다. 이 후원자 가정은 삶을 변화시키는 일의 일원이 되는 기쁨을 경험할 수 있었고, 그로 인해 영적으로 더 부유하게 되었다.

* David Adhikary, "What Impact Does Giving a Family Gift Have in a Child's Life?" Compassion, August 9, 2016,https://blog.compassion.com/child-sponsorship-the-impact-of-family-gifts/.

관대함은 전염성이 있다

그리스도의 이름으로 더 많이 나눌수록, 하나님은 더 많은 것을 우리에게 주신다. 그리스도를 통해 우리에게 더 많이 흘러들어올수록, 더 많이 다른 사람에게 흘러나갈 수 있다. "주라 그리하면 너희에게 줄 것이니 곧 후히 되어 누르고 흔들어 넘치도록 하여 너희에게 안겨 주리라 너희가 헤아리는 그 헤아림으로 너희도 헤아림을 도로 받을 것이니라"(눅 6:38).

우리가 관대하게 돈과 소유를 나누게 되면, 우리의 열린 손으로 하나님이 우리를 위해 주시려는 풍성한 삶을 받게 될 것이다. 하나님은 우주에서 가장 많은 것을 주시는 분이고, 그것을 초월해서 드릴 수 있는 사람은 아무도 없다. 이것은 번영신학이 아니다. 이것은 관대한 하나님이 그분의 자녀들의 삶에서 이렇게 행하기를 기뻐하시는 하나님의 방법일 뿐이다.

핏과 데비 옥스 부부는 예수님을 깊이 사랑하는 마음에서 교도소 안에 산업용 건축 기계들을 구입하여 재소자들의 재활을 돕기로 했다. 그들은 재소자를 고용하였는데, 이들 중에는 흉악범도 있었다. 이 부부는 자녀교육, 재정, 관계 등과 같은 주제에 대한 실제적인 교훈을 제공하는 일에 자신들의 삶을 바쳤다. 핏은 이렇게 말했다. "우리가 나눈 인생 교훈 중의 하나는 이것입니다. 우리는 재소자들에게 관대함에 대한 큰 그림을 보여 주며, 우리가 제시한 자선기관 리스트 중에 하나를 선택하여 몇 달러를 기부하면, 동일한 금액을 그들에게 돌려주겠다고 도전하였어요. 재소자들은 상당히 많은 금액을 자선단체에 기부하였지요. … 우리가 적어 준 대부분의 자선기관은 바로 그들의 범죄로 인해 희생을 당한 사람을 도와주는 곳이었어요."[4]

재소자를 위한 핏의 사역은 성경의 핵심 가치를 반영하고 있다. 에베소서 4장 28절은 이렇게 말하고 있다. "도둑질하는 사람은 다시는 도둑질하지 말고, 수고를 하여 [제] 손으로 떳떳하게 벌이를 하십시오. 그리하여…"(새번역).

그리하여 무엇을 해야 한다는 말인가? 생활하기에 충분한 돈만 벌어서 더 이상 도둑질하지 않으면 되는 것인가? 아니다. "오히려 **궁핍한 사람들에게 나누어 줄 것이 있게** 하십시오"(새번역).

나눔은 흠잡을 데 없는 깨끗한 사람들에게만 해당되는 것이 아니라, 우리 모두를 위한 것이다. 핏과 데비의 흘러넘치는 멋진 인생은 재소자들에게 복음을 전해 주었을 뿐만 아니라, 흘러넘치는 기쁨의 나눔을 소개함으로 그들도 풍성한 삶을 경험하도록 해주었다.

그리스도 안에서 누리는 멋진 삶은, 그렇게 살아가는 사람들에게 놀라운 것은 물론이고, 그것을 바라보는 사람들에게도 기쁨을 준다. 관대함은 물질만능주의처럼 전염성이 있다. 그렇지만, 그것은 죽음 대신에 생명을 가져다준다.

토의를 위한 질문들

1. 당신의 돈과 소유가 어떤 방법으로 예수님이 주시려는 풍성한 삶을 살지 못하게 방해하는가? 물질적인 것이 당신의 삶에 궁극적인 만족감을 가져다줄 것이라는 사탄의 거짓말을 어떻게 믿게 되었는가?

2. 갈릴리 바다와 사해에 대한 예화를 읽고 나서, 당신의 현재 삶의 방식은 어디를 더 닮았다고 생각했는가? 그 이유는 무엇인가?

3. 예수님이 당신에게 주신 풍성한 삶을 보여 주기 위해 당신의 돈과 소유를 어떻게 사용할 수 있는가? 오늘 바로 할 수 있는 것은 무엇인가?

4. 그리스도를 위한 고난에 대한 다음 구절들을 읽으라. 요 15:20; 행 14:22; 딤후 3:12; 벧전 4:16. 하나님만이 멋진 삶을 정의하신다는 것을 이해한다면, 당신의 고난과 박해에 대한 관점은 어떻게 달라져야 하겠는가?

4장
사랑은 어떤 모습일까

사랑하지 않고 줄 수는 있지만, 주는 것 없이 사랑할 수는 없다.

에미 카미카엘

내 계명은 곧 내가 너희를 사랑한 것 같이
너희도 서로 사랑하라 하는 이것이니라

요 15:12

슈퍼마켓에서 아내 낸시는 밀가루가 어디에 있는지 물어보는 한 노인을 만났다. "아무리 둘러봐도 찾을 수가 없네요. 지금까지 항상 아내가 모든 것을 사곤 했었는데, 지난달에 죽었답니다"라고 노인은 쓸쓸히 말했다.

낸시는 하나님이 내가 쓴 「헤븐」(Heaven)이란 책을 이 사람에게 주기를 원하신다고 즉각적으로 느꼈지만, 그 책은 차 안에 있었다. 그래서 그녀는 주차장이 아주 넓어 쉽지는 않겠지만 그를 나중에 꼭 다시 만나게 해달라고 하나님께 기도했다. 낸시가 차로 돌아온 지 얼마 지나지 않아 어떤 노인이 카트를 끌면서 그녀가 있는 방향으로 왔다. 낸시는 책을 그의 손에 쥐여 주면서 "아내분이 최근에 돌아가셨다고 하셨지요?"라고 말했다.

그는 "네, 그래요. 제 아내는 석 달 전에 죽었어요. 우리는 49년 동안 함께 살았어요"라고 말했다. 갑자기 낸시는 그가 조금 전 만났던 바로 그 노인이 아님을 깨달았다. 그렇지만 그는 감사하다고 분명하게 말하며 그 책을 받았고, 낸시는 그가 그 책을 꼭 읽을 것이라는 확신이 들었다. (전혀 모르는 사람이 자기 아내가 최근에 죽었다는 것을 알고 있는 것처럼 보였기 때문에 더욱 그럴 것 같은 마음이 들었다!)

하나님은 전능하시고 모든 것을 완벽하게 계획하시기에, 낸시는 자신의 사랑의 행동이 결국에는 이 사람을 위해 준비되었음을 알게 되었다. 우리 자신을 하나님의 관대함과 사랑의 통로로 드리기만 하면 받는 사람은 기쁨을 경험하게 되고, 하나님이 우리를 통해 역사하시는 것을 보며 우리 또한 즐거움을 경험하게 된다.

하나님과 사람을 사랑하는 것보다 더 귀한 것은 없다

한 종교지도자가 예수님께 계명 중에서 무엇이 가장 큰지 물었을 때, 예수님은 "네 마음을 다하고 목숨을 다하고 뜻을 다하여 주 너의 하나님을 사랑하라 하셨으니 이것이 크고 첫째 되는 계명이요 둘째도 그와 같으니 네 이웃을 네 자신 같이 사랑하라 하셨으니 이 두 계명이 온 율법과 선지자의 강령이니라"(마 22:37-40)라고 대답하셨다.

우리가 하나님을 최고로 사랑할 때, 우리는 다른 사람을 최선으로 사랑할 것이다. 사랑이란 단지 보기 좋으라고 벽에 걸어 놓은 장식품이 아니다. 사랑은 무엇인가 행하는 것이다. "자녀들아 우리가 말과 혀로만 사랑하지 말고 행함과 진실함으로 하자"(요일 3:18). 예수님은 "사람이 나를 사랑하면 내 말을 지키리니"(요 14:23)라고 말씀하셨다. 매 맞고 가진 것을 다 빼앗긴 낯선 사람을 기꺼이 자신의 시간과 돈을 바쳐 돌본 선한 사마리아 사람의 이야기처럼(눅 10:25-37), 예수님의 가르침은 종종 사람들을 사랑하는 것에 집중되어 있다. 예수님은 가난한 사람들을 사랑하라고 하시며, 이들을 위해 잔치를 베풀라고 말씀하셨다(눅 14:12-14). 어려운 환경에 처한 사람들을, 마치 그 도움이 필요한 사람이 예수님인 것처럼 우리가 대해야 한다고 말씀하셨다(마 25:31-46).

또한 예수님은 영적으로 가난한 사람들에게 복음을 전함으로(마 28:19-20), 그리고 하나님이 그들을 위해 누군가를 보내셔서 복음이 전해지기를 기도함으로(마 9:37-38) 그들을 사랑할 수 있다고 말씀하신다. 그분은 개인의 독특한 필요를 고려한 복음적인 접근을 어떻게 해야 하는지 모범도 보여 주셨다(요 4:1-42).

이러한 구절들과 다른 여러 곳에서 보여 주는 것은, 물질적으로 가난한 사람이나 영적으로 가난한 사람 모두에게 우리 자신과 자원들을 관대하게 나누어 주는 것이 바로 사랑이라는 것이다. 마음으로부터 우러나는 겸손으로 사람들을 섬길 때, 우리는 멋진 인생을 살 수 있고 만족함을 누릴 수 있다.

다른 사람을 사랑하는 것은 우리 자신의 아주 좁은 궤도를 깨뜨리는 것이므로, 우리의 삶을 **진정으로** 확장시킨다. 사랑의 실천은 궁핍한 자들의 필요를 만족시키는 사람들의 필요를 은혜롭게 채워 주시는 하나님 중심의 궤도에 우리를 올려놓는다.

사랑의 선물

〈나는 입양을 좋아해요〉라는 프로그램에서 대니하이즈 가족 이야기를 방송했다. 자신들이 낳은 세 명의 아이들과 세계 곳곳에서 특별하게 선택된 아홉 아이들이(두 명은 미국의 가정위탁 보호제도에서 왔고, 세심한 돌봄이 필요한 장애인도 몇 명 포함되어 있다) 모여 사는데, 그들의 말을 빌리자면, '색깔, 문화, 웃음, 사랑이 다양하게 엮어진' 가정이다.*

엄마인 샤론은 프로그램에서 이렇게 말한다. "사람들이 우리를 낙심시키는 말을 하기도 해요. 다양한 장애가 있는 아이들을 돌봐야 하기 때문에 우리의 삶이 엉망이 될 것이라고 말하지요. 또한 우리가 무엇을 해야 하는지 모른다는 말도 해요. 경험이 전혀 없는 것도 사실이고, 그들을 어떻게 키워야 하는지도 정말 몰랐어요. 그러나 무조건적인 사랑이 어떤 일을 일으키는지 보세요. 당신이 누군가에게 무조건적인 사랑을 주면, 꽃이 핀답니다."** 물론 어려운 시기도 있었다. 그렇지만 아이들에게 쏟은 관대한 삶은 큰 보람을 안겨 주었다. 도울 일이 생기면 모든 가족들이 동참을 하였고, 이것은 기쁨을 주는 영원한 투자가 되었다.

* Ryan Scott Bomberger, "New Short Film Will Change Hearts: I Like Adoption," Radiance Foundation, December 14,2012, http://www.theradiancefoundation.org/new-short-film-will-change-hearts-i-like-adoption/.

** Bomberger, "New Short Film," see "I Like Adoption," Vimeo video, 6:31, http://www.theradiancefoundation.org/new-short-film-will-change-hearts-i-like-adoption/.

예수님은 원수들을 사랑하라고 명령하시며 이렇게 질문하셨다. "너희가 만일 너희를 사랑하는 자만을 사랑하면 칭찬 받을 것이 무엇이냐 죄인들도 사랑하는 자는 사랑하느니라"(눅 6:32). 일반적으로 죄인들은 자기를 미워하는 사람들을 향한 사랑하는 마음이 없기 때문에 그들을 사랑할 수가 없다. 당신의 사랑이 좋게 돌아오거나 보상받지도 못하는데, 무엇 때문에 사서 고생을 하겠는가? 그렇지만 예수님은 우리의 사랑이 보답을 받지 못하더라도, 하나님께서 더 많은 상급을 주신다고 약속하신다. "오직 너희는 원수를 사랑하고 선대하며 아무 것도 바라지 말고 꾸어 주라 그리하면 너희 상이 클 것이요 또 지극히 높으신 이의 아들이 되리니 그는 은혜를 모르는 자와 악한 자에게도 인자하시니라"(눅 6:35).

믿는 자들에게 주어질 상급 중 일부는 죽고 나서 받게 되지만, 현재 여기서 누리는 상급도 있다. 그것은 나눔의 모범을 보이신 주님을 닮아 가면서 얻게 되는 평안, 자족, 그리고 기쁨이다.

주는 것 없이 도와주는 사랑은 없다

그리스어인 아가페는 킹제임스 성경에서 종종 '사랑'으로 번역된다. 그러나 동일한 단어가 '자선'으로 번역된 것은 29번이나 된다. 하나님이 우리를 향해 하신 것이든, 아니면 우리가 하나님을 향해 한 것이든, 이 단어가 수직적인 행동으로 사용되면 '사랑'으로 해석하는 것이 맞다고 번역자들은 믿었다. 그러나 수평적인 활동으로 (이웃이나 원수들을 향하여) 사용되면, '자선'이 그 의미를 가장 잘 전달한다고 생각했다.[1] 왜 그런가? 누군가를 사랑하는 것은 그들에게 무언가를 주는 것과 분리해서 생각할 수 없기 때문이다. 만일 당신이 누군가를 사랑하면, 당신은 그에게 주게 되어 있다. 만일 당신이 주지 않는다면, 사랑하지 않는 것이다.

인도에서 병원의 환자들을 돌보는 일은 가족이나 간병인들에게 의존하고 있다. 그런데 아무도 돌보지 않는 한 남자를 그리스도를 믿는 팀이 만나게 되었다. 그들이 처음으로 한 일은 그 사람을 목욕시키는 일이었다. 이 사람이 처음부터 분명히 선을 그었던 부분은, 자신의 독실한 힌두 신앙을 개종시키려고 하지 않는다면 도움을 받겠다는 것이었다.

며칠이 지나, 병원은 더 이상 할 수 있는 일이 없다며 그 사람을 퇴원시켰고, 그는 서서히 죽어갔다. 이 팀은 노인들을 위한 요양원에 그를 보내어 정기적으로 돌보았다. 그가 죽는 날, 그리스도를 따르는 팀원 중 한 명이 그에게 죽으면 어디로 갈 것 같으냐고 물었다. 그리고 죽어가는 그 사람의 손을 꼭 잡고 하나님 사랑의 복된 소식을 나누었다.

그리스도인 팀원은 그 사람에게 만일 그가 자신의 죄를 회개하면 예수님과 함께 천국에서 영원히 살 수 있다고 간절한 마음으로 전했다. 말을 할 수는 없었지만, 그는 동의의 표시로 손을 꼭 쥐면서 분명하게 반응했다. 그리스도인 팀원이 그를 위해 기도해 주어도 되겠냐고 요청을 했을 때, 노인은 다시 손을 꼭 쥐었다. 노인의 얼굴에 퍼진 가냘픈 미소는 이 땅에서 다음 세계로 이동하는 그 순간까지 그를 사랑하는 팀원들에게 큰 격려가 되었다.[2] 이 팀은 그의 물질적 필요를 채우는 사랑을 보여 줌으로 그가 복음을 들을 수 있도록 준비시킬 수 있었고, 궁극적으로 그의 영적인 필요를 채워 줄 수 있었다.

세상에 가장 잘 알려진 성경 구절 중 하나는 이것이다. "하나님이 세상을 이처럼 사랑하사 독생자를 주셨으니 이는 그를 믿는 자마다 멸망하지 않고 영생을 얻게 하려 하심이라"(요 3:16). 간단하게 말해 사랑은 주는 것이다. 사랑은 시간을 포기하는 것이다. 사랑은 돈을 포기하는 것이다. 사랑은 특권을 포기하는 것이다. 사랑은 사람들이 자신의 것이라고 주장하는 것을 포기하고, 그 모든 것이 하나님의 것임을 깨닫는 것이다. 우리가 이러한 방법으로 나눌 때, 다른 사람들과 함께 나누는 것이 특권임을 느끼게 된다.

하나님의 아들 예수님은 우리를 위해 그의 삶 전체를 대가로 지불하셨다. 이것이 우주 역사에서 가장 위대한 사랑의 행위로 자리매김한 사랑의 핵심이다. "사랑은 여기 있으니 우리가 하나님을 사랑한 것이 아니요 하나님이 우리를 사랑하사 우리 죄를 속하기 위하여 화목제물로 그 아들을 보내셨음이라"(요일 4:10).

관대함은 사랑의 행위다

하나님이나 다른 사람을 향한 우리의 사랑은 단순히 감정이나 말이 아니다. 그것은 하나님께든 사람에게든 무엇인가를 주는 행동이다.

만일 하나님이 하늘에 계시면서 아들을 보내는 대신 천사를 통해 이런 메시지를 우리에게 주셨다고 가정해 보자. "너희가 지옥에 가는 것이 너무 안쓰럽구나. 그래도 내가 너를 사랑하는 것은 꼭 기억해!" 하지만 하나님은 이렇게 말씀하시는 대신 임마누엘, 즉 우리와 함께하심으로 우리를 사랑하셨다.

만약 우리의 사랑이 참되다면 굶주린 아이들의 사진을 보며 볼 때, 단지 순간적으로 불쌍하다고 느끼며 '이 아이가 배를 곪지 않았으면 좋겠어'라고 생각만 하지는 않을 것이다. 사랑은 그런 아이들을 먹이는 데 도움이 되는 방법을 찾을 것이다. 사랑은 주는 것이다.

아직도 사랑은 관대한 나눔이라는 것에 의심이 든다면, 다음 말씀을 생각해 보라. "그가 우리를 위하여 목숨을 버리셨으니 우리가 이로써 사랑을 알고 우리도 형제들을 위하여 목숨을 버리는 것이 마땅하니라 누가 이 세상의 재물을 가지고 형제의 궁핍함을 보고도 도와줄 마음을 닫으면 하나님의 사랑이 어찌 그 속에 거하겠느냐"(요일 3:16-17).

이 구절은 사랑을 주는 것과 분리할 수 없는 것으로 묘사하고 있다. 사실, 주는 것이 없는 진정한 사랑은 불가능하다. 물론 우리는 모든 것을 모든 사람에게 줄 수 없다. 그렇지만 도움이 필요한 사람에게 주어야 할 돈과 소유를 움켜쥐는 것은, 그들이 하나님의 사랑과 동정을 받지 못하도록 하는 결과를 초래한다. 하나님은 우리의 도움이 필요하시지 않다. 그분은 우리가 없어도 모든 것을 하실 수 있다. 그렇지만 하나님은 자신의 사랑의 사명을 우리에게 맡기기로 선택하셨다. 우리는 그리스도의 몸이며, 도움이 필요한 사람에게는 그분의 손과 발이다.

우리는 사람들을 미워하지 않더라도 무시할 수 있다. 그러나 결국에 가서는, 그들을 돕지는 못했지만 미워하지 않은 것으로 위안을 삼을 수는 없을 것이다. 홀로코스트 생존자인 엘리 위젤은 다음과 같은 유명한 말을 남겼다. "사랑의 반대는 미움이 아닙니다. 바로 무관심입니다."[3]

그 자체가 사랑의 하나님이 주시는 선물인 풍성한 삶은 다른 사람들에게 풍성한 사랑으로 흘러간다. 이것이 나눔의 핵심이다.

천국의 기쁨

한국 서울에 있는 박은영 씨는 김앤장 법률회사의 파트너다. 그는 변호사와 판사로 여러 지역에서 섬겼고, 한국의 법과대학에서 가르쳤다. 어느 날 그는 출근을 하면서 국제 간의 중재에 대해서가 아니라, 최근 자신의 가정이 믿음으로 돕기로 한 어떤 아이에 대해 생각하기 시작했다. 그 아이의 인생이 어떻게 바뀔지를 생각하니, 무척이나 행복해서 전율이 느껴질 정도였다. 결국 마음이 진정될 때까지 차를 길 한쪽에 세워야 했다.

그는 이렇게 말했다. "그것은 거의 천국의 기쁨이었어요. 우리가 예수님의 얼굴을 대면하여 볼 때 경험할 수 있는 그런 것이었지요. … 하나님은 그 기쁨 안에서 제게 특별한 선물을 주셨어요."*

소송에서 이기거나 법대에서 가르칠 때는 주체할 수 없는 기쁨으로 길 옆에 차를 세운 적이 결코 없었다. 이 기쁨은 그때와는 비교할 수 없을 정도로 훨씬 더 큰 것이었다. 변호사와 판사와 교수로서의 일은 그 자체로도 훌륭했지만, 그가 영원을 위해 투자할 수 있는 수입을 창출함으로써 보다 의미 있는 일로 변화되었다.

* "Three Lessons from Eun Young Park, South Korea," JoyGiving.org, accessed January 27, 2019, https://joygiving.org/eun-young/.

당신의 재정 기록은 무엇을 말해 주는가

전도자 요한 웨슬리는 복음을 전할 뿐 아니라, 말씀대로 살았다. 한 하녀가 방문 앞에 왔을 때, 웨슬리는 벽을 장식할 그림을 사 가지고 온 직후였다. 추운 겨울날이었지만 그녀는 얇은 옷을 입고 있었다. 외투를 사라고 얼마라도 주고 싶었는데 남은 돈이 거의 없었다. 그는 자신에게 이러한 질문을 던졌다. **"내 주인께서 이렇게 말씀하시지 않을까? 추위에 떨고 있는 이 가난한 피조물을 감싸야 할 돈으로 네 벽을 꾸미는 데**

다 써버렸구나!"[4]

이때부터 웨슬리는 지출을 줄이기 시작했고, 그로 인해 더 많은 돈을 가난한 사람들에게 줄 수 있었다. 한때 요한 웨슬리의 인세가 오늘날의 가치로 연 160,000달러인 적이 있었지만, 그는 20,000달러만 버는 사람처럼 살았다. 웨슬리의 재정 기록은 놀라운 사실을 보여 준다. 그의 한 해 생활비는 28파운드였다. 다음 해에 그의 소득은 두 배가 되었지만 그는 여전히 28파운드로 생활하고 32파운드를 나누어 주었다. 세 번째 해에는 소득이 90파운드로 상승했지만 그는 여전히 28파운드로 생활하고 62파운드를 나누어 주었다. 네 번째 해의 소득은 120파운드였는데 그는 여전히 28파운드로 생활하고 92파운드를 가난한 사람들에게 나누어 주었다.

어느 해에는 수입이 1,400파운드로 늘어났지만, 그는 단순한 삶을 유지하여 30파운드만 남기고 모두 나누어 주었다. 그의 나눔은 놀랍게 증가하였지만, 그의 생활 스타일은 거의 바뀌지 않았다. 그는 보물을 이 땅에 쌓는 것을 두려워했기 때문에 돈이 들어오자마자 가능한 한 빨리 필요한 곳에 보냈다. 그리스도인은 단순히 십일조만 해서는 안 되며, 해야 할 의무를 완수하고 난 이후의 모든 잉여소득은 나누어야 한다고 웨슬리는 가르쳤다.

그는 소득이 수천 파운드가 되었을 때에도 단순하게 살며 나머지 돈을 신속하게 나누었다. 그리스도인은 소득이 증가함에 따라 나눔도 같이 증가해야 한다고 그는 믿었다.

아마 당신은 웨슬리처럼 급진적으로 살고 있지 않을 것이고, 나 또한 분명 이렇게 살고 있지는 못하지만, 그의 사랑과 관대함의 모범은 내가 매일 만나는 사람들을 바라보는 관점뿐 아니라 나의 생활 스타일과 나눔에 대해 재평가할 수 있도록 영감을 주었다.[5]

나누기 위해 부자가 되어야 할 필요는 없다

나는 엄청난 소득을 가진 인색한 사람들도 알고 있고, 나누기 위해 자신의 소득보다 훨씬 검소하게 생활하는 관대한 사람들도 알고 있다. 마찬가지로, 보통의 소득이지만 희생적으로 나누는 사람도 알고 있고, 자신의 소득 이상으로 살아서 매달 더 깊은 빚의 수렁으로 빠져들어가는 사람도 알고 있다. 소득 수준과는 관계없이, 과소비를 하는 사람들은 자신들에게 나눌 수 있는 여유가 있다는 사실을 생각조차 하지 못한다.

또한 나는 관대하면서 가난한 사람과 인색하면서 가난한 사람을 만나 보았다. 관대함은 우리가 얼마나 많이 버느냐에 달려 있지 않고, 우리의 마음 안에서 무슨 일이 일어나고 있는지에 달려 있다. 나눔은 예수님과 다른 사람을 향한 사랑이 흘러넘치는 것이다.

성경에 나오는 관대함에 대한 가장 놀라운 모델은 가난한 과부다. 그녀가 보여 준 모범에 대해 예수님은 제자들에게 이렇게 말씀하셨다.

> “예수께서 헌금함을 대하여 앉으사 무리가 어떻게 헌금함에 돈 넣는가를 보실새 여러 부자는 많이 넣는데 한 가난한 과부는 와서 두 렙돈 곧 한 고드란트를 넣는지라 예수께서 제자들을 불러다가 이르시되 내가 진실로 너희에게 이르노니 이 가난한 과부는 헌금함에 넣는

> 모든 사람보다 많이 넣었도다 그들은 다 그 풍족한 중에서 넣었거니와 이 과부는 그 가난한 중에서 자기의 모든 소유 곧 생활비 전부를 넣었느니라 하시니라”(막 12:41-44).

성경에서 관대하게 나누는 사람들의 무리를 가장 잘 보여 주는 사례는 고린도후서 8장에 나오는 마게도냐 교회다. 이들에게 바울은 어려움에 처한 예루살렘의 성도들을 도우라고 권하였다. 바울 사도는 이 신자들을 소개하며 이렇게 말한다. “환난의 많은 시련 가운데서 그들의 넘치는 기쁨과 극심한 가난이 그들의 풍성한 연보를 넘치도록 하게 하였느니라”(2절). 그들에게 있어서 나눔은 의무적인 고역이 아닌, ‘넘치는 기쁨’에서 나온 것임에 주목하라. 나눔은 멋진 인생을 사는 그들의 방식이었다.

나는 가난한 나라를 여행할 때마다 그곳의 성도들이 우리를 잘 먹이기 위해 정성을 다하는 모습을 항상 보아왔다. 케냐에 갔을 때 우리 그룹은 만찬에 초대되었다. 그곳의 선교사들은 미국에 있는 우리보다 훨씬 적게 소유하고 있는 그 나라 성도들이 우리를 기쁨으로 섬기기 위해 그들의 주급 중 상당한 부분을 음식을 준비하는 데 사용했다고 이야기해 주었다.

우크라이나를 방문했을 때, 친구 목사와 나는 저녁 시간에 여러 가족들과 함께 만찬을 나누며 찬양을 하고, 기쁨으로 주님을 높여 드리는 시간을 가졌다. 그 식사를 준비하기 위해 주인이 한 달 배급량의 버터를 모두 사용했다는 것을 알고는 미안한 마음이 들었지만, 그리스도 안에서 형제들을 위해 마음과 가정을 열어 환영하는 것보다 더 큰 기뿜이 없음을 확신할 수 있었다. 우리는 언젠가 그들을 섬기게 될 것을 상상하며, 겸손하게 섬김을 받을 수 있었다. 나눔은 하나님의 사람들을 균등하게 만드는 위대한 도구다.

이기적인 사람에게는 나누는 행동이 어리석고 자기 이익의 최선에 배치되는 것처럼 보인다. (한 달 치 배급량의 버터를, 집에 가면 얼마든지 구할 수 있는 부자 방문자를 섬기는 데 사용할 이유가 무엇인가?) 하지만 성경은 이와 상반되는 말을 하고 있다. "흩어 구제하여도 더욱 부하게 되는 일이 있나니 과도히 아껴도 가난하게 될 뿐이니라"(잠 11:24). 메시지 성경은 이렇게 표현한다. "관대한 사람의 세상은 점점 넓어지지만 인색한 사람의 세상은 갈수록 좁아진다."

심각한 어려움을 안고 있는 관대한 사람들이 있다는 것은 분명히 알고 있지만, 소득 수준이 어떠하든 관대한 영혼이 만성적으로 불행한 경우는 결코 알지 못한다. 내가 일생 동안 연구하여 발견한 것은, 어려움 속에서도 사랑을 베푸는 관대한 사람은 항상 감사뿐 아니라 행복을 향하여 나아간다는 것이다.[6] 그 훌륭한 우크라이나 가족은 그들의 버터를 잃어버렸을 수는 있지만, 환대를 통해 예수님과 우리를 사랑함으로 얻은 보상은 그들에게 훨씬 더 큰 보물이 되었을 것이다.

자원하는 마음으로 나누는 것이 정말 중요하다

하나님은 그의 백성들에게 이렇게 명령하셨다. "너는 반드시 그에게 줄 것이요, 줄 때에는 아끼는 마음을 품지 말 것이니라 이로 말미암아 네 하나님 여호와께서 네가 하는 모든 일과 네 손이 닿는 모든 일에 네게 복을 주시리라 땅에는 언제든지 가난한 자가 그치지 아니하겠으므로 내가 네게 명령하여 이르노니 너는 반드시 네 땅 안에 네 형제 중 곤란한 자와 궁핍한 자에게 네 손을 펼지니라"(신 15:10-11). 이것은 명령이기는 하지만, 하나님은 우리에게 자발적인 마음으로 나누라고 말씀하신다. 하나님은 우리가 나눌 때 어떤 마음의 상태인지 관심을 갖고 계신다.

바울은 사랑하는 마음이 없이도 희생적인 나눔이 가능하다고 분명하게 말한다. "내가 내게 있는 모든 것으로 구제하고 또 내 몸을 불사르게 내줄지라도 사랑이 없으면 내게 아무 유익이 없느니라"(고전 13:3). 이 말은 관대함 그 자체가 멋진 삶이 아니라, 사랑으로부터 흘러나오는 관대함이 멋진 삶임을 의미한다.

바울은 또한 "하나님은 즐겨 내는 자를 사랑하시느니라"(고후 9:7)라고 말한다. 기쁨으로 드리는 것을 방해하는 것은 무엇인가? 우리는 본능적으로 자기 자신을 위해 소비할 때 가장 행복하다고 생각한다. 그러나 예수님은 다른 사람에게 줄 때 가장 큰 기쁨이 찾아온다고 말씀하신다. "주는 것이 받는 것보다 더 행복하다"(행 20:35, GNT). 당신은 아마도 이 구절이 "주는 것이 받는 것보다 복이 있다"로 번역된 것을 알고 있을 것이다. 여러 문서로 충분히 입증된 사실에 의하면, 여기에서 '복되다'고 번역된 그리스 단어 makarios의 진정한 의미는 '행복하다' 혹은 '행복을 만드는'이란 뜻이다.[7]

예수님은 이렇게 말씀하지 않으셨다. "줄 때보다 받을 때가 더 행복한 것은 자연스러운 반응이지만, 주는 것은 의무이므로 이를 악물고, 희생을 하여, 억지로라도 주도록 하여라."

돈은 우리를 행복하게 해주지 못하지만, 돈을 나누면 깊은 행복이 찾아온다! 그리스도와 다른 사람들을 사랑하는 마음으로 나누게 되면 우리가 행한 투자에 대한 놀랍고도 지속적인 보상을 경험하게 되는데, 그 보상은 우리가 자신을 위해 소비하거나 움켜쥐고 있을 때와는 비교할 수조차 없을 정도로 크다. 받는 사람이 결국 이익을 얻게 되겠지만, 주는 사람 또한 마찬가지다.

사회학자인 크리스천 스미스의 관대함에 대한 연구는 다음과 같은 결과를 보여 준다. "사람들은 흔히 돈으로 행복을 살 수는 없다고 말한다. 그러나 돈과 행복은 여전히 흥미로운 방법으로 관련이 있다. 행복은 자신을 위해 더 많은 돈을 소비할 때가 아니라, 다른 사람들에게 나누어 준 결과로 주어진다. … 우리가 조사한 자료에 따르면, 이것은 단순히 좋은 생각이 아니라 사회-과학적인 사실이다."[8]

계속적으로 나누게 하는 선물

마조리 예이츠는 이렇게 말한다. "할아버지가 돌아가신 후 저는 보험회사로부터 1,000달러를 받게 되었어요. 이 돈을 어디론가 흘려보내야겠다고 결심했는데, 마침 청소년 가석방 프로그램의 한 소녀를 제가 자원봉사를 하던 청소년 말리부 클럽 여름 캠프에 보낼 기회가 생겼어요. 캠프 상담사였던 저는 다른 사람들로부터 후원을 받아 온 가석방된 여자 청소년들이 모여 있는 한 통나무집을 책임지게 되었어요. 그곳에서 저는 그들의 마음이 복음에 열리는 것을 보았고, 그들 여섯 명 모두는 믿음을 고백했어요. 나의 선물을 통해 하나님이 하시는 일을 보는 것이 얼마나 큰 기쁨인지 몰라요!"*

* Facebook comment in reply to my post requesting giving stories.

받는 것보다 주는 것이 더 행복하다는 사고는 직관에 반대되는 것처럼 보인다. 선물을 받는 것보다 더 좋은 것이 무엇이겠는가? 크리스마스와 자신의 생일을 좋아하지 않을 사람이 있겠는가? 선물 꾸러미가 배달되어 오면 신나지 않은가?

선물을 받는 것은 신나는 일임이 틀림없고, 우리 마음은 하나님이 우리에게 주신 모든 선물에 대해 온 마음으로 찬양을 드려야 한다. (가장 우선되는 선물은 그분이 우리에게 보내 주신 독생자이지만, 그밖에도 우리가 거의 생각조차 하지 못하는 수많은 작은 선물들이 있다.) 또한 우리는 다른 사람들이 우리에게 준 것에 대해서도 깊이 감사해야 한다. 그런데 당신은 사랑하는 누군가에게 꼭 필요한 선물이 무엇인지 찾기 위해 애쓴 적이 있는가? 아니면 누군가를 위해 깜짝 파티를 열어 주거나 음악회나 운동 경기 티켓을 준 적이 있는가? 힘든 사람을 위해 마트에서 장을 보아 준 적이 있는가? 그러한 선물을 계획하고 나눌 때 얻게 되는 엄청난 행복을 맛본 적은 없는가? 받는 사람이 기뻐하는 모습을 보며 당신의 기쁨이 배가된 적은 없는가?

이틀 전 나는 글을 쓰고 있을 때 전혀 예상하지 못한 선물을 받았다. 그것은 1985년에 나의 첫 책과 첫 컴퓨터(케이프로, 50살이 넘는 사람들만 알 수 있고 관심이 있을 것이다)를 앞에 두고 책상에 앉아 있는 나의 모습을 찍은 흑백사진이 담긴 액자였다. 그것은 내 친구가 30년도 더 된 지역 신문에 실린 사진을 수소문하여 구해 만든 것이었다.

그 사진을 바라보니 마치 타임머신을 타고 그때로 다시 돌아간 것 같았고, 그때의 기억들이 홍수처럼 밀려왔다. 내가 받은 기쁨이 예수님이 말씀하신 것을 부정하는 것일까? 결코 그렇지 않다. 친구는 그 사진을 발견하고, 액자에 넣고, 내게 보내며 자신이 얼마나 기뻐했는지 내게 이야기해 주었다. 내가 그것을 받아 기쁜 것보다, 그것을 주면서 친구가 더 많이 기뻐한 것처럼 보였다. 나는 수년에 걸쳐 많은 선물을 받았지만, 나를 가장 미소 짓게 만들었던 것은 내 아내나 딸들, 친구들, 상점에서나 비행기에서 만났던 사람들에게 나누어 주었던 것과, 전혀 만나지는 못했지만 우리 가족이나 내가 후원하는 기관을 통해 음식이나 의복, 깨끗한 물을 공급받고 복음을 들었던 사람들에게 나누어 준 것이었다.

만일 우리가 나눔이 영원을 위한 삶에 영향을 주고, 우리를 위해 하늘에 보물을 쌓아 주며, 현재 이곳에 놀라운 행복을 가져다준다는 말씀을 제대로 이해한다면, 사랑을 흘려보내며 기쁨으로 관대하게 나누는 삶보다 더 위대한 특권은 없음을 깨닫게 될 것이다.

하나님은 우리가 나누도록 뇌 구조를 디자인하셨다

작가인 브룩스는 이렇게 말한다. "우리의 뇌는 실제로 다른 사람을 섬기도록 디자인되어 있다. 우리가 다른 사람에게 돈이나 서비스로 자선을 베풀 때, 뇌는 우리의 기분을 고조시키고 행복을 느끼게 만드는 여러 가지 중요한 호르몬을 방출한다. 다른 사람을 돕는 섬김과 드림은 우리를 더 행복하게, 더 건강하게, 더 풍요롭게 만들고, 그로 인해 우리는 나누지 않는 사람보다 더 많은 축복과 성공을 얻게 된다."[9]

자발적으로 누군가를 섬기는 것은(우리 자신을 드리는 것은) 그들에게 사랑을 보여 주는 것이다. 다른 사람을 사랑하고 섬김으로 행복을 발견하도록 디자인하신 분은 하나님이시다. 우리가 나누어야 하는 것은 그것이 옳기 때문이기도 하지만, 또한 그것이 지혜로운 행동이기 때문이다. 우리가 나누면 하나님이 기뻐하시고, 우리의 선물을 받는 사람이 행복해하고, 우리도 행복해진다. 사탄만 제외하고 모두가 이기는 게임이다.

한번은 예수영화 프로젝트 선교 컨퍼런스에서 연설을 하게 되어, 내가 다니는 교회의 한 농부에게 같이 가자고 초청을 한 적이 있었다. 세계 곳곳에서 온 사람들이 이 사역을 통해 하나님이 어떻게 그들의 삶을 바꾸셨는지 놀라운 간증을 들려주었다.

컨퍼런스가 끝난 후 이 평범하고 내성적인 농부는 열정을 가지고 담대하게 말했다. "이 사역을 위해 가능한 한 최대로 많이 헌금을 하겠습니다!" 그가 복권에 당첨된 것처럼 보였을 수도 있다. 하지만 그를 흥분시킨 것은 돈을 받는 것이 아니라 나누어 주는 것이었다.

이 남자는 오랜 기간 돈을 벌었지만, 그것은 그의 마음을 기쁨으로 충만하게 해주지 못했다. 그가 이제 갖게 된 것은 목적과 방향, 하나님의 일을 위한 깊은 사랑, 그리고 기쁨이다. (또한 그 마음에 가장 중요한 것은 아니었다 하더라도 영원한 상급도 있다.) 그가 지불해야 할 비용은 그에게는 필요하지 않은(만약 그가 움켜쥐고 있었더라면 그와 그의 가족들에게 해가 될 수도 있었던) 돈이었다.

나의 책 「천국 보화의 원리」(The Treasure Principle)와 「왜 낙태를 반대하는가?」(Why ProLife?)를 읽은 한 은행가가 전화를 해서 이렇게 말했다. "나는 태어나지 않은 아이들의 생명을 구하고 그들의 어머니들을 돕고 싶습니다. 백만 달러를 헌금할 수 있는 가장 적절한 기관을 알려 주세요." 나는 그의 목소리에서 조금의 의무감도 느낄 수 없었다. 흥분과 기쁨만 느낄 수 있었다.

드리는 기쁨을 경험하기 위해 죽을 때가 가까워지기까지 기다릴 필요는 없다! 이것은 어린 시절부터 우리 자녀와 손자들의 마음에 심어 줄 수 있는 것이다. 도움이 필요한 한 아이를 후원하는 어느 가정의 아들이 이런 요청을 하였다는 말을 어제 들었다. "내 게임기를 이베이에서 팔도록 도와줄 수 있어요?" 그것은 아들이 가장 소중하게 생각하는 물건이었기에 이 말을 들은 부모는 아주 놀랐다. 그래서 왜 그렇게 하려는지 물었다. "우리가 후원하는 아이에게 크리스마스 선물을 보내고 싶어서요"라고 아들은 대답했다.

그 소년이 처음 게임기를 받았을 때 무척이나 기뻐했으리라고 확신한다. 또한 나는 그가 지구 반대편에 있는 정말 도움이 필요한 아이에게 크리스마스 선물을 보냈을 때 그의 행복이 더 크게 오래 지속되었으리라고 확신한다.

사랑에서 나오는 관대함은 그것을 경험하지 못한 사람에게는 의무적인 복종처럼 들릴 수 있다. 그러나 관대하게 드리는 사람들은 이 진리를 알고 있다. '관대함의 습관은 결국에는 오래 지속되는 행복으로 이어진다.'

토의를 위한 질문들

1. 낸시가 식료품 가게에서 나이 많은 두 남자와 만났던 경험을 다시 생각해 보라. 어떤 사람에게 준 선물이나 격려하는 말로 기대하지 않았던 나눔의 기회를 가진 적이 있는가? 이런 경험들에서 어떤 느낌을 받았는가?

2. 요한 웨슬리의 나눔의 이야기에서 가장 인상적인 것은 무엇인가? 수입의 증가와 상관없이 생활비로 일정 금액을 정하고 나머지는 도움이 필요한 사람을 돕겠다는 그의 '급진적인 나눔'에 대해 어떻게 생각하는가?

3. 당신이 사랑하는 누군가를 위해 특별한 선물을 계획하고 있다고 생각해 보자. "주는 것이 받는 것보다 복이 있다"(행 20:35)라고 예수님이 확인해 주신 진리를 어떻게 그 계획에 반영할 수 있겠는가? 다른 사람과 나누는 것(그리고 하나님께서 주시는 행복을 경험하는 것)을 삶의 일부로 만들기 위해서는 어떻게 해야 하는가?

4. 저자는 우리에게 "사랑한다면 줄 것이다. 주지 않으면 사랑하지 않는 것이다"라고 말한다. 당신이 지난 한 주 동안에 했던 선택들을 돌아볼 때, 당신의 돈과 시간을 사용하는 것에 하나님과 다른 사람을 사랑하는 것이 반영되어 있는가? 그리스도를 더욱 높이고, 나눔의 기쁨을 경험하기 위해 어떤 조정을 할 필요가 있는가?

5장
우리가 할 수 있는 최고의 투자

사람들은 벌어들인 소득으로 삶을 살아가며,
나누는 것으로 삶을 의미 있게 만든다.
윈스턴 처칠

이같이 너희 빛이 사람 앞에 비치게 하여 그들로 너희 착한 행실을 보고
하늘에 계신 너희 아버지께 영광을 돌리게 하라
마 5:16

1893년, 돈 한 푼 없는 21세의 캐나다 사람인 로우랜드 빙햄은 하나님께서 자신을 먼 아프리카 수단으로 부르신다고 믿었다. 자신의 계획을 동네 사람들에게 알렸을 때, 한 농부가 그에게 5달러를 주었다. 다른 사람은 "내 은행 계좌에 있는 모든 돈을 주겠고, 필요하다면 빌려서라도 채워 주겠소"라고 말했다.

빙햄과 그의 동료 선교사는 부르심이 있는 곳으로 떠났다. 소속 기관이나 정기적으로 도와주는 후원자도 없었지만, 복음이 가장 전해지지 않은 종족인 사하라 사막 이남의 6천만 명의 사람들 속에서 복음을 전했다. 그들이 아프리카에 도착했을 때, 다른 선교사들은 그들에게 수단 내지로는 들어가지 말라고 했다. 왜냐하면 그곳에는 너무나 많은 장애물과 위험이 도사리고 있었기 때문이다. 하지만 이 청년들은 "복

음으로 중앙아프리카의 문을 열 것이고, 아니면 그것을 시도하다가 죽겠습니다"라고 맹세를 하였다.

빙햄과 그의 동역자는 일주일 동안 기도하였다. 그 기간 중에 메리 존스라는 가정부로부터 편지가 왔다. 상속으로 받은 300달러 전부(현재 가치로 12,000달러)를 보냈고, 다른 사람들로부터도 후원이 쇄도하였다.[1] 바로 다음 해에 두 명의 선교사가 병으로 죽어 오직 빙햄만 살아남았다. 그렇다면 메리가 상속을 받아 보낸 돈은 낭비된 것인가?[2] 그 당시에는 그렇게 보일 수도 있었다. "그 돈으로 자신을 위해 뭔가를 하거나, 가까운 데 사는 사람을 돕는 것을 생각해 보라!"라고 누군가는 그녀에게 분명히 말했을 것이다.

50년 후에 빙햄은 아프리카를 떠나면서 이에 대해 메리 존스에게 이렇게 편지했다. "이 하나님의 여종이 보내 준 물질은 가장 필요했던 바로 그때에 도착하였고, 수단 내지로 들어가는 첫 개척이 가능하도록 해주었습니다. 그 드림으로 인해 수많은 사람들이 매년 회심을 하였고, 오늘날에도 계속되는 것을 볼 수 있습니다."[3]

그때를 돌아보면, 메리의 드림은 영원한 투자였다. 세 명의 젊은 선교사들이 품은 비전이 가난한 두 농부와 한 가정부의 희생적인 드림의 도움을 받아 시작된 것이 수단내지선교회, SIM이다. 오늘날에는 이 기관을 통해 여섯 개 대륙의 70개가 넘는 나라에서 4,000명의 사역자들이 일하고 있다.

메리의 드림은 궁극적으로 일억이 넘는 사람들에게 복음을 전하는 기초가 되었다. 주님이 부활하시고 수천 년이 흐른 새 땅에서, 가정부 메리 존스의 드림으로 인해 변화된 사람들을 만나게 될 날을 나는 기대한다.

어떤 사람은 평생 모은 돈을 완전히 망할 수 있거나 엄청난 배당을 준다는 고위험 회사에 '올인'하는 투자를 한다. 그런데 천국 투자에도 위험이 따른다. 지혜로운 청지기가 되는 것도 중요하지만, 때때로 우리는 결과가 불확실한데도 신속하게 나누라는 하나님의 부르심을 받는다. 만일 로우랜드 빙햄이 SIM이 시작되기도 전에 죽었다 하더라도, 하나님은 분명 "잘했다"고 메리를 칭찬하실 것이다. 그녀의 영원한 투자에 하나님이 행하신 보상을 보는 것은 얼마나 아름다운 일인가!

하나님은 이전 것을 구속하신다

나는 친구 프랜신 리브스에게 그녀가 25년도 더 전에 쓴 「구속된 사랑」(Redeeming Love)이란 책에 대해 이야기해 달라고 요청했다. 그녀는 처음부터 이 책을 예수님께 바쳤고, 모든 인세는 하나님의 일을 위해 쓰이도록 했다고 말했다. "일반 출판 시장에서 역사를 배경으로 한 에로틱한 애정 소설로 성공적인 지위를 누리고 있을 때… 예수님과의 관계가 내 인생에 가장 중요한 것으로 바뀌었어요. 하나님이 내게 이렇게 말씀하시는 것처럼 느껴졌어요. '나의 사랑에 대한 이야기를 네가 썼으면 좋겠구나.' 「구속된 사랑」은 이렇게 해서 나오게 되었어요. 그것은 그분의 과거와 현재의 이야기이지, 나의 이야기가 아니에요. 「구속된 사랑」은 크리스천 작가로서의 제 첫 작품이지요. 따라서 이 책으로부터 나오는 모든 인세를 주님께 드렸고, 저는 가지지 않았어요. 처음에 그것은 순종의 행동이었지만, 점차적으로 기쁨의 드림이 되었어요."

이 책은 백만 권 이상이나 팔렸고, 수익금은 성매매 여성들과 그들을 구출하는 일을 돕는 기관을 포함한 수많은 사역들을 위해 사용되었다. 많은 사람들이 이 책을 읽음으로 도움을 받았지만, 알려지지 않은 수많은 사람들도 인세를 통해 도움을 받았다.

우리의 천국 계좌에 입금하자

바울은 빌립보 성도들로 인해 크게 기뻐하였다. “너희가 첫날부터 이제까지 복음을 위한 일에 참여하고 있기 때문이라”(빌 1:5). 이는 그의 사역을 후원하는 재정적인 파트너십을 말하는 것이다(빌 4:10-20). 그가 말한 하나님께서 그들 안에서 시작하신 ‘착한 일’은 특별히 하나님 나라 중심의 관대함을 말한다(빌 1:6).

그는 빌립보 성도들에게 “내게는 모든 것이 있고 또 풍부한지라 에바브로디도 편에 너희가 준 것을 받으므로 내가 풍족하니 이는 받으실 만한 향기로운 제물이요 하나님을 기쁘시게 한 것이라”(빌 4:18)라고 말한다. 그들의 재정적인 후원은 하나님께 드려진 것이다. 그들이 바울과 그의 사역을 위해 너무나 관대하게 후원하였기 때문에, 바울은 하나님께서 그들에게도 동일하게 해주실 것을 확신하였다. “나의 하나님이 그리스도 예수 안에서 영광 가운데 그 풍성한 대로 너희 모든 쓸 것을 채우시리라”(빌 4:19). 이 구절은 우리에게 아주 익숙한 약속이지만, 대부분의 사람들은 성경의 문맥 안에서 그 의미를 바로 깨닫지 못하고 있다. 이것은 하나님 나라 사역의 희생적인 파트너가 되기 위해 자기 자신을 바친 사람들에게 특별히 주어진 약속이다.

빌립보서 4장 17절에서 바울이 빌립보 교회에 도전한 내용을 유의해 보라. “내가 선물을 구함이 아니요 오직 너희에게 유익하도록 풍성한 열매를 구함이라.” 다른 번역은 “나는 당신의 계좌에 수입이 적립되는 것을 보고 싶습니다”(GNT)이다. 바울은 사람들에게 그의 사역을 후원할 기회를 주었는데, 그것은 그들의 도움이 없으면 안 되어서가 아니었다. 만일 그들이 돕지 않으면, 하나님께서 다른 방법으로 공급해 주실 것을 바울은 알고 있었다. 오히려 그는 하늘 계좌에 수입이 적립되는 **그들의 유익을 위하여** 요청을 한 것이다.

이것은 놀랍지만 사실이다. 우리의 나눔의 수혜자는 하나님과 다른 사람만이 아니다. **우리** 또한 혜택이 있다. 우리는 하늘 계좌에 정기적으로 입금을 하고 있는지 우리 자신에게 물어볼 필요가 있다.

나눔은 수익률이 좋은 투자다

나의 고향인 오리건 주 그래샴에 살고 있는 도티 틸스트롬은 70대가 되어 신부를 위한 가게인 '우아한 장식'에서 자원 봉사를 시작하였다. 이 가게에서는 기증받은 결혼 드레스와 정장 가운을 팔았다. 모든 수익금은 성매매 피해자들의 회복을 돕는 일뿐만 아니라 그것의 위험성을 일깨우고 방지하는 데 사용되었다.

도티는 피해 여성들의 형편에 더 많이 관여하게 되면서, 어려운 가정환경에 있는 소녀들을 위한 성매매 피해방지 프로그램의 필요성을 깨닫게 되었다. 그래서 그녀는 어린 난민을 위한 바느질 클래스를 시작하기로 했다. 그녀는 친구들과 함께 소녀들의 집을 방문하여 이 방과후 프로그램에 참여하도록 초청하였다. 소녀들 대부분은 재봉틀을 사용해 본 적도 없었다. "그들은 빨리 적응하였고, 열심히 배우려고 했어요"라고 도티는 말했다. "소녀들은 무척 행복해했어요. 저는 항상 나의 작은 기술을 나눔으로 정말 큰 축복을 받게 되었다고 느끼며 집으로 돌아갔어요."

돈과 시간을 관대하게 드림으로 인해 도티의 순자산이 줄어들었을지는 모르지만, 그녀의 '천국 가치'는 늘어났음이 분명하다. 하나님은 선한 일을 하도록 우리를 부르셨다(엡 2:10; 롬 12:6-8). 모든 선한 일은 섬김과 관대함으로 이뤄진다. 그것이 다른 사람을 위해 기도하는 데 시간을 보내는 것이든, 손으로 직접 도와주는 것이든, 선물과 은사를 나누는 것이든, 돈과 소유를 나누는 것이든 말이다. 대부분의 사람들은 시간과 돈은 소중하기 때문에 베푸는 것이 손해라고 생각하고, 다시는 그것을 돌려받을 수 없다고 여긴다. 그러나 관대한 나눔은 손실로 끝나지 않는다. 그것은 지금 여기에서뿐만 아니라 다가오는 세상에서 이득을 만들어 낸다.

우리 부부는 지난 30년 동안 내가 저술한 모든 책의 인세를 하나님 나라의 일을 위해 드리는 특권을 누려왔다. 천백만 권 이상의 책을 판매해 얻은 그 많은 돈으로 얼마나 큰일을 할 수 있는지 알고 있느냐는 질문을 하는 사람들이 간혹 있다. 대답은 간단하다. "우리가 누린 기쁨에 근접할 만한 것은 아무것도 없어요!"

어떤 투자자가 부동산이나 비즈니스 거래에서 특별한 기회를 얻게 된다면, 친구들에게 전화를 걸어 놓칠 수 없는 기회라고 권하지 않겠는가? 가난한 사람들을 돕고, 잃어버린 영혼들을 찾아가고, 교회를 개척하고, 하나님의 말씀을 한 번도 들어보지 못한 사람들의 손에 성경을 쥐여주는 그리스도 중심의 사역에 투자하는 것은 그보다 훨씬 더 신나는 일이 되어야 하지 않겠는가? 하나님이 만드신 새로운 세계에서 나눔을 통한 우리의 투자가 지금부터 앞으로 수천만 년까지 계속해서 수익을 낸다고 생각해 보라!

하나님은 사업가도 필요로 하신다

처음에 R. G. 르투너의 삶은 세상적인 관점으로는 성공한 사람처럼 보이지 않았다. 그는 중학교 교육만 받았고, 이곳저곳을 옮겨가며 용접공, 벽돌공, 농부, 광부, 전기 기계공, 목수 등 닥치는 대로 일을 하였다. 그는 건설업자가 되었고, 혼자 공부하여 엔지니어가 되었으며, 결국 사업가가 되었다.

2차 세계대전 기간에 연합국이 사용한 토공 장비와 특수 차량의 약 70퍼센트는 그의 설계와 기계로 제작되었다. 르투너는 미국 최초의 고속도로 건설에 사용된 대부분의 장비들을 발명하고 생산하였다.

21세기 최고의 기계공학자임에 거의 틀림이 없는 르투너는, 하나님이 주신 창의성과 비전으로 동시대보다 수십 년을 앞서갈 수 있었다. 그는 일생 동안 300개가 넘는 특허를 소유하였다. 선교사인 그의 여동생은 르투너가 사업가보다는 목사나 선교사가 되어 그리스도께 헌신해야 한다고 생각했다. 르투너는 어떤 방법으로든 하나님을 섬기기 원했고, 그의 목사에게 조언을 구했다. 함께 기도한 후에 목사는 그에게 이렇게 말했다. "하나님은 설교자와 선교사뿐만 아니라 사업가도 필요로 하십니다."*

르투너는 그리스도의 영광을 위해 최고의 사업가가 되겠다고 결심하였다. 그는 순식간에 성공한 것이 아니었다. 빚의 수렁에 깊이 빠졌던 삼십 대 때, 그는 하나님을 자신의 수석 비즈니스 파트너로 모셨다. 이러한 결심은 그가 소득과 사업 이익의 10퍼센트로만 생활하고, 90퍼센트를 하나님의 나라를 위해 드릴 수 있도록 인도하였다.

그는 나중에 학교를 설립하였는데, 이것이 바로 르투너 대학이다. 그는 선교하는 기술자도 성경을 가르치는 전통적인 선교사와 동일하게 중요함을 깨달았다. 르투너의 수많은 프로젝트 중에는 수확을 증진시키고 복음을 널리 전하는 리베리아의 농업 개발도 포함되어 있었다. 그는 간증과 나눔을 통해 그가 목사나 선교사가 되어 할 수 있는 것보다 훨씬 더 많은 사람들에게 영향을 끼칠 수 있었다. 르투너의 비석에는 마태복음 6장 33절이 새겨져 있다. "그런즉 너희는 먼저 그의 나라와 그의 의를 구하라 그리하면 이 모든 것을 너희에게 더하시리라." 그는 순종했고, 모든 것이 더하여졌다.

* R. G. LeTourneau, Mover of Men and Mountains: The Autobiography of R. G. LeTourneau (Chicago: Moody, 1972).

나눔은 완전히 남는 장사다

음악가인 카일 휴턴은 십 대인 세 아이들과 함께 아이티로 가족 여행을 갔다가, 그곳에 있는 많은 고아들을 보고 큰 도전을 받았다. 이 고아들은 미국에서 가정이 필요한 아이들, 특히 다음에는 어디서 살게 될지 전혀 모른 채 불안하게 살아가는 위탁 기관의 아이들과 별반 다르지 않다고 카일은 생각했다.

카일은 자신도 태어나자마자 여섯 주 동안 양부모에게서 돌봄을 받았기에, 이것을 자신의 일로 받아들였다. 그래서 그는 양부모 자격을 얻고 아이들을 받기 시작했다.

카일은 이렇게 말했다. "만일 우리 집에 오는 아이들을 제대로 사랑한다면, 그들이 떠날 때 마음이 무척이나 아플 거예요. 그렇지 않으려면 우리 집에 오는 아이들을 받지 않는 것 이외에는 다른 방법이 없겠지요. 하지만 이러한 아이들이 가져다주는 기쁨은 이 세상 어디에도 없어요." 그리고 웃으면서 이렇게 덧붙였다. "잠을 많이 자지 못해 조금 아쉽지만, 커피를 더 많이 마시면 돼요."[4]

순교한 선교사 짐 엘리엇은 이렇게 기록했다. "잃어버릴 수 없는 것을 얻기 위해 소유할 수 없는 것을 드리는 사람은 결코 어리석은 사람이 아니다."[5] 어떤 사람들은 이 말을 개인적인 이득에 관심을 두지 말고 위대한 희생에 관심을 두어야 한다는 의미로 해석한다. 그러나 이 구절을 다시 읽어 보라. 어리석은 사람은 어찌 되었든 붙들 수 없는 것에 매달려 있다고 짐 엘리엇은 말하고 있다. 반대로 우리의 삶과 시간과 돈을 나누어 준다면, 우리는 결코 잃을 수 없는 훨씬 더 좋은 것을 얻게 될 것이다. 따라서 나눔에 관한 그의 말은, **이득에 대한 것이지 손실에 대한 것이 아님**을 알 수 있다.

짐 엘리엇과 네 명의 선교사 친구들은 에콰도르 정글에서 활에 맞아 죽었지만, 그들은 언젠가는 어떤 식으로도 죽을 그들의 생명을 주고 영원한 상급을 얻었다. 여기에 더해, 그와 친구들과 그들의 아내들은, 수천 명의 사람들이 지구 곳곳에 있는 복음이 절실하게 필요한 영혼들을 향해 나아가도록 영감을 주었다.

베드로는 우리가 죽으면 하나님이 유산을 주려고 기다리시는데, 이 유산에는 우리의 구원과 관대한 드림을 통해 하늘에 쌓은 영원한 보물이 포함되어 있다고 설명한다. "썩지 않고 더럽지 않고 쇠하지 아니하는 유업을 잇게 하시나니 곧 너희를 위하여 하늘에 간직하신 것이라"(벧전 1:4).

예수님은 이렇게 말씀하셨다. "천국은 마치 밭에 감추인 보화와 같으니 사람이 이를 발견한 후 숨겨 두고 기뻐하며 돌아가서 자기의 소유를 다 팔아 그 밭을 사느니라"(마 13:44). 당신은 그가 엄청난 희생을 하였기에 불쌍하게 보이는가? 그렇지 않다. 여기서 핵심은 "기뻐하며"라는 표현이다. 어떤 사람은 이런 생각을 하며 애통해할 수도 있다. "그렇지만 그는 자신이 가진 전부를 팔아 버렸어요. 이제 거지가 되었지요." 그렇다. **하지만 그것으로 인해 그는 자신이 원한 모든 것을 얻었다!** 그는 훨씬 더 가치가 있는 것을 위해 많은 돈을 기쁨으로 지불했다. 이것이 바로 우리가 나눌 때 일어나는 일이다.

부자 청년이 영원한 생명을 얻는 방법에 대해 예수님께 물었을 때, 예수님은 비현실적인 것을 넘어 아주 부정적으로 느껴지는(심지어 많은 그리스도인들도 그렇게 생각하는) 대답을 하셨다. "가서 네 소유를 팔아 가난한 자들에게 주라 그리하면 하늘에서 보화가 네게 있으리라 그리고 와서 나를 따르라"(마 19:21).

그에게는 소유물이 하나님과 같다는 것을 예수님은 알고 계셨다. 그가 돈이라는 우상을 내려놓지 않는 한, 결코 참된 하나님을 자유롭게 섬길 수 없었다. 슬프게도 그는 결코 잃을 수 없는 이득을 선택하는 대신, 어리석게도 결코 간직할 수 없는 것을 선택하였다. 그는 멋진 삶을 놓쳤다. (아마도 그는 나중에 마음을 바꿨을지도 모른다. 나는 그러길 바란다.)

마태복음 13장에 나오는 투자자와 마태복음 19장에 나오는 부자 청년은 모두 보물을 소중하게 생각했다. 차이는, 앞의 투자자는 비교할 수 없는 기쁨을 주는 장기적인 이득을 위해 단기적인 손실을 기꺼이 감수했다는 것이다.

나눔은 흥미진진한 모험이다

나는 때때로 지루한 삶을 살고 있는 것처럼 보이는 그리스도인들을 만난다. 일반적으로 이런 방법을 고려하는 사람들은 별로 없지만, 지루함을 확 날려 버릴 해결책이 있다. 더 많은 시간과 돈과 에너지를 하나님 나라의 일을 위해 드리고, 우리 주위에 있는 필요에 우리 눈이 열리도록 하나님께 요청하는 것이다.

더운 여름 어느 날, 나는 다이어트 마운틴 듀 음료수를 사기 위해 상점에 들렀는데, 가격을 보는 순간 마음을 바꾸었다. 그리고 내가 종종 그랬던 대로, 상점 안에 있는 누군가와 연결시켜 주시도록 하나님께 기도했다. 그곳에는 몇 명의 사람들이 있었지만 별로 관심이 없는 것처럼 보여, 다음을 기약하며 밖으로 걸어 나왔다.

밖으로 나오니, 바로 앞에 30대 초반으로 보이는 한 청년이 서 있었다. 길고 지저분한 머리에 샌들을 신고 있었고, 마치 거리에서 생활하는 것처럼 보였다. 내가 상점에 들어가기 전까지만 해도 그는 분명 그곳에 없었다. 나는 그가 기도의 응답임을 알았다.

"안녕하세요, 아주 더운 날씨네요. 물 한 병 사줄까요? 먹을 것도 필요한가요?"라고 말을 건네 보았다.

그는 나를 바라보았다.

나는 손을 내밀며 "저는 랜디입니다"라고 말했다.

그는 나의 손을 흔들더니 "존입니다"라고 말했다.

다음에 무엇을 해야 하는지 나는 준비가 되어 있지 않았다. 그는 나를 뚫어지게 바라보더니 "당신은 예수아 아도나이(Yeshua Adonai)의 종입니까?"라고 물었다.

그 히브리 단어가 예수와 주 혹은 주인을 뜻한다는 것을 알았기에, 나는 "예, 그렇습니다"라고 얼떨결에 대답했다.

그는 곧바로 자신의 손을 내 어깨에 올리고 나를 위해 기도하였다. 그날에는 사실이기도 했지만 내가 마치 도움이 필요한 사람인 것처럼…. 그는 하나님 나라의 위대한 일을 위해 나를 사용해 주시도록 하나님께 기도했다. 그의 기도는 통찰력이 있었고, 성경적으로 공감이 되었으며, 분명한 뜻을 전달하고 있었다. 사실 그것은 내가 지금까지 들은 어떤 기도보다 가장 능력이 있는 기도였다.

그런 다음 내가 존을 위해 기도했다. 기도를 마치고 나서, 나는 상점에서 무엇을 사주면 좋겠냐고 다시 물었다. 그는 작은 물병을 원했지만, 나는 내가 너무 구두쇠라서 사지 않았던 마운틴 듀 바로 옆에 있는 큰 병을 집었다. 나는 "먹을 것도 고르세요"라고 말했다. 그는 몇 개의 과자를 집었고, 모두 4.5달러가 나왔다.

문을 나오면서 존과 다음 약속을 잡으려고 했지만, 그가 어디론가 가야 하는 것처럼 보여 작별 인사를 하고 헤어졌다. 나는 차에 돌아왔고, 천사를 만났다는 깊은 느낌에 압도되어 감격의 눈물을 흘렸다. 히브리서 13장 2절은 이렇게 말한다. "손님 대접하기를 잊지 말라 이로써 부지중에 천사들을 대접한 이들이 있었느니라."

만일 존이 천사가 아니었다면, 나를 위해 기도해 주도록 하나님이 보내신 사람이라는 것을 나는 알았다. 어쩌면 나이 많은 모습에 평범한 외모를 하고 나타나신 예수님이 아닌지 누가 알겠는가? 어찌 되었건 예수님은 우리가 도움이 필요한 사람에게 베푼 것은 무엇이든 그분을 위해 한 것이라고 말씀하셨다(마 25:37-40).

하나님께 감사드리고 마음의 평정을 회복한 후, 깊은 감동을 안고 집으로 향했다. 정지 신호에 차를 멈추고 오른쪽을 보니 약 10미터쯤 떨어진 곳에서 존이 건물에 몸을 기댄 채 큰 물병을 입에 대고 물을 마시고 있었다. 미소를 가득 머금고 나를 향해 손을 흔들었는데, "나중에 다시 봐요"라고 말하는 것처럼 보였다.

존이 실제로 어떤 인물이든지 간에, 언젠가 그를 다시 만날 것이라는 데는 조금의 의심도 들지 않았다. 새 땅에서 그와 함께 잔치 자리에 앉아, 그가 정말 어떤 사람인지를 알아보고, 그의 이야기를 들을 날이

올 것 같았다. 그 생각을 하면 지금도 전율이 느껴진다.

그날 내가 지불했던 4.5달러는 내 일생 최고의 투자로 판명되지 않을까.

토의를 위한 질문들

1. 메리 존스가 자신의 유산을 세 선교사에게 나누어 주고자 한 것에 대해 당신에게 조언을 구했다면, 당신은 어떻게 대답하겠는가? 그중 두 사람이 죽는다는 것을 당신이 사전에 알았다면 조언이 바뀌겠는가, 아니면 변함이 없겠는가? 만일 세 명 모두 수백만의 사람들에게 복음을 전하기도 전에 죽었다면, 그리스도께서 메리의 나눔을 어떻게 보실 것이라고 당신은 생각하는가?

2. 당신이 후원한 선교사와 사역으로 인해 천국에 간 사람들을 그곳에서 만난다면 어떨 것 같은가?

3. 당신은 그리스도를 높이는 사역 중 어떤 것에 재정적으로 후원할 때 가장 신이 나는가? 성경 번역? 전도? 낙태 반대 운동? 선교사나 목회자 돌봄? 교회 개척? 인신매매를 막기 위한 운동? 고아 돌봄? 굶주린 사람을 먹이는 일? 노숙자를 돕는 일? 이러한 영원한 투자를 위한 기회를 다른 사람들과 어떻게 나누겠는가?

4. 매일 주위에 있는 필요를 볼 수 있도록 당신의 눈을 열어 주시기를 하나님께 기도한다면, 무슨 일이 일어날 것이라고 생각하는가? 당신 바로 앞에 있는 나눔의 모험을 하지 못하도록 뒤에서 잡아당기는 것은 무엇인가?

6장
부자가 되는 것의 위험성

"너의 모든 것을 내게 바쳐.
너의 많은 시간, 많은 돈, 많은 일을 원하지 않아.
나는 바로 너를 원해"라고 그리스도가 말씀하신다.
C. S. 루이스

낙타가 바늘귀로 들어가는 것이
부자가 하나님의 나라에 들어가는 것보다 쉬우니라
마 19:24

1980년대 '소름 끼치는 터키 사람'으로 알려진 유섭 이쉬멜로는, 엄청난 힘으로 상대방을 압도하는 것으로 알려진 국제 레슬링계의 전설적인 인물이었다. 인기가 올라가면서 그는 점점 더 부유하게 되었다. 그런데 그는 항상 사람들을 의심하여, 경기에서 이길 때마다 상금을 금으로 바꾸어 벨트에 붙인 다음 늘 허리에 차고 다녔다.

그가 미국에서 승리하고 집으로 돌아가는데, 타고 있던 배가 침몰하였다. 조난 사고의 생존자들은 이쉬멜로가 '야수와 같이' 되었다고 당시의 상황을 전한다. 그는 공포에 질린 사람들을 협박하면서 사람들로 꽉 찬 구명보트에 몸을 날렸다. 그의 무게와 뛰어오를 때의 충격으로 보트는 뒤집혔고, 타고 있던 사람들은 바다에 빠지고 말았다. 이쉬멜로는 수영을 잘하였지만, 그가 두르고 있던 10,000달러 상당의 황금

벨트의 무게로 인해 물속으로 끌려 내려갔다.[1]

우리는 아마도 유섭 이쉬멜로처럼 가진 돈을 모두 들고 다니지는 않을 것이다(물론 그것을 추천하지도 않는다). 그렇지만 물질적인 부를 향한 이러한 태도는, 그 무게가 우리를 가라앉히고 결국에는 완전히 파멸시킨다는 사실을 생생하게 보여 준다.

부에 대한 아주 나쁜 소식들

부에 대한 구약의 언급들을 보면, (전체는 아니지만) 여러 곳에서 긍정적이거나 중립적인 태도를 취하고 있다. 하지만 신약에서는 문화 전반에 널리 펴져 있는 돈에 대한 태도를 경고하고, 꾸짖고, 분명하게 정죄하는 것이 주류를 이루고 있다. 그 이유 중 하나는, 구약 시대 이스라엘은 일정 지역에서 생활하는 하나님이 선택하신 유일한 백성이었고, 그가 민족 전체를 한 묶음으로 축복하셨기 때문이 아닌가 생각한다. 그러나 오늘날 하나님의 사람들은 여러 나라에 흩어져 살고 있으므로, 그들을 감싸고 있는 주위 사람들의 믿음과 가치에 더 적극적으로 저항해야 한다.

하나님은 그리스도가 오셔서 성경적인 청지기직을 가르치고 모범을 보이실 때까지, 내주하시는 성령께서 그분의 백성들이 밀려오는 이방 세계관과 생활 스타일의 쓰나미에 저항하고 급진적으로 살아가도록 힘을 주실 때까지, 부의 위험성에 대한 정체를 완전히 밝히기를 유보하셨다. 이제 우리는 천국의 시민이다(빌 3:20). 그리고 우리는 이 땅이 아니라 하늘의 나라에 투자하도록 부름을 받았다.

부에 대한 이전까지의 이해를 감안할 때, 영적으로 가난한 사람들에게 좋은 것을 주겠다는 예수님의 약속을 들은 청중들은 무척이나 놀랐을 것이다. "너희 가난한 자는 복이 있나니 하나님의 나라가 너희 것임이요 지금 주린 자는 복이 있나니 너희가 배부름을 얻을 것임이요"(눅 6:20-21). 또한 그분은 부자를 콕 집어 이렇게 말씀하셨다. "화 있을진저 너희 부요한 자여 너희는 너희의 위로를 이미 받았도다"(눅 6:24).

부의 가장 큰 위험은, 우리에게 하나님은 필요 없다는 잘못된 환상을 심어 준다는 것이다. 빵집을 소유하고 있거나 빵집에 있는 모든 빵을 쉽게 살 수 있는 사람이 "오늘 내게 필요한 빵을 주세요"라고 기도할 수 있을까?

야고보는 이렇게 경고한다. "들으라 부한 자들아 너희에게 임할 고생으로 말미암아 울고 통곡하라 너희 재물은 썩었고 너희 옷은 좀먹었으며 너희 금과 은은 녹이 슬었으니 이 녹이 너희에게 증거가 되며 불같이 너희 살을 먹으리라 너희가 말세에 재물을 쌓았도다"(약 5:1-3).

야고보서 5장에서 사용된 **재물**이라는 단어는, 예수님께서 땅에 쌓은 보물과 하늘에 쌓은 보물에 대해 언급하실 때 사용하셨던 '보물'이라는 단어와 그 어원이 같다(마 6:19-21). 이 땅에 보물을 쌓은 사람들이 심판을 피할 수 있는 유일한 방법은, 물질적인 재산을 어려운 사람을 돕는 일에 사용하라고 부르신 그리스도 안에서 진정한 생명을 발견하는 것뿐이다.

가난한 사람은 하나님의 마음에 더 가까이 있다

성경은 가난하고 어려운 사람을 돕는 것이 우리를 향한 하나님의 우선순위 목록 꼭대기에 있다는 것을 분명하게 가르치고 있다. 여기에는 하나님의 말씀과 복음에 굶주린 영적으로 피폐된 사람뿐만 아니라, 물질적으로 어려움을 겪고 있는 사람들이 포함되어 있다.

하나님은 이렇게 말씀하신다. "땅에는 언제든지 가난한 자가 그치지 아니하겠으므로 내가 네게 명령하여 이르노니 너는 반드시 네 땅 안에 네 형제 중 곤란한 자와 궁핍한 자에게 네 손을 펼지니라"(신 15:11).

하나님은 나누라는 그분의 명령에 순종하는 사람들에게 다음과 같은 보상의 약속을 주셨다.

- "선한 눈을 가진 자는 복을 받으리니 이는 양식을 가난한 자에게 줌이니라"(잠 22:9).
- "가난한 자를 불쌍히 여기는 것은 여호와께 꾸어 드리는 것이니 그의 선행을 그에게 갚아 주시리라"(잠 19:17).
- "또 주린 자에게 네 양식을 나누어 주며 유리하는 빈민을 집에 들이며 헐벗은 자를 보면 입히며 또 네 골육을 피하여 스스로 숨지 아니하는 것이 아니겠느냐 그리하면 네 빛이 새벽 같이 비칠 것이며 네 치유가 급속할 것이며 네 공의가 네 앞에 행하고 여호와의 영광이 네 뒤에 호위하리니"(사 58:7-8).

신약에도 가난한 사람에게 나누어 주는 사람들에게 주어지는 보상에 대한 비슷한 이야기가 차고 넘친다(마 6:3-4; 마 6:19-21; 마 10:42; 고후 9:6-8). 진정한 회개를 보여 주기 위해 무엇을 해야 하는지 사람들이 물었을 때, 세례 요한은 "옷 두 벌 있는 자는 옷 없는 자에게 나눠 줄 것이요 먹을 것이 있는 자도 그렇게 할 것이니라"(눅 3:11)라고 대답했다.

예수님은 이렇게 말씀하셨다. "주의 성령이 내게 임하셨으니 이는 가난한 자에게 복음을 전하게 하시려고 내게 기름을 부으시고 나를 보내사"(눅 4:18). 야고보는 이렇게 기록했다. "너희 중에 누구든지 그에게 이르되 평안히 가라, 덥게 하라, 배부르게 하라 하며 그 몸에 쓸 것을 주지 아니하면 무슨 유익이 있으리요 이와 같이 행함이 없는 믿음은 그 자체가 죽은 것이라"(약 2:16-17).

다음과 같은 바울의 말은, 예수님과 함께했던 초대교회 지도자들에게 있어서 나눔이 얼마나 중요했는지를 강력하게 반영하고 있다. "또 기둥 같이 여기는 야고보와 게바와 요한도 내게 주신 은혜를 알므로 나와 바나바에게 친교의 악수를 하였으니 우리는 이방인에게로, 그들은 할례자에게로 가게 하려 함이라 다만 우리에게 가난한 자들을 기억하도록 부탁하였으니 이것은 나도 본래부터 힘써 행하여 왔노라"(갈 2:9-10). 구약에서는 십일조와 자발적인 헌금이 중요한 위치를 차지하고 있지만, 예수님과 사도들은 그 기준을 완전히 새로운 수준으로 올려놓았다.

아주 오래된 차를 운전하는 NFL 선수

대부분의 프로 선수들이 최고급 승용차를 타고 다니는 데 반해, 프로 축구의 러닝백 알프레드 모리스는 '밴트리'라는 애칭으로 부르는 1991년형 마즈다를 몰고 다닌다. 예수님을 진실되게 따르는 알프레드는 대학 시절에 다니던 교회의 목사님으로부터 2달러에 이 차를 구입했다. 그 후 오랜 시간이 지났고, 이제 그는 NFL 계약 선수로서 어떤 차도 살 수 있는 여유가 생겼다. 하지만 그는 겸손함을 잃지 않기 위해 계속 이 차를 타고 다닌다고 말한다.*

* Alysha Tsuji, "Cowboys' Alfred Morris Refuses to Stop Driving 25-Year-OldCar He Bought for $2," USA TodaySports, July 19, 2016, https://ftw.usatoday.com/2016/07/cowboys-alfred-morris-old-car-bentley.

우리는 부자다

부유함은 비교에 의해 측정된다. 사람들은 자기 주위에 있는 사람들과 비교하여 자신이 부유한지 혹은 가난한지 판단한다. 우리의 소득과 자산이 아주 다양한 것을 감안하더라도, 이 책을 쓰고 있는 나 자신이나 이 책을 읽고 있는 거의 대부분의 사람들은 지구상의 다른 사람들과 비교했을 때 부유한 쪽에 속한다.

2017년 미국에서 연소득이 24,600달러 이하인 4인 가족은 연방 기준 빈곤층에 속한다.[2] 그런데 이 금액을 globalrichlist.com에 입력하면, 전 세계 상위 2.9퍼센트에 속한다고 나온다. 2018년 미국의 중산층 가계 소득은 62,175달러였다.[3] 이 금액은 전 세계 부유층의 상위 1퍼센트가 아니라, **상위 1퍼센트 안에서도 상위 20퍼센트에 속한다.**[4]

어떤 독자들은 다른 사람들보다 훨씬 더 부유하기도 하고 덜 부유하기도 하겠지만, 대부분의 사람들은 자신이 부유하다고 **느끼지** 않는다. 전 세계 기준으로 비교해 보면, 우리 대부분은 여전히 부유한 것이 분명한데도 말이다.

성경을 읽을 때는 말씀이 언제 우리에게 말하는지, 언제 우리에 대해서 말하는지 인식하는 것이 매우 중요하다. 이 책의 뒷부분에서 디모데전서 6장 17-19절에 대해 자세히 살펴보겠지만, 일부만 인용하면 다음과 같다. "네가 이 세대에서 부한 자들을 명하여 … 선을 행하고 선한 사업을 많이 하고 나누어 주기를 좋아하며 너그러운 자가 되게 하라." 만일 우리가 정말로 부유하다는 것을 깨닫지 못한다면, 우리는 이 명령이 (다른 원칙이나 비유들과 함께) 다른 사람에게만 해당되는 것이지 우리에게 적용되는 것은 아니라고 생각할 것이다.

왜 성경은 부자들에 대해 그렇게 냉혹한가

부자에게 주어지는 하나님의 명령이 우리에게 적용된다는 것을 이제 알았다면, "왜 성경은 부자들에게 그렇게 냉혹한가"가 아니라, "왜 성경은 우리에게 그렇게 냉혹한가"를 고민해야 한다.

내가 말씀을 연구하면서 내린 결론은 이것이다. 성경이 부유한 사람들에게 냉혹한 이유는 **부자들이 바람직하지 못한 태도와 행동을 갖기가 쉽기** 때문이다. 교만, 거만, 건방짐, 특권 의식, 도움이 필요한 사람에 대한 무관심 등이 여기에 해당된다. 가난한 사람들도 이러한 모든 특징들을 가질 수 있지만, 부유하게 될수록 이렇게 될 위험성이 증가하는 경향이 있다.

폴 피프는 TED에서 "돈이 당신을 인색하게 만드는가?"라는 주제로 흥미로운 연설을 하였다. 그는 한 연구 결과에 대해서 설명했다. 참가자들에게 어떤 게임을 하게 하였는데, 그들은 '부유하게 되자' 좋지 않은 자질을 나타내기 시작했다는 것이다.[5]

야고보서 5장 1-5절의 부자들에게 주는 훈계에서도 이러한 좋지 않은 속성들을 나열하고 있다. 야고보는 다음과 같은 말로 시작한다. "들으라 부한 자들아." 그리고 계속해서 경고한다. "너희 밭에서 추수한 품꾼에게 주지 아니한 삯이 소리 지르며 그 추수한 자의 우는 소리가 만군의 주의 귀에 들렸느니라 너희가 땅에서 사치하고 방종하여 살륙의 날에 너희 마음을 살찌게 하였도다."

가난한 사람들은 부자들이 돌보아야 한다고 하면서 책임을 회피하는 사람들이 많다. 때로 그것은 사실이지만, 연구에 의하면 **부자**들은 쉽게 자기애에 빠지고 종종 특권 의식을 느낀다.[6] 그들은 자신들의 특별한 지위 때문에 특별대우 받기를 기대한다. 이것은 빌딩의 코너 사무실이나 레스토랑의 가장 좋은 자리, 혹은 교회에서 이름이 나는 지위 같은 것이 될 수 있다.

바울은 디모데에게 이렇게 말한다. "네가 이 세대에서 부한 자들을 명하여 마음을 높이지 말고"(딤전 6:17). 마지막 표현은 '건방진'(NIV), '지나치게 교만한'(CEB), '거만한'(NLT, GNT)으로 번역될 수도 있다. 이 경고가 부자들을 위해 특별히 의도된 것이라는 사실은 교만, 거만, 병적인 자기중심주의 자기도취증이 부자들에게 흔한 유혹이라는 것을 보여 준다. 부자들이 그것들을 막아내기 위해 대담하고 중대한 노력을 기울이지 않는 한, 이러한 죄의 먹이가 되고 말 것이다. (나중에 디모데후서 6장을 살펴보겠지만, 관대한 나눔은 부의 좋지 않은 점을 피할 수 있게 해주는 꼭 필요한 처방이다.)

하나님은 우리에게 힘을 주어 경고하신다. "교만은 패망의 선봉이요 거만한 마음은 넘어짐의 앞잡이니라"(잠 16:18). 그렇다면 교만, 거만, 특권의식에 대한 신랄한 정죄와 부자들에게 하는 모든 경고를 우리는 어떻게 보아야 할까? 그의 백성들을 향한 하나님의 사랑과 이러한 경고들을 어떻게 일치시킬 수 있을까? **하나님은 우리를 사랑하시기 때문에** 그의 자녀들에게 **명확하게** 경고하신다는 것이 그 답이다!

만약 당신이 차가 달려오는 것을 보지 못한 채 길을 건너려는 사람을 보았다면, 조용히 기도하거나 "제가 제안을 드려도 될까요?"라고 정중하게 요청하겠는가? 아니다. 그에게 경고해야 한다! 필요하다면 고함을 질러야 한다. 그가 놀라거나, 당황하거나, 짜증내는 것이 문제가 아니다.

만일 자동차에 부딪힐 위험에 처한 사람이 당신의 자녀이거나 손자라면, 그를 놀라게 하지 않으려고 목소리를 낮추겠는가? 아니다. 목소리를 높일 것이다! 그들은 경고를 들을 필요가 있다. 죽는 것보다는 잠깐 놀라더라도 사는 것이 낫다.

우리 손자가 뛰는 풋볼 게임에서, 동료 한 명이 상대방의 패스를 가로챘다. 그런데 그가 잘못된 방향으로 뛰는 바람에 코치와 동료들이 그에게 고함치기 시작했다. 관중석에 앉아 있던 그 어느 누구도 이것이 잘못되었다고 생각하는 사람은 없었다. 고함 소리를 듣고, 그는 몸을 돌려 바른 방향으로 달렸다. 사람들은 사랑의 마음으로 (그리고 이기려는 열망으로) 상대 팀에게 점수를 주는 황당한 상황이 일어나지 않도록 그를 도운 것이다!

하나님은 우리를 사랑하시기 때문에 부자들을 향한 경고의 목소리를 높이신다. 판사는 죄를 지은 사람을 정죄하고 처벌을 내린다. 이와 대조적으로, 아버지는 잘못된 행동에 따르는 심각한 결과를 자녀에게 경고한다. 판사는 법과 정의에 관심이 있지만, 아버지는 자녀가 잘되는 것에 관심이 있다. 만일 자녀가 이러한 사실을 이해한다면, 그것이 아무리 반문화적이라 하더라도 아버지의 경고를 주의 깊게 경청할 것이다.

부자도 천국에 갈 수 있을까?

부자 청년의 이야기는 이렇게 시작된다. "예수께서 길에 나가실새 한 사람이 달려와서 꿇어 앉아 묻자오되"(막 10:17). 이 사람의 열정과 신실성은 의심할 여지가 없다.

그는 "선한 선생님이여 내가 무엇을 하여야 영생을 얻으리이까"라고 물었다. 여기까지는 좋았다. 이 사람은 하나님과 함께 천국에서 영원히 살기를 원했다.

부자 청년이 예수님께 이 말을 한 후, 보통은 간과하기 쉬운 놀라운 말이 나온다. "예수께서 그를 보시고 사랑하사"(막 10:21).

당신이 누군가를 사랑한다면, 당신은 그 사람의 최선의 이익을 위해 행동할 것이다. 예수님이 다음에 하신 말씀은, 예수님이 그를 사랑하셨다는 앞 구절 말씀에 비추어 이해해야 한다. "네게 아직도 한 가지 부족한 것이 있으니 가서 네게 있는 것을 다 팔아 가난한 자들에게 주라 그리하면 하늘에서 보화가 네게 있으리라 그리고 와서 나를 따르라"(막 10:21).

많은 사람들과는 다르게 예수님은 영원한 실재에 대해 분명하게 알고 계셨기에, 이러한 가르침은 부자 청년에 대한 그분의 사랑을 보여 주는 것이었다. 그분은 하나님이 제시하신 멋진 삶과 부자 청년 사이를 무엇이 가로막고 있는지 알고 계셨다. 바로 그의 재산이었다. 부자 청년이 이미 풍성한 삶을 살고 있었다면, 예수님으로부터 무엇인가 더 얻으려고 하지 않았을 것이다. 그의 질문은 현재 그가 살고 있는 삶이 불편하고 불만족스럽다는 것을 암시한다.

하나님은 은혜와 사랑이 가득한 분이시기에 우리와 영원하고 풍성한 삶 사이를 가로막는 어떠한 장애물이라도 제거하기를 원하신다. 물론 예수님께서 부자에게 그의 재산을 가난한 사람에게 나눠 주도록 명령하심으로, 가난한 사람을 향한 그분의 사랑을 보여 주신 것은 확실하다. 그러나 동시에 예수님은 부유함이라는 거짓 신으로부터 해방시키는 제안을 통해 부자 청년을 향한 그분의 사랑도 보여 주셨다.

불행하게도 우리는 다음과 같은 결론을 알고 있다. "그 사람은 재물이 많은 고로 이 말씀으로 인하여 슬픈 기색을 띠고 근심하며 가니라"(막 10:22). 자신이 소유하고 있다고 생각했던 것이 실제로 그를 소유하고 있었다. 돈이 그의 신이었다. "한 사람이 두 주인을 섬기지 못할 것이니 … 너희가 하나님과 재물을 겸하여 섬기지 못하느니라"(마 6:24).

이 청년은 자신의 재산을 붙들고 있는 것이 자신에게 최고로 이익이 되는 행동이라고 생각했다. 하지만 이보다 더 잘못된 행동은 없다.

그는 재산을 나누어 주는 것이 실제로 자유와 기쁨, 진실된 생명의 삶을 보장해 준다고 하신 예수님의 말씀을 이해할 수 없었다.

부자 청년이 물질의 속박에서 자유를 누리려는 의사가 없음을 확인하신 예수님은, 슬픈 마음으로 제자들을 향하여 이렇게 말씀하셨다. "재물이 있는 자는 하나님의 나라에 들어가기가 심히 어렵도다 … 낙타가 바늘귀로 나가는 것이 부자가 하나님의 나라에 들어가는 것보다 쉬우니라"(막 10:23, 25).

많은 책과 설교, 심지어 주석들까지도 예루살렘에 '바늘의 눈'이라고 불리는 좁은 통로나 문이 있다고 주장한다. 그곳을 통과하기 위해서는 낙타의 짐을 모두 내려놓아야만 했다고 그들은 추측한다. 어떤 사람은 낙타가 무릎을 꿇어야 들어갈 수 있다고 말한다. 마찬가지로 부자들도 하나님의 나라에 들어갈 수는 있지만, 그들의 모든 짐을 내려놓고 겸손하게 되어야만 가능하다는 것이다.

이런 말들은 아주 영적으로 들리며, 실제로 인터넷에 올라와 있는 수많은 글들은 이러한 문이 존재했다는 것을 암시한다. 주석가 윌리엄 바클레이가 때때로 이러한 아이디어의 출처로 인용되고 있지만, 그는 이 주장을 입증하지는 못했다. 그는 단지 "이렇게 전해지고 있다"라고만 말하기 때문에, 이것을 증명하는 데는 크게 도움이 되지 않는다. 나는 실제로 이것을 증명하기 위해 믿을 만한 역사적인 자료들을 방대하게 찾아보았지만, 고대인들이 '바늘의 눈'이라고 부르는 문이 실제로 존재했는지에 대한 어떤 증거도 찾을 수 없었다.

예수님은 바늘이라는 일상적인 단어를 사용하셨으며, '귀'라고 번역된 것은 '구멍'을 뜻한다. 낙타가 바늘의 구멍으로 들어갈 수 있는

가능성을 부정하기 위해 창조적인 방법을 떠올릴 필요는 없다. 낙타가 바늘의 구멍을 통과하여 들어갈 수 없다는 것은 명확하다. 예수님께서 유머러스하게 묘사하긴 하셨지만, 이것이 전체 이야기의 핵심이다. 기적이 아니고서야 부자가 자신의 재산을 신뢰하는 것을 중단하지 않으면서 그리스도께 돌아갈 수는 없다. 이는 예수님의 이야기를 이해한 제자들이 놀라서 반응한 것을 보면 알 수 있다. "듣는 자들이 이르되 그런즉 누가 구원을 얻을 수 있나이까"(눅 18:26).

그들은 왜 놀랐는가? 예수님 시대에는 부를 하나님의 인정의 표시로 여겼다. 따라서 그 논리는 이렇다. 하나님이 분명하게 인정하신 부자들이 천국에 가는 것이 어렵다면, 어떻게 하나님이 거부하신 것처럼 보이는 가난한 사람들이 천국에 갈 수 있는가?

그러나 예수님은 자신의 충격적인 선언에 이런 단서를 다셨다. "무릇 사람이 할 수 없는 것을 하나님은 하실 수 있느니라"(눅 18:27). 낙타가 바늘의 구멍을 통과하는 것이 불가능한 것처럼 인간으로서는 불가능하나 하나님은 그렇지 않으며, 부자도 천국에 들어갈 수 있다. 예수님은 부자들이 (그리고 그를 믿는 모든 사람이) 천국에 들어갈 수 있게 하셨고, 궁극적으로 그 길을 준비해 주셨다.

부자가 하나님 나라를 상속받는 것이 인간적으로는 불가능하다는 예수님의 선언에 베드로가 놀란 것처럼 보인다. 그래서 그는 이렇게 말한다. "보소서 우리가 모든 것을 버리고 주를 따랐나이다"(막 10:28).

예수님은 이런 베드로를 책망하지 않으시고 이렇게 말씀하셨다. "내가 진실로 너희에게 이르노니 나와 복음을 위하여 집이나 형제나 자매나 어머니나 아버지나 자식이나 전토를 버린 자는 현세에 있어

집과 형제와 자매와 어머니와 자식과 전토를 백 배나 받되 박해를 겸하여 받고 내세에 영생을 받지 못할 자가 없느니라"(막 10:29-30).

예수님은 자기를 따르는 소수의 사람만이 아닌 모든 사람이 돈이나 재산, 안전, 가족, 특권, 인기 등의 어떤 형태의 소유든지 그분을 따르는 데 방해가 된다면 기꺼이 버려야 한다고 말씀하신다. 그리스도를 따르는 사람에게는 단기적인 보상과 영원한 보상이 기다리고 있다. 우리가 얻게 되는 생명은 우리가 남긴 것보다 훨씬 뛰어난 것이다.

생활 기준, 혹은 나눔 기준?

영국에 있는 알렉스와 에드워드 포스트 형제는 급진적인 젊은 기부자들이다. 외과의사가 된 에드워드는 높은 월급을 받기 시작한 친구들이 돈을 함부로 쓰는 것을 보았다. 그러나 에드워드는 "소득이 늘어나더라도 생활 수준을 높이고 싶지는 않아요. 대신에 나누는 기준을 올리기로 결심했어요"라고 말했다.

전에는 투자은행에 다니다가 이제는 사업가가 된 알렉스는 "나는 가능한 한 단순하게 살기로 했어요. 예산 한도를 15,000파운드(2019년 환율로 약 19,000달러)로 정했지요. 이것은 아주 어렵긴 하지만, 정말 좋아요."

에드워드와 알렉스는 가족과 친구들과의 대화에서조차 불편함을 많이 경험했다. "소외된다는 것은 단순히 조금 다른 논리를 가지고 있는 것이 아니에요. 우리의 논리가 사람들을 당황하게 만드는 거예요"라고 에드워드는 말한다. "물질만능주의에서 해방되는 것은 당신을 상상할 수 없을 정도로 행복하게 해줍니다. 내가 원하는 것을 소유할 때보다 나의 삶에는 훨씬 더 많은 기쁨이 있답니다"라고 알렉스는 말한다.

* Cameron Doolittle, "Three Lessons on Giving from the Foster Brothers," Generosity Path, January 27, 2017, http://www .generositypath.org/morestories/foster-brothers.

우리의 십자가를 지고 자신을 따르라고 말씀하신 후, 예수님은 이렇게 가르치셨다. "누구든지 제 목숨을 구원하고자 하면 잃을 것이요 누구든지 나를 위하여 제 목숨을 잃으면 찾으리라"(마 16:25).

얼핏 보면, 예수님께서 우리의 이익은 완전 무시하라고 요구하시는 것처럼 느껴진다. 하지만 사실 그분의 부르심은 정반대다. 우리가 우리의 삶을 포기해야 하는 이유는 바로 '우리 자신의 유익' 때문이라고 예수님은 말씀하신다. 우리는 멋진 삶을 꽉 잡기 위해 공허한 삶을 포기한다. 우리는 그리스도 안에서 풍성한 삶을 즐기기 위해 영적으로 비참한 삶을 포기한다. 이것은 마치 한 자루의 빈 병을 주고 코카콜라 회사의 소유권을 받는 것과 같다. 어리석은 사람들만 이런 기회를 놓칠 것이다.

부는 심각한 위험 요소들을 안고 있다

헨리 케스너가 소유한 밴드위스라는 회사가 파산을 면하는 데 절실히 필요한 수익성이 좋은 계약을 체결했다. 상대방 회사가 성인오락 산업과 제휴 관계에 있다는 것을 발견하였을 때, 그들은 이것을 대수롭지 않게 볼 수도 있었다. 그러나 그들은 그렇게 하는 것이 하나님의 원칙에 어긋남을 깨달았다. 그리고 말씀에 나오는 경고에 주의를 기울이며, 그 계약을 취소하였다. 얼마 지나지 않아 회사의 재정 상태는 아주 나빠졌다.

사업에서 윤리적인 결정을 하게 되면 이익이 줄어드는 경우가 종종 있다. 도덕적으로 타협하지 않으면, 사업이 망할 수도 있다. 헨리 케스너의 회사의 경우, 그 결정 이후 벤드위스는 극적으로 반등을 하여 국내에서 네 번째로 빠르게 성장하는 비상장 회사가 되었다.[8] 얼마 동안 헨리와 그의 아내 킴벌리는 십일조의 두 배나 되는 소득의 20퍼센트를 드렸기에 꽤 잘하고 있다고 생각했다. 그러나 헨리는 이렇게 말했다. "하나님은 우리의 마음을 원하셨어요. 그래서 이제는 급진적으로 훨씬 더 많이 드리고 있어요. 소득의 반을 드리려고 하고, 나머지 중에서도 가장 큰 몫은 아시아의 그리스도인이 운영하는 회사에 투자했어요."

그리고 이렇게 덧붙였다. "하나님의 일에 참여할 때는 말로 표현할 수 없는 기쁨이 있어요. 그것은 놀라운 채움을 주었는데, 그렇게 하지 않았다면 하나님의 자리를 우상들이 대신 채웠을 거예요."[9]

우리는 곧 물에 빠져 죽을 수 있다는 것을 깨달을 때에만 하나님이 그리스도 안에서 던져 주신 구명 튜브를 잡기 위해 손을 뻗을 것이다. 구명 튜브를 잡으려면 유섭 이시멜로가 하지 않았던 일을 해야 한다. 즉 자기를 얽매고 있는 소유물을 벗어버려야 한다.

부에 대한 나쁜 소식 안에는 좋은 소식도 내포되어 있다. 우리는 아직 하나님의 경고를 들을 수 있기에, 너무 늦은 것은 아니라는 사실이다. 그것에 주의를 기울이면, 아직은 우리 인생을 구할 수 있다.

겉으로는 건강하게 보이지만, 연례 정기검사에서 나쁜 소식을 들은 한 여성이 있었다. 검사 결과가 좋지 않아 다른 추가 검사를 받아야 했는데, 그때 더 나쁜 소식을 듣게 되었다. 의사는 암이 발견되어 수술이 필요하다고 말했다. 이것은 더 나쁜 소식으로 이어졌다. 암이 곳곳에 전이된 것처럼 보이기에, 더 많은 치료 과정이 필요하다는 것이다.

그녀는 이 과정을 받아들여 치료를 받았고, 암은 재발되지 않았다. 정기검사를 받고, 결과를 심각하게 받아들이고, 전문적인 진단에 따른 치료를 받았기에 그녀는 오늘도 살아있다. 나쁜 소식을 받아들인 결과, 오늘까지 건강하게 살아있다는 좋은 결과를 얻게 된 것이다.

우리는 암과 같은 심각한 물질만능주의에 대한 명확한 나쁜 소식을 들을 필요가 있다. 그것에 대해 분명히 알아야 그것에 따라오는 생명을 살리는 놀라운 좋은 소식을 열렬하고 감사하게 받아들일 준비가 된다. 그렇지 않으면, 치명적인 질병이 될 수밖에 없다.

하나님은 그리스도를 따르는 모든 사람에게 모든 것을 나누라고 하지 않으셨다. 사실 그분은 부자에게 가난하게 되라고 지시하지 않으셨다. 대신에, 관대함으로 그들의 부에 균형을 잡으라고 지시하셨다(딤전 6:17-19). 삶을 변화시키는 관대함이라는 이 좋은 소식은, 삶의 방부제 역할을 한다. 그것은 하늘에 보물을 쌓는 것이고, 그러면서 이 땅에서도 삶다운 삶을 살게 해준다.

우리의 인생이라는 배는 분명 어느 시점에서 침몰하게 될 것이다. 그런 일이 일어나 죽음을 앞두게 될 때, 우리는 공포의 터키인(유섭 이시멜로의 별명)처럼 금으로 만든 벨트를 붙잡을 것인가, 아니면 예수님과 그분이 약속하신 영원한 생명을 붙잡을 것인가?

토의를 위한 질문들

1. 부유함을 부채로 생각해 본 적이 있는가? 어떤 방법으로 부가 당신과 당신이 사랑하는 사람들을 위험에 빠트린다고 생각하는가?

2. 예수님은 그분을 따르는 '모든' 사람에게 그들의 '모든' 소유를 포기하라고 명령하지 않으셨다. 그러나 만약 예수님이 부자청년에게 하신 것처럼 당신에게 모든 소유를 팔아 가난한 사람에게 주고 그를 따르라고 하셨다면, 당신은 어떻게 반응했겠는가? 당신의 어떤 우선순위가 재정립되어야 예수님을 전심으로 따를 수 있겠는가?

3. 성경은 예수님이 부자 청년을 눈여겨보시고, 사랑스럽게 여기셨다(막 10:21)고 말하고 있다. 부에 대한 하나님의 경고가 그분의 사랑 때문에 주어졌다는 것을 이해한다면, 돈을 사랑하는 것에 대한 성경의 명백한 경고를 어떻게 받아들이겠는가?

4. 부유함이 하나님의 축복을 보여 주는 자동적인 사인이라고 생각하는가? 하나님이 가난한 사람들에 대해 말씀하신 것, 특별히 팔복에 나타난 예수님의 말씀을 공부한다면(마 5:1-12), 당신의 생각을 조정해야 하지 않겠는가?

7장
당신의 보물을 오래 안전한 곳에 보관하라

보잘것없는 이 땅의 삶은 끊임없이 이 땅의 보물을 추구하고
개인적인 필요에 온종일 파묻혀 살게 만들지만,
은혜는 위대한 나라를 바라보게 한다.
폴 데이비드 트립

천국은 마치 밭에 감추인 보화와 같으니
사람이 이를 발견한 후 숨겨 두고 기뻐하며 돌아가서
자기의 소유를 다 팔아 그 밭을 사느니라
마 13:44

이 책을 쓰기 위해 인터뷰하고 싶었던 사람들이 몇 명 있었다. 그 중 한 사람이 오래전 읽었던 책의 저자인 스탠리 탬이다. 온라인에서 그의 생사를 확인할 수는 없었지만, 1915년에 태어난 것을 생각하면 그가 이미 죽었다고 가정해도 무방할 것 같았다. 그의 일생에 대해 더 알기 위해 스탠리를 잘 아는 친구와 접촉하였는데, 나는 그의 반응에 깜짝 놀라고 말았다. "오는 토요일에 스탠리와 통화하기를 원하세요?"

그래서 기쁘게도 102세가 된(이제 그는 103세가 되었다) 스탠리 탬과 대화를 나눌 수 있었다. 우리의 대화가 중간 중간에 들어가긴 했지만, 그의 이야기를 들어보자.

1934년, 방문 세일즈맨이었던 스탠리 탬은 어느 농부의 아내를 통해 예수님에 대해 들었다. 그리고 6주 후에 교회에서 그리스도에 대한

믿음을 고백했다.

그는 자신이 가지고 있던 25달러와 아버지로부터 받은 12달러를 가지고 오하이오 주 리마에 미국 플라스틱 주식회사(United States Plastic Corporation)를 설립하였다. 그는 내게 이런 말을 해주었다. “1936년에 비즈니스를 시작했는데, 얼마 지나지 않아 빈털터리가 되었어요. 나는 매우 실망했어요. 그런데 그때 주님께서 이렇게 말씀하셨어요. ‘내게 회사를 모두 넘기렴. 그러면 성공하게 해줄게.’”

그래서 그는 하나님이 회사 최대 주주가 되도록 법적인 조치를 취했다. 처음에는 51퍼센트의 주식이 비영리 단체에 기부되었고, 점차적으로 규모가 커져 결국 모든 소득이 하나님 나라에 드려지게 되었다. 스탠리는 하나님께서 자신과 함께 사업을 운영하기 원하시며, 자신은 직원의 역할만 하면 된다는 것을 믿게 되었다.

하나님께서 이제 시작하셨다

51퍼센트가 충분하지 않다는 것이 판명되었다!

스탠리는 효율적으로 국제 사역을 잘하는 한 기관을 알게 되었고, 이 기관이 자금이 없어 문을 닫게 되었다는 소식을 들었다. 그는 그들에게 이런 제안을 하였다. “만일 하나님이 매년 50,000달러 이상을 공급해 주셔서 그것을 당신 기관에 줄 수 있다면, 그 사역을 계속 진행할 수 있겠습니까?” 그들은 물론 그렇다고 대답했다.

전화기 너머로 들리는 스탠리의 목소리는 102살 노인의 목소리로 여겨지지 않을 만큼 활기가 있었다. “우리 사역은 지금도 활발히 움직이고 있어요. 현재 42개 나라에서 수천 명의 사역자들이 하나님의 말씀과 구원의 계획을 집집마다 방문하며 전하고 있어요."

나는 그가 '우리'라고 말할 때 아주 기뻤다. 당신의 보물이 있는 곳에 당신의 마음이 있을 것이고(마 6:21), 당신이 하나님의 일에 바치는 것은 곧 그분의 왕국에 투자하는 것과 같다. 그러므로 당신은 천국에 기득권이 있는 사람처럼 생각하고 행동한다. 우리는 2017년에 대화를 했는데, 스탠리가 후원하는 사역을 통해 지난해 140,000명이 넘는 사람들이 그리스도를 주로 고백하였고 많은 교회가 세워졌다.

스탠리는 연설 차 참석했던 1955년 남아메리카에서 열린 한 모임에 대한 이야기를 들려주었다. 그곳에서 그는 하나님이 사람들의 삶에 어떻게 놀랍게 역사하셨는지 보게 되었다. "하나님은 내게 이렇게 말씀하셨어요. '스탠리, 세상에서 한 영혼이 가장 소중하다면, 미국에 돌아가 너의 비즈니스 전부를 내게 주지 않겠니? 회사 이익금을 전 세계에 복음을 전하는 데 사용하지 않겠니?'"

스탠리는 이렇게 대답했다. "주님, 당신은 이미 51퍼센트를 가지고 계시지 않습니까? 이것으로는 충분하지 않나요?"

그때 스탠리는 하나님이 자신에게 이렇게 말씀하시는 것을 느꼈다. "스탠리, 나는 십자가에서 너를 위해 나의 모든 것을 지불했단다. 이제 너는 나의 제자야. 내가 네게 요구하는 것을 네가 순종했으면 좋겠구나."

스탠리는 위대한 믿음의 사람이었으므로 이런 일들이 그에게 쉬웠을 거라고 생각할 수 있다. 그러나 그렇지 않았다.

"그날 밤 내내 얼마나 많은 갈등을 했는지 당신은 결코 이해하지 못할 거예요"라고 스탠리가 말했다. 결국 그는 "좋습니다, 주님. 그렇게 하세요. 저는 순종하기를 원할 뿐입니다"라고 고백했다.

스탠리의 아내 와니타도 주님의 뜻을 따르기로 동의했다. 부부는 모든 이익을 복음 사역에 드린다는 의미로 회사 소유권의 100퍼센트를 하나님께 드렸다. 회사가 그분께 속한 것임을 깨닫고 하나님께 드렸을 때 스탠리는 비로소 드림의 기쁨을 발견했다. 스탠리는 당시 운영하고 있던 공장보다 네 배나 큰 건물을 고속도로 옆에 짓고, 건물 벽에 큰 글씨로 이렇게 적었다. "그리스도가 유일한 해답입니다."

스탠리의 연봉은 비슷한 규모의 CEO보다 훨씬 적었지만, 자신의 소득 중 상당 부분을 하나님께 드렸다. 그는 내게 말했다. "내 연봉이 78,000달러였을 때, 나는 개인적으로 약 30,000달러를 드렸어요."

그 회사는 현재 30,000개 이상의 제품을 생산하고, 85,000개 이상의 거래처를 가지고 있다. 그는 세계 최고 품질의 플라스틱 제품을 생산하는 훌륭한 사업체를 세웠다. 그러나 더 중요한 것은 그가 영원히 지속될 나라를 가져왔다는 사실이다.

그가 은퇴하고 무엇을 했는지 아는가? 길에서 1마일 정도 떨어진 높은 곳에 조그만 목공소를 열고 바깥에 이런 문구를 붙여 놓았다. "마음의 평안을 찾으십니까? 해답은 성경에 있습니다." 그리고 그 밑에 "안쪽으로 들어오시면 성경을 무료로 가져가실 수 있습니다"라는 안내문을 붙여 놓았다.

스탠리의 미국 플라스틱 주식회사의 후계자인 웨스 라이틀은 이렇게 말한다. "우리 회사는 다른 대부분의 회사들과는 다릅니다. 가능한 한 많은 수익을 올리려고 하는 것은 비슷하지만, 그 목적이 완전히 다르지요. … 무엇이 목적이냐고요? 바로 예수님께 영광을 돌리고 다른 사람들에게 유익을 주기 위해 가능한 한 최대로 나누는 것입니다!"[1] 이 회사는 지금까지 1억 5천만 달러 이상을 하나님 나라를 위해 기부했다.

이제 스탠리 탬은 죽을 때가 다 되어서 '설렁설렁' 살고 있을까? 전혀 그렇지 않다. 백 살이 넘은 그는 은퇴자들의 마을에 살면서 아침과 저녁에 몇 시간씩 기도한다. 그는 이렇게 말한다. "이 마을에 살고 있는 100명이 넘는 사람들에게 예수님에 대해 전하였고, 그중 열두 명을 주님께 인도했어요."

재정적인 안전보다 더 나은 것

네덜란드에 훈련 센터를 세운 소피는 이렇게 말한다. "오늘날 우리 사회에서는 돈이 곧 안전이기 때문에, 안전이 사라지면 사람들은 극심한 공포를 느끼기 시작해요." 소피는 비즈니스에서 성공하였지만, 근본적인 회심을 하고 난 후 센터를 세워야 할 필요성을 깨닫게 되었다. 그 이유는 이렇다. "이전에는 내가 괜찮은 사람인 것을 증명하기 원했어요. 그런데 그리스도 안에서 나의 정체성을 발견하게 되면서 내가 얼마나 가치가 있는 사람인지 다른 사람에게 증명할 필요가 없게 되었어요."

요즘 그녀는 '관대함을 위한 행동계획'(Generosity Path)에 참여하고, 저축한 것 중에 상당한 부분을 나누기로 결정했다. "우리 회사를 하나님께 드리려고 진행 중이며, 우리 집을 교회에 기부할 방법을 찾고 있어요."

그녀는 '관대함을 위한 행동계획'을 통해 급진적으로 나누는 다른 그룹들과 연결되었고, 그들과 서로 간증을 나누며 격려하고 있다. 소피에게는 이러한 공동체 의식이 아주 중요하다. "비슷한 것에 대한 비슷한 생각을 하는 사람들끼리 함께 걸어갑시다."*

* This story was sent to me by Cameron Doolittle, senior director of Generosity Path (www.generositypath.org).

하나님께서 모든 것을 소유하고 계시다는 것과 우리가 현재 알고 있는, 또한 앞으로 알게 될 모든 좋은 것을 은혜로 우리에게 주신다는 것을 진실로 믿는다면, 스탠리의 행동은 완벽하게 앞뒤가 맞다. 각각 주어진 환경은 다양할 수 있지만, 관대함 뒤에 있는 우리 마음은 같을 수 있다. 스탠리와 그와 비슷한 다른 사람들의 삶은 우리 마음에 이런 도전을 주는 것 같다. "나 자신과 내가 가진 모든 것에 대한 하나님의 소유권과 주권에 대한 동일한 믿음을 가지고 있는 나는 과연 무엇을 할 수 있는가?"

대화의 마지막에 스탠리는 이렇게 말했다. "사람들이 '스탠리, 당신은 모든 것을 나누어 주었어요! 왜 그것을 붙들고 있지 않았어요?'라고 물으면, 나는 '하늘에 있는 은행계좌에 입금했어요'라고 대답했습니다."

나는 스탠리가 말하는 것을 들으며 또 다른 목소리, 더 크고 강한 목소리가 그에게 들리는 것을 상상했다. "잘하였도다, 착하고 충성된 나의 종아."

부유하게 되는 것은 책임감을 수반한다

당신이 스탠리 탬처럼 '세속적'인 직업을 가지고 있다고 해서 하나님 나라의 2등 국민은 아니다. 목사나 선교사보다 소명이나 은사가 적다는 뜻도 아니다. 당신의 사역은 당신이 영향을 미치는 영역에서 예수님을 대표하며, 하나님이 준비시켜 쓰시려는 사람들이 일을 할 수 있도록 재정적인 후원을 제공하는 것이다. 당신은 성공적인 기업가처럼 돈이 많지 않을 수 있지만, 만약 당신이 하루 5.5달러 이상으로 생활하고 있다면 34억 명보다 더 잘 사는 것이다.[2] 이런 축복을 결코 가볍게 보아서는 안 되고, 책임이 따라오는 것임을 잊어서는 안 된다.

존 라인하트는 그의 뛰어난 책 「복음의 후원자: 그들의 관대함으로 세상을 변화시킨 사람들」(Gospel Patrons: People Whose Generosity Changed the World)에서 여러 감동적인 이야기를 들려준다.[3] 그중에 하나님께서 오백 년 전에 어떻게 윌리엄 틴데일을 영국의 설교자로 키우셨는지에 대한 이야기가 있다. 하지만 또한 하나님은 틴데일과 팀이 되어 사역한, 부유한 의류 상인이며 영국을 예수님을 믿는 믿음으로 되돌리는 역할을 한 험프리 만모스를 일으키셨다. 하나님은 틴데일을 사용하셔서 영어를 사용하는 600만 명의 사람들에게 영어로 처음 번역된 성경을 공급하셨다. 그리고 만모스를 사용하셔서 틴데일을 후원하고, 그와 함께 빈틈없는 계획을 세우고, 적대적인 영국에 성경을 밀반입하도록 하셨다. 틴데일은 나중에 이 일로 인해 순교했지만, 만모스와의 협력으로 인한 열매는 영국을 흔들고, 나중에는 세계를 흔든 종교개혁의 시초가 되었다.[4]

이와 비슷하게, 250년 전 하나님은 귀부인 헌팅든과 그녀와 연결된 최상위 계층의 사람들을 설교자 조지 휘필드와 연합하여 영국의 귀족들에게 복된 소식을 전하는 데 사용하였다. 그들의 파트너십은 휘필드에게 영국의 엘리트뿐만 아니라 아메리카 식민지에 사는 80퍼센트의 사람들에게 복음을 전할 수 있는 강력한 선교의 교두보를 마련해 주었다. 하나님은 그들 중 두 사람을 대각성 운동의 선봉으로 사용하셨다.[5]

존 라인하트가 자신의 책에서 지적하였듯이, 하나님은 2세기 반

전에 선원이었다가 목사가 된 영국인 존 뉴턴과, 영국에서 가장 부유한 사람 중 하나인 존 손턴을 준비시키셨다. 뉴턴은 영국의 노예무역을 종식시키겠다는 오직 이 한 가지 사명을 가진 윌리엄 윌버포스를 포함한 영국의 차세대 교회 리더, 선교사, 평신도 지도자들의 정신적 지주였다. 손턴은 뉴턴의 찬양을 처음으로 실은 책 1000권을 출판하는 데 필요한 자금을 지원하였다. 그들의 파트너십은 두 세대의 복음 전도자를 일으켰고, 영국의 영적, 정치적 미래를 결정하는 데 큰 영향을 주었다.

그동안에 뉴턴의 찬송가는 미국 남부 지역의 성도들에게 널리 퍼지게 되었다. 그중 하나는 새로운 곡조와 함께 '어메이징 그레이스'라는 노래로 제목이 바뀌었는데, 이 찬양은 세계에서 가장 사랑받는 찬양으로 오늘까지 불리고 있다. 이 찬송의 성공 이면에는 가사를 지은 존 뉴턴뿐 아니라, 관대하게 후원을 하여 많은 사람들이 하나님의 말씀을 듣고 부를 수 있도록 한 사업가 존 손턴도 있었다. 240년이 지난 지금까지도 전 세계 하나님의 사람들은 이 찬양을 부르고 있다![6]

그렇다면 하나님은 왜 험프리 만모스와 귀부인 헌팅든, 존 손톤에게 사업의 성공과 부를 주셨을까? 그것은 윌리엄 틴데일과 조지 휘필드, 존 뉴턴에게 설교하고 번역하는 재능을 주신 이유와 정확하게 동일하다. 그리스도를 더 높이고, 그의 나라를 전 세계에 확장하기 위해서다.

하나님께서 당신에게 필요 이상으로 돈을 맡기신 이유는 무엇일가? 그것이 조금이든, 많든, 아니면 엄청난 금액이든, 나는 그것이 위와 동일한 이유 때문이라고 감히 말하고 싶다. (흥분되지 않는가?)

사람들이 당신의 관대함을 이용할 때

마틴 루터와 아내 캐서린은 때때로 사람들에게 이용당할 정도로 관대하였다. 언젠가 여행을 하고 있던 한 여인이 나타나 그들에게 도움을 청하였다. 마틴과 캐서린은 그녀에게 음식을 주고 잠자리를 제공하였다. 나중에 그들은 이 여자가 거짓말을 했으며 물건도 훔쳐 갔다는 것을 알게 되었다. 하지만 루터는 "하나님은 손을 손가락으로 나누어 돈이 사이사이로 빠져나가도록 만드셨다"라고 말하며, "자선을 행함으로 인해 가난하게 되는 사람은 없다"고 믿었다.*

* Mark Galli, "Martin Luther's Later Years: Did You Know?" Christian History, no. 39 (1993), https://christian historyinstitute.org/magazine/article/martin-luthers-later-years-did-you-know.

하나님이 자원을 맡기신 데에는 이유가 있다

물론 우리 대부분은 스탠리 탬처럼 1억 5천만 달러를 기부할 정도로 사업을 키우지 못했다. 그렇지만 자금을 만들어 전 세계 하나님의 일꾼들에게 나누어 주고, 그리스도의 대사로 우리가 있는 곳에서 영향을 끼치며 하나님을 섬기는 그의 모범은 따를 수 있다.

예수님은 제자들에게 비유로 이런 말씀을 하셨다. "지혜 있고 진실한 청지기가 되어 주인에게 그 집 종들을 맡아 때를 따라 양식을 나누어 줄 자가 누구냐 주인이 이를 때에 그 종이 그렇게 하는 것을 보면 그 종은 복이 있으리로다 내가 참으로 너희에게 이르노니 주인이 그 모든 소유를 그에게 맡기리라"(눅 12:42-44). 계속해서 예수님은 주인을 잊고, 주인의 재산을 그의 원칙에 따라 관리하지 못한 충성스럽지 못한 종에 대해 비유로 말씀하셨다. 이 종은 술에 취해 다른 종을 때렸다. 예수님은 이 종이 전혀 예상하지 못한 때에 주인이 돌아와 그에게 혹독한 심판을 내릴 것이라고 말씀하셨다(눅 12:45-47).

충성스러운 종과는 대조적으로, 이 충성스럽지 못한 종은 주인의 자원을 잘못 관리하였다. 주인의 재산을 주의 깊게 관리하는 대신, 자신을 위해 탐욕스럽게 낭비하였다.

예수님은 이 비유의 핵심을 이렇게 요약해 주셨다. "무릇 많이 받은 자에게는 많이 요구할 것이요 많이 맡은 자에게는 많이 달라 할 것이니라"(눅 12:48).

이 말씀에 대해 오해하지 마라. 당신과 나는 많이 받은 사람이다. 그러므로 우리는 예수님의 말씀에 비추어 자신에게 이렇게 물어야 한다. **주님의 자원을 맡은 자로서 일을 할 때 나는 충성스러운 종인가, 아니면 충성스럽지 못한 종인가?**

당신은 모든 것을 나눌 수 있는가

인도네시아 자카르타에 있는 데이빗 초크로라하조의 회사는 매년 수백만 달러의 이익을 내고 있었다. 그때 하나님은 그와 그의 아내 줄리아에게 즉각 "회사를 팔아 모두 나누어 주어라"라고 말씀하셨다. 그들은 그렇게 했다. 데이빗은 그때의 상황을 이렇게 말한다. "이것은 우리에게 시험이었어요. 하지만 우리는 마음속으로 이것이 하나님으로부터 왔음을 느꼈고, 그대로 순종하기를 원했어요." 이 부부는 자연재해를 당한 피해자들에게 도움을 주고, 외딴 곳에 있는 사람들을 예방적으로 돕는 인도주의적 단체인 JPCC 재단에 시간과 돈을 투자하였다.*

* "Three Lessons from David Tjokrorahardjo, Indonesia," JoyGiving.org, accessed January 23, 2019, https://joy giving.org/david/.

하나님은 당신에게 당신만의 독특한 기회를 주셨다

만일 하나님이 당신이 하고 있는 일, 사업이나 미술, 생산업이나 농업, 음악이나 의료, 아니면 당신에게 주어진 어떤 것이든 그것을 가지고 자유롭게 도움이 필요한 사람들을 돕고, 그리스도를 높이는 일을 하라고 당신에게 전보를 보내셨다면, 크게 기뻐하라! 이것이 당신의 삶을 가장 잘 사용하는 것이다.

'풀타임 사역자'가 되기 위해 현재 하고 있는 일을 버리는 것은, 하나님 나라를 위해 앞으로 나가는 것이 아니라 뒤로 물러서는 것이다. 하나님은 당신이 있는 바로 그곳에서 교회와 선교사들이 부르심을 받은 일을 하도록 돕고, 당신만의 독특한 영역에서 다른 사람에게 다가가는 데 필요한 능력을 주셨을지 모른다.

당신이 상점의 점원, 조립 라인의 노동자, 세일즈맨, 비행기 승무원, 전업 주부, 프로 운동선수이든, 기도 사역을 하거나 사람들을 격려하는 전임 사역자이든, 하나님은 당신에게 독특한 근거지를 주셨다. 어떤 목사나 선교사도 당신의 이웃, 선생, 동료, 코치, 혹은 팀원에게 접촉할 수 없다. 우리 모두는 매일의 삶에서 하나님이 주신 자신만의 사역지를 가지고 있다. 그러므로 하나님의 영광을 위해 당신의 근거지를 이용하고, 그분의 마음에 합한 전도와 정의, 긍휼이 이뤄지도록 관대하게 나누라.

하나님은 그의 나라를 위해 사람들을 부르실 때, 지구 먼 곳에 있는 사람들을 위해서만 부르시지 않았다. 또한 그분은 사역자들을 돕고 후원하기 위해 많은 종들을 준비시키시고, 그들이 자신들이 살고 일하는 영역에서 그분을 나타내도록 하신다.

우리 각자가 매일 주님께서 우리에게 하시는 이런 말씀을 들으려고 애쓴다면, 언젠가 그분과 얼굴을 대면하여 만나는 날 그분은 이렇게 말씀하실 것이다. "잘하였도다 착하고 충성된 종아 네가 적은 일에 충성하였으매 내가 많은 것을 네게 맡기리니 네 주인의 즐거움에 참여할지어다"(마 25:21).

토의를 위한 질문들

1. 스탠리 탬 이야기에서 당신에게 가장 인상적인 것은 무엇인가? 사업의 소유권과 은퇴에 대한 그의 접근방식은 우리의 문화에서 일반적으로 볼 수 있는 것과 어떻게 다른가?

2. 저자는 모든 사람이 회사를 소유하거나 수백만 달러를 벌 수 없음을 알고 있지만, 누구나 관대한 마음을 키워 나갈 수 있다고 강조한다. 스탠리 탬처럼 하나님이 모든 것을 소유하시고 우리에게 잘 관리하도록 맡기셨다는 믿음을 표현할 수 있는 실제적인 방법은 무엇인가?

3. 골로새서 3장 23-24절을 읽으라. 하나님이 당신의 직업과 소득을 영원에 지대한 영향을 끼치는 데 사용하실 수 있다는 것을 아는 것은, 일에 대한 당신의 관점을 어떻게 변화시키는가?

4. 하나님께서 당신을 있게 한 특정 장소에서 어떤 영향을 끼치기를 원하시는지 깊이 생각해 보라. 복음을 전하는 데 당신의 자리를 어떤 방법으로 사용할 수 있겠는가?

PART 2

돈에 대한 나쁜 소식과 좋은 소식

자족하는 마음이 있으면 경건은 큰 이익이 되느니라
우리가 세상에 아무 것도 가지고 온 것이 없으매
또한 아무 것도 가지고 가지 못하리니
우리가 먹을 것과 입을 것이 있은즉 족한 줄로 알 것이니라
부하려 하는 자들은 시험과 올무와
여러 가지 어리석고 해로운 욕심에 떨어지나니
곧 사람으로 파멸과 멸망에 빠지게 하는 것이라
돈을 사랑함이 일만 악의 뿌리가 되나니
이것을 탐내는 자들은 미혹을 받아 믿음에서 떠나
많은 근심으로써 자기를 찔렀도다

딤전 6:6-10

8장
자족: 얼마만큼이 충분한가

"조금만 더 있다면 나는 만족할 텐데"라고 당신은 말한다.
당신은 잘못 생각하고 있다. 당신이 현재 가지고 있는 것에 만족하지 못하면,
그것이 두 배가 되어도 만족하지 못할 것이다.
찰스 스펄전

자족하는 마음이 있으면 경건은 큰 이익이 되느니라
딤전 6:6

라이프 처치(Life.Church)는 1996년에 오클라호마 주에서 몇 사람이 모인 가운데 시작되었다. 2005까지 교회는 계속 성장하였고, 크레그로셀 목사의 설교 CD를 구입하려는 요청이 쇄도했다. 한 스텝이 이런 질문을 하였다. "만일 우리가 돈을 받지 않고 CD를 나눠 준다면 무슨 일이 생길까요?"

크레은 말한다. "그 순간이 우리를 바꾸었어요. 관대함이 나의 가장 중요한 가치 중 하나가 되었지요."

크레과 그의 교회는 대가를 받지 않고 가치가 있는 것들을 나눠 주기로 결정했다. 그 결정을 한 순간부터, 나눔은 라이프 처치 구석구석에 자리를 잡았다. 그는 이렇게 말한다. "관대함은 우리가 무엇인가를 하는 것이 아니라, 우리가 되어야 할 모습입니다."[1]

그들의 나눔은 설교를 무료로 제공하는 것에서 훨씬 더 나아갔다. 라이프 처치는 9백만 개 이상의 자료들을 전 세계 355,600명 이상의 교회 지도자들에게 제공하였다.[2] 또한 그들은 유버전(YouVersion)을 만들었는데, 이는 3억 5천5백만 다운로드를 기록하였고, 세상에서 가장 인기 있는 바이블 앱이 되었다.[3] 오늘날까지 라이프 처치는 이 프로젝트만을 위해 3000만 달러 이상을 투자하였다.[4]

라이프 처치의 나눔에 대한 강조는 교회 리더들에게 큰 영향을 끼쳤다. 그들은 많은 돈을 받고 팔 수 있는 것들을 무료로 나누어 줌으로 그들의 교회가 하나님을 높인다는 것을 깨달았고, 이로 인해 자족함이 깊이 뿌리내리게 되었다. 돈 대신에 하나님을 신뢰하는 헌신을 통해, 그들은 말씀이 가르치는 관대함과 자족함을 본받을 수 있었다.

자족함은 경건함을 측정하는 참된 기준이다

우리는 이전 세대보다 훨씬 더 많은 물질적인 소유를 가지고 살아간다. 1950년대 미국인들의 생활과 비교해 보면, 대형 TV, 전자레인지, 온라인 쇼핑, 스마트폰, 두 배나 많은 자동차 등 수없이 편리한 물건들을 많이 사용하고 있다.[5] 우리는 이런 물건들이 자동적으로 우리에게 더 많은 만족을 줄 것이라고 쉽게 가정한다.

그렇지만 정말 그런가? 데이빗 G. 마이어 박사는 실제로 요즘 세대의 만족도는 이전 세대보다 떨어진다고 주장한다. “조부모 시대와 비교하여 오늘날의 젊은 성인들은 더 많은 풍족함 속에서 성장하였지만, 행복도는 조금 떨어지고, 우울증과 다양한 사회 병리학적인 위험에는 훨씬 더 많이 노출되어 있다."[6]

번영이 만족을 가져다줄 것이라는 잘못된 생각은 전혀 새로운 것이 아니다. 바울은 디모데와 에베소 교회에게 오늘날 번영신학 지지자들과 동급인 1세기 거짓 선생들에 대해 경고하면서, 이들을 "마음이 부패하여지고 진리를 잃어 버려 경건을 이익의 방도로 생각하는 자들"(딤전 6:5)이라고 표현하였다.

한 어린이의 관대한 행동

4살 된 시드니가 경찰에게 자기 새 집에 있는 괴물을 조사해 달라고 요청한 것이 전국적인 뉴스가 되었다. 감사의 표시로 시드니는 돼지 저금통을 털어 9달러와 동전들을 암 진단을 받은 동료 경찰(육군 제대 군인이며 세 아이의 아빠)의 치료비를 지원하기 위한 경찰서의 기금 모금에 기부를 하였다.

"이런 일을 하는 것은 좋은 일이에요"라고 시드니는 말했다.

그 후로 시드니는 경찰서를 자주 방문하며 경찰들에게 캔디와 쿠키를 전해 주었다.

시드니의 어머니는 이렇게 말했다. "이런 일을 시작하게 된 계기는 2년 전, 교통 정리를 하는 경찰을 보면서부터였어요. 날씨가 아주 더웠는데, 아이가 이렇게 말했어요. '경찰 아저씨가 목말라 보이는데, 물을 가져다주면 좋겠어요.' 그리고 그에게 물 한 병을 가져다주었지요. … 이렇게 나누니 기분이 좋았어요. 시드니는 장난감을 사기 위해 돈을 모았는데, 자기보다 더 필요한 사람에게 그것을 주기로 했어요."

경찰서에서는 이렇게 발표하였다. "이 소녀가 우리에게 행한 일의 의미는 어떤 말로도 표현할 수 없습니다."*

* Aliyah Frumin, "4-Year-OldGirl Donates Piggy Bank Money to Police Officer with Cancer," Today, October 31, 2017,https://www.today.com/news/girl-donates-piggy-bank-money-police-officer-cancer-t118140.

바리새인과 같은 이러한 거짓 선생들은 종교적인 허풍쟁이인데, 한 부류에 대해 성경이 말하는 대부분의 내용은 다른 부류에도 적용될 수 있다. 예수님은 이것을 이런 식으로 설명하셨다. "그들의 모든 행위를 사람에게 보이고자 하나니"(마 23:5). 그들은 자신의 영리한 해석과 인간적인 말솜씨로 사람들에게 감동을 준다. 하나님의 말씀을 신실하게 가르치는 대신, 그들의 지위를 과시하고 돈을 버는 데 잘못 사용한다. 우리는 그 당시 유명한 종교지도자들이 터무니없는 강사료를 요구했다는 것을 역사적인 기록을 통해 알고 있다.[7] 그들은 오늘날 건강과 부의 복음을 전하는 사람들처럼, 성경에서 몇몇 필요한 구절들만 뽑아 잘 요리하여 세속적인 문화의 물질적인 가치를 전파한다.

대부분의 사람들은 그러한 설교자들이 부유한 것은 하나님이 그들을 인정했기 때문이라고 믿는다. 그러나 하나님은 그때도 그러시지 않았고, 오늘날도 그러시지 않는다.

바울은 거짓 선생들을 '경건을 이익의 방도로 생각하는 자'로 묘사한 후, 바로 이어서 "자족하는 마음이 있으면 경건은 큰 이익이 되느니라"(딤전 6:6)라고 말한다.

바리새인들처럼 거짓 선생들은, 인기와 권력과 부를 얻기 위한 도구로 형식적이고 겉으로만 보이는 경건을 이용한다. 그렇지만 바울은 **보여 주는** 경건에 대해 이야기하고 있지 않다. 그는 예수 그리스도의 인격과 삶에 근거한 순수하고 내적인 경건을 언급하고 있다. 이것은 결코 계산된 보여 주기가 아닌, 자연스럽게 흘러나옴으로 드러나는 겸손한 경건이다.

NLT 성경은 디모데전서 6장 5-6절을 다음과 같이 표현한다. "그들에게는 경건함의 표시가 단순히 부유하게 되는 것입니다. 그러나 자족과 함께하는 진정한 경건은 **그 자체가 위대한 부유함**입니다." 지속적인 이득의 측면에서, 진실한 경건은 확실하게 보상을 해준다! 그렇지만 이러한 경건을 보여 주는 것은 우리의 **자족**이지, 은행 잔고가 아니다. 그리고 **이것이** 놀라운 이득이다.

자족함이란 무엇인가

자족함이란 당신이 누구에게 속했는지, 당신이 누구인지, 무엇을 가지고 있는지에 대해 만족하는 상태를 말한다. 예수님을 사랑하고 섬기는 사람은 정말 자족할 수 있다. 돈을 사랑하고 섬기는 사람은 결코 그렇게 될 수 없다. 자족함은 좋은 삶의 환경이나 물질적인 풍요함에 좌우되지 않는다. 그렇기 때문에 가난이나 다른 어려운 환경으로 인해 힘들어하면서도 자족하는 사람이 있고, 돈도 많고 건강한 유명인사라 하더라도 자족하지 못하는 사람이 있는 것이다.

청교도인 제러마이어 버로스는 그리스도인의 자족을 '모든 환경에서 주어지는 하나님의 지혜롭고 자애로운 처분에 자발적으로 복종하고 기뻐하는 달콤하고, 내적이고, 조용하고, 은혜로운 영적인 뼈대'로 정의한다.[8]

돈 사랑은 자족함을 훔쳐가는 반면, 하나님 사랑은 우리에게 자족함을 가득 채워 준다. 우리의 창조주이시며 구속자이신 하나님은 우리를 변화시키시고, 우리에게 천국의 문을 열어 주신다. 무슨 일이 일어나든, 돈이 아무리 많든 적든, 우리를 우리 주 그리스도 예수 안에 있는 하나님의 사랑에서 끊을 수 없다(롬 8:39).

히브리서 13장 5절은 자족함의 궁극적인 근거와 함께 그것을 발견할 수 있는 공식을 말해 준다. "돈을 사랑하지 말고 있는 바를 족한 줄로 알라 그가 친히 말씀하시기를 내가 결코 너희를 버리지 아니하고 너희를 떠나지 아니하리라 하셨느니라."

대부분의 번역본에는 이 구절의 뒷부분이 두 개의 부정("아니하고", "아니하리라")으로 되어 있지만, 원문에는 세 개다. YLT 성경에서는 이렇게 표현했다. "그가 말씀하시기를, '아니, 나는 떠나지 않을 것이다, 아니, 너를 버리지 않을 것이다.'" 여기서 우리는 하나님이 그의 자녀들을 결코 버리지 않으시리라는 가장 강력한 확신을 볼 수 있다. 이것만이 우리가 무엇을 가지고 있든, 혹은 가지고 있지 않든 자족할 수 있는 최고의 근거가 된다.

예수님은 자기를 아는 사람들에게 이렇게 말씀하셨다. "내가 그들에게 영생을 주노니 영원히 멸망하지 아니할 것이요 또 그들을 내 손에서 빼앗을 자가 없느니라"(요 10:28). 우리는 하나님을 모시고 있으며, 혹시 인생의 가장 어려운 환경에 처해 있다 하더라도 하나님께서는 그의 손으로 우리를 단단히 붙들고 계신다.

제리 브리지스는 이렇게 기록했다. "자족함은 경건한 사람의 가장 구별되는 특징 중 하나다. 왜냐하면 경건한 사람은 그의 마음을 소유나 지위나 권력이 아닌 하나님께 온전히 집중하기 때문이다."[9]

만일 우리가 돈이나 소유, 권력, 혹은 명성을 신뢰하면, 결코 자족할 수 없을 것이다. 이런 것들은 모두 잔인한 가짜 신이다. 그들은 항상 자기들이 한 약속을 깨며, 비싼 청구서를 우리에게 보낸다. 잠언 23

장 5절은 이렇게 말한다. "네가 어찌 허무한 것에 주목하겠느냐 정녕히 재물은 스스로 날개를 내어 하늘을 나는 독수리처럼 날아가리라." 돈은 거짓 신이며, 우리가 그것을 사랑한다면 그것은 하나님을 사랑하고 멋진 삶을 사는 것으로부터 우리를 단절시킬 것이다.

반면 하나님은 우리를 변함없이 사랑하고, 결코 버리지 않으며, 우리의 모든 필요를 만족시키리라는 것을 약속하시고 증명하셨다. 그분은 우리의 참 하나님이시며, 우리가 그분을 사랑할 때 우리 마음은 항상 안식할 수 있다. 그때 우리는 풍성한 삶을 마음껏 누리며 살 수 있을 것이다.

자족함은 배워서 얻게 된다

테네시 주의 산 위를 비행하며 기장이 부기장에게 말했다. "아래에 있는 작은 호수가 보이나요? 내가 어릴 때 저기서 보트도 타고, 낚시도 하곤 했어요. 머리 위로 비행기가 날아가는 것을 볼 때마다 언젠가 나도 하늘을 날고 싶다는 소원을 가졌지요. 이제 나는 내려다보며, 보트를 타고 낚시를 하던 때를 그리워하고 있네요."[10]

우리 중 많은 사람들은 이 기장의 감정에 공감할 수 있을 것이다. 우리는 한때 가졌던 것이나, 혹은 한 번도 가지지 못한 것을 간절히 원함으로 불만족한다. 우리는 어떤 것을 가지기 전까지는 행복하지 못할 것이라고 생각한다. 그러나 원하는 것을 얻게 되면, 그것이 생각했던 것처럼 우리를 만족시키지 못한다는 것을 발견하고 놀라게 된다. 우리는 잘못으로부터 배우기는커녕, 계속해서 더 많은 것을 원하고, 이것이 아니라면 **저것**을 가지면 만족할 수 있으리라고 생각한다.

자족하게 되는 것의 비밀을 바울은 발견하였다.

> "내가 주 안에서 크게 기뻐함은 너희가 나를 생각하던 것이 이제 다시 싹이 남이니 너희가 또한 이를 위하여 생각은 하였으나 기회가 없었느니라 내가 궁핍하므로 말하는 것이 아니니라 어떠한 형편에든지 나는 자족하기를 배웠노니 나는 비천에 처할 줄도 알고 풍부에 처할 줄도 알아 모든 일 곧 배부름과 배고픔과 풍부와 궁핍에도 처할 줄 아는 일체의 비결을 배웠노라 내게 능력 주시는 자 안에서 내가 모든 것을 할 수 있느니라"(빌 4:10-13).

바울이 말하는 자족함의 핵심은, 예수를 위해 살고, 예수 안에서 모든 것을 행하며, 예수의 능력에 의지하는 것이었다.

"자족하기를 배웠노니"라는 구절이 시사하는 바가 있다. 자족함은 자연스럽게 오지 않는다. 그러므로 당신이 갈등하고 있다면 힘을 내기 바란다! 자족함을 추구하며 포기하지 말아야 할 이유는, 바울이 말한 바와 같이 그것을 배울 수 있기 때문이다. 그렇지만 무엇인가를 배우려면, 그 기술을 개발하기 위해 시간과 노력을 투자해야 한다. 우리는 바울처럼 우리의 자족함을 시험하고 심화시킬 준비를 해야 한다.

수년 동안 나는 고등학교에서 테니스 코치를 하였는데, 처음에는 여학생을, 그다음에는 남학생들을 지도하였다. 모든 학생이 이기기를 원했지만, 대부분의 학생들은 필요한 기술을 배우고 열심히 연습하는 노력을 하려고 하지 않았다. 잘하는 선수들은 필요한 것이라면 무엇이든지 하였고, 그 결과 게임에서 놀라운 발전을 보여 주었다. 처음에는 타고난 재능이 없는 것처럼 느껴졌지만, 그들은 점차 시선을 공에 집중하는 것과 무릎을 굽히고 앞에서 공을 맞히는 것을 배웠고, 아울러 충분한 수면을 취하고, 시합 전에 적절한 음식을 먹고, 필요하다고 생각하지 않을 때에도 충분히 물을 마시는 훈련을 받았다. 결과적으로 이런 훈련은 그들의 제2의 천성이 되었고, 그들의 게임 능력은 지속적으로 향상되었다.

자족함은 새로운 습관과 하나님, 돈, 그리고 삶 자체에 대한 새로운 관점을 배울 때 얻게 된다. 사도 바울조차도 자족하기 위해 배워야 했다면, 우리 역시 그것을 배우는 데 시간이 걸리더라도 실망하지 말아야 한다.

하나님으로 충분한가

'자족'이란 단어의 그리스 원어는 종종 '충분함'으로 번역된다. 고린도후서 9장 8절에서는 이렇게 쓰인다. "하나님이 능히 모든 은혜를 너희에게 넘치게 하시나니 이는 너희로 모든 일에 항상 모든 것이 **넉넉하여** 모든 착한 일을 넘치게 하게 하려 하심이라." '모든 일에 항상 모든 것이 넉넉한' 이 충분함은 정말로 모든 것이 항상 충분하기 때문이 아니라, **하나님**과 그분의 풍성하신 은혜가 충분하기 때문이다.

고린도후서 12장 9절에서 하나님은 바울에게 이렇게 말씀하셨다. "내 은혜가 네게 족하도다." 우리는 종종 우리 자신과 다른 사람에게 있는 뛰어난 자기 충만함을 칭찬하지만, 자족함의 핵심은 그리스도가 우리의 충분함이라는 깨달음이다. **우리는 충분하지 않다.** 우리는 능력이나 지식, 도덕적인 능력, 자력으로 살아가는 데 필요한 안정감이 부족하다는 것을 인정하지 않을 수 없다. 그래서 자기 의존은 결코 자족으로 이어지지 않는다.

예수님과 함께함으로 주어지는 만족, 그분 안에서 누리는 행복은 은행 계좌나 은퇴 계좌가 두둑한 것과는 별개다. (사실 그것들에 의해 종종 손상될 수 있다.)

욥은 이렇게 고백한다. "내가 모태에서 알몸으로 나왔사온즉 또한 알몸이 그리로 돌아가올지라"(욥 1:21). 바울은 성경의 지혜서에서 가르치는 것처럼, 분명하게 주장한다. "우리가 세상에 아무 것도 가지고 온 것이 없으매 또한 아무 것도 가지고 가지 못하리니"(딤전 6:7). 메시지 성경에서는 이 구절을 다음과 같이 의역하였다. "우리는 이 세상에 빈손으로 왔으니 빈손으로 떠날 것입니다."

죽은 사람을 묻을 때 보석과 돈을 함께 묻으면 그것을 이 세상에서 다음 세상으로 옮길 수 있다고 믿는 믿음은 이집트 사람에게만 있는 것이 아니었다. 디모데가 살았던 에베소에서는 적어도 다섯 개의 무덤이 발굴되었는데, 거기에는 수많은 보석과 화려한 의복, 심지어 함께 죽은 종들까지 있었다.[11]

오늘날에도 자기 재산을 죽음 이후까지 가져갈 수 있다는 원시적인 믿음을 갖고 있는 사람들이 있다. "당신은 재산을 가지고 갈 수 없다"는 말은 자명한 사실이다. 그러나 실제로 우리 중 많은 사람들이 위와 비슷한 믿음으로 소유물에 매달리고 있으며, 마치 우리가 정말로 가지고 갈 수 있을 것처럼 필사적이고 무의미하게 움켜쥐고 있다.

주차장에 온갖 고급 차량이 즐비한 것보다 더 나은 것

알랜과 캐서린 반하트(이들의 이야기는 12장에 나온다) 부부는, 현재 하나님의 소유인 회사를 통해 1억 달러가 넘는 기부를 하였다. '관대함의 축제'라는 행사에서,* 그 당시 20대인 그들의 아들 나단이 자기가 어떤 환경에서 성장하였는지 이야기하는 것을 듣는 것은 아주 즐거운 경험이었다.

나단은 말했다. "우리는 관대함과 자족함의 분위기에서 자랐어요." 그리고 결코 잊을 수 없는 이야기를 들려주었다.

"제가 열두 살이나 열세 살쯤 되었을 때 아빠에게 가서, '아빠, 험머 자동차를 사야 할 것 같아요'라고 말했어요."

그의 아빠 알랜은 이렇게 말했다. "나단, 그것 참 대단한 생각이네." 그러고 나서 놀랍게도 "그럼 험머 **두** 대를 사면 어떨까?"라고 말했다.

충분히 생각을 하도록 시간을 준 후, 알랜은 이렇게 말했다. "너를 위해 그렇게 해줄 수 있어. 실제로 나는 너를 위해 우리 집 주차장을 험머로 가득 채울 수도 있단다."

나단은 이렇게 말했다. "우리는 아주 넓은 주차장을 가지고 있어요. 생각해 보니 **너무 멋진 생각이지만 현실성이 없네요. 그 많은 차로 어딜 다니겠어요?"**

그때 아빠는 아들에게 이렇게 물었다. "그 돈을 다음 끼니를 어디서 채워야 할지 모르고, 밤에 잘 곳이 없어 방황하는 사람들을 돕는 데 사용하면 어떨까? 나단, 이 세상에는 수천 수백만의 사람들이 복음을 접하지 못하고 있어. 그 돈을 그들을 축복하는 데 사용하면 어떨까?"

나단은 그의 마음속으로부터 진심으로 "최고의 아이디어예요!"라고 대답했다.

* For more information about Celebration of Generosity events, see https://generousgiving.org/celebrations.

** "Alan and Nathan Barnhart," Vimeo video, 19:33, posted by Generous Giving, April 25, 2015, https://generousgiving.org/media/videos/alan-nathan-barnhart.

"오늘은 여기, 내일은 떠남"은 돈과 소유, 심지어 사랑하는 사람들에게도 사실이다. 이와 대조적으로, 하나님은 "나 여호와는 변하지 아니하나니"(말 3:6)라고 말씀하신다. 그리고 성경은 "예수 그리스도는 어제나 오늘이나 영원토록 동일하시니라"(히 13:8)라고 우리에게 알려 준다. 하나님은 영원하시고, 항상 그곳에 계시며, 그분의 사랑이나 주권, 능력, 충분함은 결코 흔들리지 않는다. 그분은 안전과 자족의 확고한 원천이시다.

우리는 돈과 소유를 계속 보유할 수도 없고, 설사 그것을 가지고 있다 하더라도 우리의 영혼을 만족시키기에는 한없이 부족하다. 오직 하나님만이 그렇게 하실 수 있다. 일단 이것을 이해하게 되면, 물질적인 것이 자족함을 주지 못하고, 돈으로 행복을 살 수 없다는 사실에 놀라는 일이 다시는 없을 것이다. 돈과 물건들이 우리를 만족시키지 못한다는 것을 알면, 이것에 얽매이는 대신 예수님을 찾게 된다.

구약에서 제사장과 레위인들은 각 지파들이 이스라엘을 나누었을 때 땅을 받지 못했다. 그들의 몫은 땅이 아니라 매일 섬기는 하나님 그분이었다(민 18:20). 새 언약에서는 성도들을 하나님의 제사장이라고 부른다(벧전 2:5). 이것은 부동산이나 재산이 아닌 하나님이 우리의 진정한 유산임을 보여 준다.

하나님보다 못한 어떤 것에서 자족함을 찾으려고 노력하는 것은 시간 낭비다. 성경은 이렇게 질문한다. "여호와 외에 누가 하나님이며 우리 하나님 외에 누가 반석이냐"(시 18:31). 하나님은 지브롤터의 암벽처럼 튼튼하고 안전하며, 우리는 조그만 조약돌에 불과하다. 하나님은 우리의 요새요 구원이시며, 우리는 너무 약하고 취약하여 스스로의 능력으로는 자족함을 찾을 수 없는 존재다.

C. S. 루이스는 이런 말을 했다. “하나님과 다른 모든 것을 가진 사람은, 하나님 한 분을 가진 사람보다 더 많이 가진 것이 없다.”[12] 하나님 자체가 최고의 선이시고, 그분으로부터 모든 부수적인 선이 흘러나온다. 부수적인 것을 벗겨내더라도, 우리는 여전히 하나님을 모시고 있다. 우리는 항상 그럴 것이다. 그분의 약속은 금처럼 좋은 것이 아니라, 그보다 훨씬 더 좋다.

얼마가 있어야 충분한가

바울은 자족하는 경건에 대해 이렇게 말한다. “우리가 먹을 것과 입을 것이 있은즉 족한 줄로 알 것이니라”(딤전 6:8). 여기서 “입을 것”으로 번역된 단어의 문자적인 의미는 감싸는 것이다. 만일 우리가 살아가는 데 필요한 기본적인 것들, 즉 음식, 의복, 주거지를 가지고 있다면 필요한 모든 것을 가진 것이다.

물론 이런 모든 것을 가졌으면서도, 자전거나 자동차를 원할 수는 있다. 그렇지만 우리가 원하는 것은 필요한 것과 동일하지 않다. 자족하는 사람은 그 차이를 알 수 있다. 하나님이 종종 관대하게 제공해 주시는 ‘원하는 것’이 우리 자족함의 기초는 아니다.

바울의 “족한 줄로 알 것이니라”라는 말은 단호한 결단을 보여 준다. 하나님의 도움을 받아 우리는 자족함과 감사함의 삶을 살겠다고 결단할 수 있다. 만약 우리의 환경이 갑자기 좋아진다 하더라도, 마술처럼 신기하게 자족하게 되지는 않을 것이다. 그러나 우리의 영원한 환경은 안전하며, 하나님은 바로 지금 우리에게 도움을 줄 준비를 완벽하게 하고 계신다. 그러므로 우리는 무슨 일이 일어나더라도 자족할 수 있고 멋진 삶을 살 수 있다. 비록 현재의 상황이 안팎으로 좋지 않더라도 하나님은 여전하시다. 하나님의 통치, 정의, 선하심, 사랑, 그리고 은혜는 그 어떤 큰 역경도 넉넉히 이긴다.

나는 지난 수년 동안 악과 고통 가운데 믿음을 가지는 것에 관한 책을 조사하면서 이 사실을 거듭해서 배웠다.[13] 나는 건강, 직장, 집, 심지어 사랑하는 사람을 잃은 사람들을 인터뷰를 했는데, 그들은 자신보다 더 좋은 환경에서 살아가는 대부분의 사람들보다 훨씬 더 진정한 만족감을 보여 주었다.

돈과 생활 수준의 관점에서 과연 얼마가 있어야 충분할까? 우리가 자족함을 배우지 못했다면, 항상 현재 있는 것보다 조금 더, 조금 더 많이 있어야 한다고 생각할 것이다. 그러나 자족함을 경험하고 영원의 관점을 가지게 되면, 하나님이 우리에게 필요한 것보다 더 많이 주신 것을(종종 훨씬 더 주신 것을) 깨닫게 될 것이다.

필요한 것보다 초과해서 우리에게 주신 부분적인 이유는, 우리가 즐기도록 하기 위해서다. 이것은 디모데전서 6장 17절에 분명하게 나온다(여기에 대해서는 13장에서 더 자세하게 다룰 것이다). 그렇지만 하나님이 은혜스럽게 '필요 이상으로' 우리에게 맡기신 주된 의도는, 충분히 가지지 못해 절실하게 도움이 필요한 사람들을 도우라는 의미다. "하나님이 능히 모든 은혜를 너희에게 넘치게 하시나니 이는 너희로 모든 일에 항상 모든 것이 넉넉하여 모든 착한 일을 넘치게 하게 하려 하심이라"(고후 9:8). 이러한 관점은 하나님의 사람들이 관대하게 나누도록 자유함을 주고, 필요한 것을 이미 가지고 있는 사람들이 더 많은 필요가 있는 사람들의 필요를 채우도록 부르셨음을 깨닫게 한다.

하나님의 말씀을 모두 믿는다고 말하면서, 어째서 우리에게서 자족함을 빼앗기만 하는 물건들을 계속 좇으며 인생을 허비하는가? 대신 하나님을 더 추구하도록 하자. 바울은 회심하고 30년이 지난 후 이렇게 고백한다. "내가 그리스도와 그 부활의 권능과 그 고난에 참여함을 알고자 하여 그의 죽으심을 본받아"(빌 3:10). 우리는 회심할 때만 예수를 알아야 하는 것이 아니다. 그리스도인으로 살아가는 모험의 길은, 매일 그분을 더 많이 알아가는 과정이다. 그 과정 속에서 우리는 그분을 더 닮아 가는, 다시 말해 은혜와 관대함이 더 풍성해지는 삶을 살게 된다. 이렇게 될 때 우리는 놀라운 부수적인 효과를 많이 경험하게 되는데, 그 가운데 가장 소중한 것 중 하나가 바로 자족함이다.

적은 것이 정말 많은 것이 될 수 있다

마크와 제니퍼 히긴보탐은 25년 동안 의료기구 대리점을 성공적으로 운영하였다. 수익이 좋은 남부럽지 않은 사업이었지만, 그들의 마음은 궁극적으로 여기에 있지 않았다. 그들은 생각했다. **'이보다 더 의미 있는 삶이 분명히 있을 거야.'**

마크와 제니퍼는 하나님께서 자신들이 계획하여 지은 집과 사업체를 바로 처분하기 원하신다는 것을 느꼈다. 그들은 고급 차들과 스키

보트를 팔고, 갖고 있는 대부분의 소유를 팔거나 나누어 주었다. 그들은 2년 동안 캠핑카를 타고 러시아와 아프리카로 선교 여행을 다녔으며, 노숙자 보호소에서 섬기고 그들의 교회에서 봉사도 하였다.

그런 후 그들은 캠핑카를 팔고 허름한 집을 구입하였다. 하나님께서 그들 부부를 위해 무슨 계획을 가지고 계신지 알려고 노력하고 있을 때, 그들은 가정생활 사역(Family Life Ministries)에서 그 지역 재정 후원자들과 함께 일할 사람들을 찾고 있다는 소식을 듣게 되었다. 그들은 오랜 기간 이 사역을 후원하고 있었으며, 가정 사역에 관심이 많았고, 비즈니스 배경 또한 있었기에 후원자들과 쉽게 관계를 가질 수 있었다. 그들은 그것이 하나님이 준비하시고 연결시켜 주신 부르심이었음을 발견하였다. 이 과정 속에서 그들은 자족함을 누릴 수 있었다.

"우리가 가졌던 물질적인 소유들은 본질적으로 나쁘지 않았어요. 우리에게는 빚도 없었기에 그것들을 사역을 위해 사용할 수 있었지요. 이것들은 더 이상 우리에게 소중하지 않았어요. 우리는 한 번도 후회한 적이 없고, 한순간도 뒤돌아본 적이 없어요. 주님을 섬기는 것이 얼마나 흥미진진한지 몰라요."라고 마크는 말했다.[14]

물론, 전문적인 사역만이 자족함의 핵심인 것은 아니다. (전문적인 사역을 하지 않는 사람들 중에도 자족하는 사람들이 많고, 전문적인 사역을 하는 사람 중에도 불만족하는 사람들이 많다.) 마크와 제니퍼 이야기의 핵심은, 그들이 하나님께서 무엇을 하기를 원하시는지, 그분을 어떻게 최고로 섬길 수 있는지 기꺼이 물었다는 데 있다.

더 나은 섬김과 그리스도 중심의 자족을 누리는 멋진 삶을 더욱 키워가기 위해, 당신의 집, 직업, 취미, 혹은 생활 스타일의 규모를 줄이기 원하시는지, 하나님께 물을 준비가 되어 있는가?

토의를 위한 질문들

1. 하나님께서 당신에게 공급해 주신 것으로 자족하거나 행복을 느끼는 것에 갈등을 느끼는가? 만일 그렇다면, 불만족하게 만드는 요인들은 무엇인가?

2. 바울은 자족함은 배울 수 있다고 말했다(빌 4:10-13). 그렇다면 더 큰 자족으로 나아가기 위해 당신의 사고 습관과 실천 사항에서 변화시킬 것은 무엇인지 한두 가지 생각해 보라.

3. 하나님이 최근에 당신에게 물질적인 돌보심을 보여 준 사례들을 적어 보라. 하나님께서 신실하게 당신의 필요를 공급하셨던 일을 기록하는 습관을 만들어 보라.

4. '내가 좀 더 벌었더라면, 좀 더 가졌더라면, 좀 더 이루었더라면'이라고 생각했던 영역(소득이나 소유물, 혹은 성취한 것들)을 적어도 한 가지 생각해 보라. 그 영역을 하나님께 기꺼이 드리며, 그분의 영광과 당신의 유익을 위해 당신의 관점을 교정시켜 달라고 기도하겠는가?

9장
돈: 축복인가 저주인가?

하나님과 돈을 모두 섬길 수 없지만,
돈을 가지고 하나님을 섬길 수는 있음을 기억하라.

셀윈 휴즈

한 사람이 두 주인을 섬기지 못할 것이니
혹 이를 미워하고 저를 사랑하거나 혹 이를 중히 여기고 저를 경히 여김이라
너희가 하나님과 재물을 겸하여 섬기지 못하느니라

마 6:24

관대함의 여정(Journey of Generosity)이란 행사[1]에 참석하기 전까지만 해도, 사업주인 케스파와 에스더 장은 그들이 가진 모든 돈이 자신들의 것이라고 믿었다. "우리는 일했고, 염려하였고, 에너지를 쏟았어요. … 그러나 돈은 우리에게 부담으로 느껴졌지요. 우리는 돈의 노예가 되었어요. … 돈은 상하이에서 아주 중요했지만, 우리는 종처럼 살고 싶지 않았어요."[2]

그들은 돈을 다르게 보기 시작했다. "진짜 주인은 주님이십니다. 이 우주에서 가장 부자는 우리 주님이시고 우리는 그에게 속해 있다는 사실을 알았어요."[3]

이 부부는 결정을 할 때마다 주의를 기울이며 세심하게 살펴보았기 때문에, 나눌 때마다 늘 염려가 따랐다. 하지만 그때 그들은 주님

안에서 확신이 필요함을 깨닫게 되었다. "우리는 다른 사람들에게 도움을 주고, 가지고 있는 것을 나누기 시작했어요. 우리는 성령에 의해 인도받는 것을 느꼈어요. 그 기쁨은 차원이 달랐어요. 우리는 정말 그것을 느끼게 되었답니다."[4]

장 부부는 돈이 아니라 하나님이 그들의 진정한 주인이심을 깨달았다. 이러한 깨달음은 그들을 궁극적으로 자유롭게 만들었다.

「반지의 제왕」 3부작에서 J. R. R. 톨킨은 골룸을 반지의 위력에 사로잡혀 있는 불쌍한 존재로 묘사하고 있다. 반지를 '나의 소중한 것'이라고 부르는 골룸은, 그것이 자기의 '신'임을 확실하게 믿었다. 결과적으로 반지에 대한 그의 탐욕과 숭배는 그를 멸망의 나락으로 빠지게 만들었다.

골룸의 탐욕은 그를 파멸시켰다. 우리는 이러한 모습을 세상에서 얼마든지 선명하게 볼 수 있는데도, 부에 대한 집착이 우리 삶을 얼마나 위협하는지 깨닫지 못하고 있다. 탐욕은 우상 숭배라고 성경은 두 번씩이나 말하고 있다(엡 5:5; 골 3:5). 이 강력한 주장을 우리는 얼마나 심각하게 받아들이고 있는가? 십계명의 처음 두 계명은 하나님에게 있어 우상 숭배보다 더 혐오스러운 것은 없음을 강조하여 보여 준다(출 20:3-5). 고대 이스라엘에서 우상 숭배자는 죽임을 당했다(신 13:6-9). 이것은 아주 심각한 문제다!

성경은 두 번이나 탐욕을 성적인 부도덕함과 동일한 강도로 정죄하고 있는데, 이들은 동등하게 혐오스러운 것으로 간주되어야 함을 보여 준다(엡 5:5; 골 3:5). 하지만 대부분의 서구 그리스도인들이 탐욕을 성적인 부도덕보다 더 너그럽게 받아들이는 이유는 무엇인가? 우리 자신의 탐욕보다 성적인 스캔들에 훨씬 더 충격을 받는 이유는 무엇인가? 탐욕은 좋은 것이고, 필요한 것이고, 일반적이라는 사탄의 거짓말과 오늘날의 문화를 받아들이고, 심지어 하나님의 사람들조차 이렇게 생각하기 때문은 아닌가? 우리는 하나님께서 얼마나 탐욕을 미워하시며, 그 탐욕이 우리 자신과 가족들을 영적으로 얼마나 파멸시키는지 인식하지 못하고 있지는 않은가?

바울은 부를 쫓는 위험성에 대해 다음 두 구절에서 압축하여 강력하게 보여 준다.

> "부하려 하는 자들은 시험과 올무와 여러 가지 어리석고 해로운 욕심에 떨어지나니 곧 사람으로 파멸과 멸망에 빠지게 하는 것이라 돈을 사랑함이 일만 악의 뿌리가 되나니 이것을 탐내는 자들은 미혹을 받아 믿음에서 떠나 많은 근심으로써 자기를 찔렀도다"(딤전 6:9-10).

"부하려 하는 자들"이라는 말의 다양한 번역을 살펴보면 그 뜻을 이해하는 데 도움이 된다.

- 부자가 되는 것이 목표인 사람들(CJB)
- 부자가 되기를 간절히 바라는 사람들(NET)
- 부유하게 되는 것에 마음을 정해 놓은 사람들(PHILLIPS)

하나님의 숨결이 담긴 이 진리는 우리의 정곡을 찌른다. 솔직히 말해, 우리 중에 부자가 되고 싶지 않은 사람이 있는가?

우리는 성경을 읽으며 최초의 독자들과 우리 사이에 공통점이 있을까 때때로 의심하기도 하고, '**이러한 말씀이 영감을 주기는 하지만, 내게 정말 적용될 수는 없어**'라고 생각하기도 한다. 그러나 1세기 에베소 시민들이 가지고 있던 문화적인 가치는 오늘날 우리가 가지고 있는 것과 너무나 비슷하다.

디모데는 현재는 터키 땅이며, 에게 해에 접한 상업적으로나 전략적으로 아주 중요한 요충지인 에베소에서 교회와 교회의 리더들에 대한 책임을 지고 있었다. 고고학적인 발굴을 통해 그 당시 규모가 있던 시장, 체육관, 극장, 도서관, 많은 목욕탕 등이 알려지게 되었다. 또한 에베소의 자랑이었고 바울이 하나님의 말씀을 가르쳤던 '두란노 서원'이라는 유명한 건물과(행 19:9), 25,000명이 앉을 수 있는 원형 경기장(행 19:23-41)도 알려졌다.

에베소에서 가장 인상적인 건물은 아데미 신전으로, 그 당시 전 세계에서 가장 큰 건축물 중에 하나였다. 이 신전은 은행의 기능도 하였는데, 이 도시의 여러 비즈니스에 자금을 제공하였다. 에베소는 너무나 부유해서 신전 보수공사에 자금을 대겠다는 알렉산더 대왕의 제안을 거절하기도 했다.[5]

그들의 문화는 오늘날과 비교하여 상대적으로 낮은 수준의 기술을 보여 주지만, 에베소 사람들은 우리와 다른 점보다는 비슷한 점이 훨씬 많았다. 물질적인 번영이 목표였고, 물질만능주의가 기본 사상이었으며, 우리와 똑같은 갈망과 유혹을 가지고 있었다. 오늘날 세계 어느 곳에서나 그러하듯이, 에베소에서도 부자가 되려는 욕망과 부자가 되는 기회를 추구하는 것이 보편적이었다.

하나님의 관심사는 우리가 얼마나 많이 버는가가 아니다

바울의 편지를 받은 1세기 에베소의 독자들 대부분은 부유했기 때문에, 부유함을 좇지 말라는 바울의 경고가 분명 아주 불편했을 것이다. 그러나 우리가 이해할 필요가 있는 것은, 바울은 그들의 동기와 가치관에 대해서 정죄했지, 그들의 소득에 대해서 정죄한 것은 아니라는 점이다.

바울의 관심은 우리가 얼마나 돈을 많이 버는지, 다른 사람보다 얼마나 돈이 더 많은지가 아니었다(전 세계에서 두 사람을 제외한 모든 사람은 항상 어떤 사람보다 부유하고, 어떤 사람보다 가난할 것이다). 대신에 그는 우리가 무엇을 가장 소중하게 생각하는지, 나누는 것에 비해 얼마나 많이 쥐고 있는지에 관심을 집중하고 있다. 예수님은 물질적인 부를 먼저 구하지 말고, 하나님 나라와 그의 의를 먼저 구하라고 명령하셨다(마 6:24, 33).

바울이 우리 안에 있는 욕망이나 욕망 그 자체를 정죄한 것이 아님은 분명하다. 성경은 수많은 의로운 욕망에 대해 말하고 있다(시 20:4; 37:4; 잠 11:23; 13:12). 바울은 부유하게 되고자 하는 욕망에 대해 이야기를 할 때, 밑에 깔려 있는 이기적인 동기, 즉 자신만을 위해 사용하려는 것과 나누기보다 움켜쥐려는 욕망을 비판하고 있다.

잠언 30장 8-9절은 이렇게 말한다. "곧 헛된 것과 거짓말을 내게서 멀리 하옵시며 나를 가난하게도 마옵시고 부하게도 마옵시고 오직 필요한 양식으로 나를 먹이시옵소서 혹 내가 배불러서 하나님을 모른다 여호와가 누구냐 할까 하오며 혹 내가 가난하여 도둑질하고 내 하나님의 이름을 욕되게 할까 두려워함이니이다."

너무 적은 것도 좋지 않지만, 너무 많은 것 또한 도움이 되지 않는다. 부유함이 **우리에게 오는 것**은 괜찮지만, 그것이 **우리에게 머무르게 되면** 위험하다. 도움이 필요한 사람들이나 가치 있는 일에 신속하게 돈을 나누면, 돈은 **우리를 통해** 하나님을 높이고 다른 사람들을 돕는 방향으로 효과적으로 **흘러간다.** 그때, 오직 그때에만 돈은 위험하지 않다.

우리 마음의 왕좌에는 오직 하나만 있을 수 있다. 이것이 바로 부에 대한 욕망이 우리를 속박하려는 힘에 대항하라고 바울이 경고하는 이유다. 이 욕망은 영적인 삶에 치명적이다.

부유함의 덫은 우리를 파괴시킬 것이다

돈을 사랑하는 것의 위험성을 알려 주는 디모데전서 6장 9-10절의 경고 목록은 우리의 정신을 번쩍 들게 한다. 부유하게 되려는 욕망에 수반하는 주요 단어들은 다음과 같다(이 단어들은 NIV에서 옮겼다).

- 유혹에 빠진다
- 덫에 걸리게 된다
- 많은 어리석은 욕망에 굴복한다
- 많은 해로운 욕망에 빠진다
- 파멸에 빠진다

- 결과적으로 멸망한다
- 모든 종류의 악으로 이끈다
- 믿음으로부터 방황하게 만든다
- 많은 슬픔으로 자신을 찌른다

부자가 되려는 욕망은 "여러 가지 어리석고 해로운 욕심"(딤전 6:9)과 분리해서 생각할 수 없다. 이러한 욕망들은 우리를 파멸과 멸망으로 '곤두박질하게' 만드는데, 그 이유는 어리석은 사람들은 어쩔 수 없이 자신과 주위에 있는 사람들에게 해가 되는 선택을 하기 때문이다. 이 그리스 단어를 '곤두박질하다'로 번역한 영어 성경은 29곳이고, 17곳은 '익사하다'로 번역하고 있다. '곤두박질하다', '익사하다'보다 더 생생한 표현이나, '파멸'과 '멸망'보다 더 공포를 유발하는 단어는 찾아보기 어렵다.

여기서 묘사하고 있는 삶은, 생각이 있는 사람이라면 누구라도 아주 불쾌할 수밖에 없다. 이것은 예수님이 약속하신 "생명을 얻게 하고 더 풍성히 얻게 하려는" 것과는 완전히 반대가 된다. 부자가 되려는 일반적인 목적을 따라가게 되면 결국 돈을 사랑하게 되고, 이것은 결코 멋진 인생이 아니다. 이것은 문제에 깊이 빠지고, 영적으로 가난하게 되는 삶이다. 연구와 관찰 결과들은 모두 그러한 삶이 도덕적인 타락, 성적인 죄, 가정 파괴, 하나님에 대한 믿음 상실 등을 야기해 결국 인간을 죽음에 이르게 한다는 것을 확인해 주고 있다.

만일 우리가 돈 중심의 삶의 장점과 단점을 기록한다면, 장점으로 무엇을 나열할 수 있을까? 만일 이 구절을 사고의 지침으로 삼는다면,

우리는 곰을 잡는 덫에 기어들어가서 얻는 것이 무엇인지 물어야 한다. 익사해서 얻는 이익은 또한 무엇인가? 망하는 것의 좋은 점은 무엇인가? 파멸의 유익은 무엇인가?

2002년 62세의 한 프랑스인이 심한 위 복통을 호소하여 응급실에 실려 왔는데, 엑스레이에서 12파운드 가량의 덩어리가 보였다. 믿기 어렵겠지만 이 남자는 650달러 가치에 해당하는 350개의 동전과 목걸이를 삼켰다! 의사가 위와 그 안에 들어 있던 것들을 제거하였지만, 그는 며칠 후 합병증으로 죽고 말았다.[6]

이 사람이 정신 질환을 앓고 있었는지는 차치하고라도, 이 이야기는 돈에 대한 중독이 우리를 어떻게 영적으로 죽게 만드는지 상징적으로 생생하게 보여 준다. 물질만능주의는 단순히 잘못된 것만이 아니다. 그것은 최고로 어리석고 무섭게 파괴적이며, 결국에는 치명적인 결과를 낳는다. 부유하기를 갈망하는 것은 궁극적으로 우리를 망치며, 때때로 우리 가정 또한 망친다고 하나님은 경고하신다.

돈은 어떤 때는 선하고, 어떤 때는 그렇지 않다. 내 친구의 사례를 들자면, 처음 결혼했을 때 그들 부부는 소득이 많지 않았기에 쇼핑몰에도 가지 않았고, 카탈로그도 넘기지 않았으며, 온라인 쇼핑도 하지 않았다. 그들은 함께 산책을 한다든가, 책을 같이 읽는다든가 하는 단순한 즐거움을 누리는 데 시간을 보냈다. 그들은 만족했다.

나중에 그들은 소득이 늘어나면서 고급스러운 것들도 구입하고, 대출을 받아 집도 샀다. 그들은 우선순위와 습관들이 바뀌면서 점차 함정에 빠지게 됨을 발견하였다. 조금씩 돈과 소유물을 늘려가는 것이 하나님과 교회, 그리고 함께하는 의미 있는 시간보다 우선하게 되었다. 내가 마지막으로 아는 사실은, 슬프게도 그 친구는 자신을 후회하게 만드는 궤도를 많이 수정하지 못했다는 것이다.

오래전부터 회자되는 이런 말이 있다. "돈으로 약은 살 수 있지만 건강은 살 수 없습니다. 돈으로 집은 살 수 있지만 가정은 살 수 없습니다. 돈으로 동료는 살 수 있지만 친구는 살 수 없습니다. 돈으로 오락은 살 수 있지만 행복은 살 수 없습니다. 돈으로 음식은 살 수 있지만 입맛은 살 수 없습니다. 돈으로 침대는 살 수 있지만 잠은 살 수 없습니다. 돈으로 십자가상은 살 수 있지만 구세주는 살 수 없습니다. 돈으로 좋은 삶은 살 수 있지만 영원한 삶은 살 수 없습니다."[7]

간단하게 말해서, 돈의 힘은 극도로 제한적이며 종종 사람들을 속인다.

하나님이 우리에게 이렇게 많은 부유함을 주신 이유는 무엇인가

마이크로 소프트 이사인 트리시아 메이어는 그리스도인의 삶에서 청지기직이 매우 중요하다는 것을 믿고 있다. 그녀는 이렇게 말한다. "하나님이 우리에게 주신 돈을 나누는 것은 그 돈으로 구입한 어떤 물건보다 더 큰 즐거움을 줘요. 왜 하나님이 이렇게 부유한 상황에 우리를 있게 하시는지 아직은 모르지만, 그것으로 하나님의 뜻을 행하도록 항상 경계를 하고 있어야 해요. … 돈에 대한 충성스러운 청지기가 되는 것은 보통 사람들이 생각하는 것보다 훨씬 많은 에너지가 필요해요. … 돈과 함께 따라오는 유혹과 시험을 관리하기 위해서는 하나님의 도우심이 필요해요. … 우리는 나눌 때마다 우리가 가지고 있는 모든 것은 하나님께서 우리에게 주셨다는 사실을 깨닫습니다."*

* Randy Alcorn, "Twelve Giving Stories," Eternal Perspective Ministries, February 16, 2010, https://www.epm.org/resources/2010/Feb/16/twelve-giving-stories/.

"가산이 적어도 여호와를 경외하는 것이 크게 부하고 번뇌하는 것보다 나으니라"(잠 15:16). 가난한 사람들은 많은 시련을 겪을 수 있지만, 많은 재산은 그 자체로 인한 여러 종류의 시련으로부터 피하기가 거의 불가능하다. 돈으로 인해 야기되는 문제들은 놀랍게도, 우리를 만족시킬 능력이 전혀 없는 돈이 우리를 만족시키리라고 기대하는 것에서 기인한다.

이것은 정기적으로 우리 자신에게 다음과 같은 질문을 하는 것이 왜 중요한지 보여 준다. **이것을 구입하면 어떤 결과가 생길까? 대신에 그것을 나누거나 저축한다면 어떤 결과가 나타날까?** 하나님은 우리가 어떤 필요에서뿐 아니라 무엇인가를 원하는 욕구에서도 즐거움을 찾기 원하신다. 그러나 조심하지 않을 경우, 돈을 사랑하는 것은 하나님의 이름을 더럽히게 하고 우리 자신과 우리가 사랑하는 사람에게 해가 되는 생활 방식에 빠지게 할 것이다.

내가 만일 복권에 당첨된다면…

2016년에 미국인들은 800억 달러 이상의 복권을 구입했다. 이것은 책, 영화, 음악, 운동 경기 티켓, 그리고 비디오 게임에 소비한 돈을 모두 합친 것보다 더 많다.[8] 이 금액은 성인 한 명당 평균 300달러 정도 된다. 인구 전체에서 소득이 가장 낮은 삼분의 일이 복권의 반을 구입하였다.[9]

가장 슬픈 이야기는 당첨되지 못한 사람이 아니라 당첨된 사람에게 일어났다. 〈포브스〉 잡지에 따르면, 갑자기 큰돈을 얻게 된 사람들의 70퍼센트는 몇 년 안에 그 돈을 모두 잃어버린다.[10] 이것은 거액의 상금을 탄 사람들에게만 해당되는 것이 아니다. 5만 달러에서 15만 달러를 탄 사람은, 1만 달러 아래로 탄 사람보다 3년에서 5년 안에 파산할 가능성이 50퍼센트 이상 높다.[11]

왜 파산을 하게 될까? 갑작스레 큰돈을 만지게 된 사람들은, 탐욕과 돈을 사랑하는 것에서 야기되는 여러 가지 문제들을 지혜롭게 다룰 준비가 되어 있지 않기 때문이다. 많이 가지면 가질수록, 더 많은 돈을 빌릴 수 있다. 더 많이 버는 사람들은 더 큰 규모로 과소비를 할 수 있다. 적은 금액을 잘 다루지 못하면, 큰돈 또한 잘 다루지 못할 것이다.

3100만 달러에 당첨된 텍사스에 살던 한 복권 당첨자는 소비하느라 정신이 없었고, 2년도 되기 전에 자살했다.[12] 또 다른 당첨자는 이렇게 말했다. "내 인생의 앞날은 밝았어요. 그러나 복권이 모든 것을 망쳐 놓았어요. 돈으로 인해 울면서 침대로 가게 된다면, 돈이 무슨 소용이겠어요? 저는 복권 당첨이 나의 꿈을 이루어 줄 것이라고 생각했어요. 하지만 이제 이러한 꿈은 먼지처럼 사라졌어요."[13]

윌리 시리와 그의 동료들은 2013년에 4억 5천만 달러 복권에 당첨된 후, 기자 회견에서 마이크를 잡았다. 기쁨에 넘친 윌리는 자신들이 '너무너무 행복'하다고 말했다.

두 달이 지난 후, 윌리와 그의 아내는 엄청나게 후회하고 있다. 그는 "요즘 우리는 두 주마다 임금을 받던 그 시절로 돌아가고 싶어요. … 사람들은 우리에게 살아가는 방식 전체를 바꾸라고 했지만, 우리는 지금껏 살아오던 방식을 바꾸고 싶지 않았어요"라고 말했다.

그의 아내 다나는 그들의 당첨이 '저주'였다고 똑같은 말을 하였다. 시리는 "이 드라마는 멈추지 않아요"라고 말하며, 4억 달러에 당첨된 사람에게 이런 조언을 하였다. "사람들에게서 사라져 버리세요. … 아직 그렇게 할 수 있을 때 빨리 도망치세요."[14]

복권에 당첨된 사람들에 대한 이와 비슷한 이야기들이 많다. 결국 자살을 하거나, 마약 딜러가 되거나, 알코올 중독에 빠지거나, 가족들을 잃어버리거나, 심지어 친척들에게 살해된 사람도 있다. 복권 당첨자들의 자서전은 부유하게 되려는 욕망에 대한 성경의 경고가 가치 있다는 것을 증명하기에 충분할 것이다.[15]

나는 복권 당첨자들 중 삶이 엉망이 되지 않은 사람들의 이야기를 찾아보았다. 하지만 그런 사람들은 찾기가 쉽지 않았다. 내가 찾아낸 세 명의 케이스가 있었는데, 그들은 당첨액의 거의 대부분을 기부하였다. (복권을 사는 대신 그 돈을 처음부터 나누었다면, 저주대신 축복을 가져왔을 것임을 생각해 보라.)

복권에 당첨되는 꿈을 꾸는 이유는 그것이 지속되는 행복을 가져다줄 것이라고 확신하기 때문이다. 그들이 당첨이 되는 않는 한, 그들의 희망은 여전히 이뤄지지 않은 희망으로 남아 있다. 그러나 당첨이 된다고 해도, 행복과 희망은 점차적으로 사려져 버린다. 우상처럼 돈도 그 정체를 드러내면, 그것을 섬겼던 사람들을 완전히 비탄에 빠지게 만든다.

돈이 악한 것이 아니라 사람이 악하다

디모데전서 6장 10절을 잘못 인용하는 경우가 많은데, 성경은 '돈이 모든 악의 뿌리'라고 말하지 않는다.

이 점은 아주 중요하다. 돈 자체는 본질적으로 악하지 않다. 하지만 돈으로 하는 일이 선하거나 악할 수는 있다. 돈으로 섹스를 사고, 판사에게 뇌물을 주고, 코카인을 구입하고, 테러리스트에게 자금을 제공할 수 있다. 그러나 각각의 경우에서 보듯이, 돈을 사용하는 방법이 악한 것이지, 돈 자체가 악한 것은 아니다.

또한 돈은 좋은 것을 위해 사용될 수 있다. 생명을 살리는 일이나 가족을 먹이는 일, 정의의 실현을 도와주고, 압제에 대항하는 일에 사용될 수 있다. 또한 우물을 파는 일을 돕거나, 집을 사는 데 자금을 지원하거나, 어린이의 생명을 구하거나, 교회를 후원하거나, 미전도 종족을 위한 성경 번역을 후원할 수 있다. 이렇게 함으로써 돈은 우리가 천국에 보물을 쌓도록 도와준다.

만일 돈 그 자체가 악하다면, 좋은 일에 사용될 수 없을 것이다. 돈을 나누는 것이 다른 사람에게 악을 행하는 것이라면, 바울은 디모데전서 6장 18절에서 "나누어 주기를 좋아하며 너그러운 자가 되게 하라"라고 말하지 않았을 것이다.

돈으로 어떤 일을 할 때마다(예를 들어, 소비하거나, 저축하거나, 나눌 때마다) 우리는 그 대가로 무엇인가를 얻거나, 미래에 무엇인가를 얻을 수 있는 기회를 갖게 된다. 문제는, 하나님이 우리에게 맡기신 돈으로 우리가 하는 것에 대한 대가로 우리가 무엇을 얻게 되느냐 하는 것이다. 만약 돈으로 얻는 것이 섹스라면, 돈을 악한 일에 사용한 것이다. 만약 돈으로 얻은 것이 우리 아이들과 다른 사람의 아이들을 위한 음식이라면, 우리는 돈을 선한 일에 사용한 것이다.

바울처럼 요한 웨슬리는 돈이 어떤 좋은 일을 할 수 있는지 이렇게 말했다.

> 하나님의 자녀들의 손에 들린 돈은 굶주린 사람에게 음식을, 목마른 사람에게 물을, 벗은 사람에게 옷을 제공한다. 그것은 여행객들과 낯선 사람에게는 머리를 누일 수 있는 장소를 제공한다. 그것으로 우리는 과부에게는 남편의 역할을, 고아에게는 아버지의 역할을 제공할 수 있다. 압제받는 사람들을 변호하고, 병든 사람에게 치유의 수단을 제공하며, 고통 중에 있는 사람의 고통을 덜어 줄 수 있다. 눈이 먼 사람에게는 눈이 되어 줄 수 있고, 다리를 저는 사람에게는 다리가 될 수 있으며, 죽음의 문턱에서 생명으로 들어 올리는 역할을 할 수도 있다![16]

우리가 항상 돈을 나누지 않고 쌓기만 하거나, 단단하게 움켜쥐거나, 필요하지도 않은 수많은 것들에 소비하면, 돈을 사랑하는 것이다. 급진적인 나눔은 재정적인 이득을 위한 우리의 욕망을 성화하는 행위다. 우리는 더 부유하게 되기 위해서가 아니라, 더 많이 나누기 위해서 더 많은 것을 원할 수도 있다. 이렇게 되면, 우리의 돈은 하나님의 은혜의 통로로 사용될 수 있다.

돈을 사랑함이 모든 악의 뿌리다

잠깐만. 위의 소제목을 '돈을 사랑함이 모든 **종류**의 악의 뿌리다'

로 읽어야 하지 않는가? 이것이 가장 문자적인 해석처럼 보이고(NASB, ESV 성경), 보다 역동적인 번역(NLT, GNT, NCV 성경)처럼 보인다.

실제로 최근 영어 번역본 이전에는, 거의 대부분의 영어 번역본이 디모데전서 6장 10절을 "돈을 사랑하는 것이 모든 악의 뿌리다"라고 표현하고 있다. 모든 **종류의** 악이 아니라, 단순히 **모든 악**이다.[17]

존 파이퍼는 이런 견해를 밝혔다.

> 바울은 '많은 욕망들'의 원인을 '모든 악'의 뿌리인 돈을 사랑하는 것으로까지 올라가서 추적하고 있다. 부유하게 되려는 욕망이 돈을 사랑하는 **한 가지** 욕망의 결과가 아니고 '많은 욕망'인 이유는 무엇인가? 왜냐하면, 돈을 사랑하는 것은 우리가 보통 생각하는 것보다 훨씬 많은 것의 뿌리이기 때문이다. 이것은 사람들이 행하는 모든 악의 뿌리다. 바울은 부유하게 되려는 욕망으로부터 파생되는 수많은 욕망들을 추적하고 있다.[18]

최근의 영어 번역본들은 바울이 기록한 그리스어 원문에는 없는 '모든 종류'라는 단어를 불필요하게 추가함으로 원래 의미를 훼손하고 무뎌지게 만들었다. 정확하게 번역하면, 이 구절은 이렇게 결론지을 수밖에 없다. "와우, 돈을 사랑하는 것은 내가 인식하는 것보다 훨씬 더 크고, 훨씬 더 많은 악영향을 주는구나!" 부를 향한 잘못된 추구는, 자족함과 행복을 빼앗아 갈 뿐 아니라, 도덕성, 결혼, 가족, 비즈니스 관계, 교회 안에서의 관계, 그리고 다른 모든 것을 파괴시킨다. 또한 돈 사랑은 하나님 사랑을 항상 대체하기 때문에 영적인 파괴를 가져온다.

기쁨을 경험하라

시카고에 사는 한 선물거래인이 관대함에 대한 컨퍼런스에 참석하여 나눔의 기쁨에 대한 이야기를 들었다. 행사가 끝나고 나서 그는 주최 측 리더에게 전화를 하여 이렇게 물었다. "'기쁨을 경험한다'는 것이 무슨 의미인가요? 매년 나는 3백만 달러에서 5백만 달러를 기부하지만, 기쁨을 경험하지 못했어요."

그는 의무감과 습관으로 계속 기부를 해왔기에, 그 리더는 그에게 나눔과 관련된 성경 구절들을 읽고 묵상할 것을 권하면서, 주님께서 그에게 나눔의 기쁨을 주시도록 기도하였다.

하나님은 그 기도에 응답하셨고, 그는 나누는 것에 기쁨을 느끼기 시작했다. 얼마 지나지 않아 그의 아내는 그의 급격한 마음의 변화를 알아차렸다. 결국 이 부부는 8백만 달러짜리 집을 팔아 그들이 마음을 쏟는 사역에 더 많이 기부할 수 있었다. 이제 그와 가족들은 그러한 사역지 여러 곳을 방문하며, 가난한 사람들을 비롯하여 이들을 섬기는 사람들과 좋은 관계를 만들어 나가고 있다.

나눔에 있어 이들은 더 이상 구경꾼이 아니며, 기쁜 마음으로 적극적으로 동참하는 참여자가 되었다.

예수님은 이렇게 말씀하셨다. "한 사람이 두 주인을 섬기지 못할 것이니 … 너희가 하나님과 재물을 겸하여 섬기지 못하느니라"(마 6:24). 우리는 돈을 가질 수 있고, 그것으로 하나님을 섬기는 데 사용할 수 있다. 그러나 둘 다 섬길 수는 없다. 이것은 단순히 잘못된 것이 아니라 불가능하다.

돈을 사랑하는 것의 위협을 깨달았다 하더라도, 그것의 강력한 영향력을 뿌리치기는 매우 어렵다. 물질만능주의는 광고, 소비, 신용거래, 그리고 부채 뒤에 도사리고 있다. 이것은 오락, 음악, 스포츠, 어떨 때는 심지어 교회까지 통제하려고 한다. 광고는 우리가 실제로 필요하지 않은 것을 필요한 것으로 확신하도록 부추긴다. 물질만능주의와 돈을 추구하는 것이 우리의 사고 속에 너무나 자주 강력하게 주입되었기 때문에, 이런 유혹을 피하기 위해서는 동굴 속에서 살아야만 할지도 모른다. 이 말은, 우리 문화 속에 깊숙이 뿌리내린 이러한 유혹들에 저항하기 위해서는 이보다 훨씬 더 강력한 무엇인가에 호소해야 한다는 뜻이다.

내 친구 토니 시마루스티는 돈의 신과 싸우기 위해 이런 비유를 제시한다.

> 30년 전 예수님은 내가 일하던 월스트리트에서 마침내 그분께 항복했을 때 나의 인생을 완전히 바꾸셨다. 주님은 곧장 물질만능주의가 얼마나 위험한지 보여 주셨다. 그것은 마치 남부에서 자라는, 조금씩 기어올라 가는 칡덩굴과 같았다. 그 모습은 물질만능주의가 무엇인지 보여 준다. 사람들에게 '그 덩굴을 어떻게 제거할 수 있나요?' 라고 물으면, 모두 똑같은 대답을 한다. "완전히 제거할 수는 없어요. 그것이 올라올 때마다 계속 싹둑싹둑 잘라 주어야 합니다." 이것이 물질만능주의가 작동하는 방식이다. 우리 부부는 생활 속에 도사리고 있는 물질만능주의의 속박을 깨트릴 수 있는 유일한 방법은 나눔이라는 것을 발견했다. 나눔, 나눔, 그리고 나눔. 지혜롭게 나누고, 현명하게 나누고, 영적으로 나누고, 관대하게 나누는 것.[19]

돈이 우리의 애정의 중심이 되게 하고, 우리의 목을 조이게 하고,

하나님이 우리에게 의도하신 풍성한 삶을 질식시키도록 허용하면, 그것은 저주가 된다. 그러나 그것을 지혜롭고 관대하게 다른 사람들을 축복하는 데 사용하면, 축복이 된다. 그 과정에서 우리 또한 축복을 누린다.

토의를 위한 질문들

1. 오늘날 이 세상과 지역 사회에서 당신이 보는 악한 것들을 적어 보라. 돈을 사랑하는 것은 이러한 악들이 지속되는 데 어떤 역할을 하고 있는가?

2. 잠언 30장 8절의 "나를 가난하게도 마옵시고 부하게도 마옵시고"라는 기도를 한 적이 있는가? 이런 기도가 돈에 대한 당신의 관점을 어떻게 변화시키겠는가? 당신이 정기적으로 "하나님과 다른 사람들을 사랑하기 위해 자유롭게 나눌 수 있을 정도로만 부유하게 하소서"라고 기도한다면, 무슨 일이 일어날 것이라고 생각하는가?

3. 당신은 복권을 산 적이 있는가? 엄청난 당첨금을 받은 사람들에게 일어난 이야기를 읽고 놀랐는가?

4. 당신이 돈을 유용하게 쓴 사례들을 적어 보라. 그리고 잘못 사용한 사례들도 적어 보라. 돈을 사용한 그 당시와 시간이 지나 돌아보는 이 시점에서 각각 어떤 느낌이 드는가?

10장
돈이 당신의 영혼에 할 수 있는 것은 무엇인가

슈퍼맨에게 클립토나이트가 결정적인 약점이듯이,
물질만능주의는 관대함 앞에서 꼼짝도 못한다.
로이드 새드락

삼가 모든 탐심을 물리치라
사람의 생명이 그 소유의 넉넉한 데 있지 아니하니라
눅 12:15

MBA 학생이면서 친구 사이인 그렉 바우머와 존 코르틴은 하버드 신학교에서 '하나님과 돈'이라는 과목을 수강했다. 그들이 공부한 성경 중에는 부자 청년을 다룬 누가복음 12장 13-21절 부분도 있었는데, 그들은 여기서 엄청난 충격을 받았다. 그들은 예수님의 말씀을 이 시대와 연결되도록 하기 위해 다음과 같은 현대적인 말로 의역하였다.

> 예수께서 비유로 이렇게 말씀하셨다. "한 매니저가 가지고 있던 스톡 옵션의 주식이 연속적인 주가 상승으로 인해 높은 가격으로 거래되었다. 그래서 그는 '나는 이미 아이들을 대학에 보낼 비용도 충분히 모았고, 집 대출도 다 갚았고, 이미 매년 은퇴계좌에 최대한으로 적립해 오고 있는데, 이제 무엇을 하지?'라는 생각을 하게 되었다. 그

는 계속해서 생각했다. '아, 이렇게 해야겠다. 새로운 투자 계좌를 열어 수동적인 소득 포트폴리오를 만들고, 옵션을 행사하여 그 돈을 거기에 넣으면 되겠어. 그리고 내 영혼에게 이렇게 말하겠어. '내 영혼아, 너는 재정적으로 독립할 충분한 포트폴리오를 가지고 있으므로 일찍 은퇴하고, 골프나 치면서 여행 다니는 계획을 세워.'"

"그러나 하나님은 그에게 이렇게 말씀하셨다. '어리석은 자여! 오늘 밤에 네 영혼과 네가 세운 포트폴리오를 요구한다면, 그것이 네게 무슨 소용이 있겠는가?' 이것이 바로 자신을 위해 끝도 없이 자산을 쌓고, 하나님을 향하여는 부유하지 못한 사람의 말로이다."[1]

존은 이렇게 말했다. "이렇게 비유를 바꾸니 마치 내 심장에 화살이 관통하는 것 같았어요. 내가 너무도 어리석었다는 것을, 적어도 그 방향을 향해 나아가고 있었다는 것을 깨닫게 되었지요."

존과 함께 그렉은 「하나님과 돈」(God and Money)이라는 책을 저술했는데 그는 이렇게 말한다. "우리가 실제로 잘못된 질문을 하고 있음을 깨달았어요. 우리는 '얼마나 많이 나누어야 하나요?'라고 묻지만, 바른 질문은 '내가 정말로 가지고 있어야 할 것은 얼마만큼인가요?'이었어요."[2] 존과 그렉은 그들의 삶의 궤도가 물질만능주의적인 삶을 향한다는 것을 깨닫고, 성경에서 경고하는 있는 돈 사랑의 함정에 빠지지 않으려고 애썼다. 그렇게 함으로써 그들은 가족들의 영적인 삶을 보호하고 풍요롭게 할 수 있었다.

돈 사랑의 유혹은 재정적인 포트폴리오의 규모와 상관없이(혹은 그런 것을 가지고 있는지와 상관없이) 우리 모두에게 강하게 다가온다.

이것이 바로 돈과 믿음 사이의 기본적인 연관성을 깨닫는 것이 중요한 이유다.

믿음에서 방황하는 것은 위험하게 돌아가는 길이다

여기서는 디모데전서 6장 10절의 후반부를 자세하게 살펴보려고 한다. “돈을 좇다가, 믿음에서 떠나 헤매기도 하고, 많은 고통을 겪기도 한 사람이 더러 있습니다”(새번역).

외진 숲에서 며칠 동안 길을 잃고 헤매다가 간신히 발견된 사람들은 결코 이렇게 말하지 않는다. “돌아 나오는 길을 발견할 때까지 방황하는 것이 아주 재미있었어요.” 그런데 돈을 사랑하는 많은 사람들은 자기가 방향을 잃어버린 상태라는 것조차 인식하지 못한다.

바울이 믿음에서 떠나 헤매는 사람들에 대해 이야기했을 때는 아마 그리스도를 완전히 부인하는 사람들도 염두에 두었을 것이다. 아울러 명목상의 믿음은 유지하면서도 돈을 사랑하는 것 때문에 예수님으로부터 천천히 멀어져 유혹에 빠진 사람들도 포함했을 것이다.

예수님께서 듣는 사람들이 열매를 맺지 못하게 만드는 “재물의 유혹”(막 4:19)에 대해 말씀하셨을 때, 그분은 그들이 의식적으로 속임을 당하기 원한다고 이야기하신 것이 아니었다. 그것은 그들이 의식조차 하기 전에 거짓의 아비(요 8:44)가 바른 목적지를 가리키는 도로 표지판을 거꾸로 뒤집어 돌아가도록 만들었다는 의미에 더 가깝다. 우리가 노골적으로 반역하는 사람이든, 아니면 단지 쉽게 속는 사람이든 결과는 마찬가지다. 우리는 실제로는 방황하고 있으면서도 바른 삶을 향해 나아간다고 착각한다. 잘못된 지도를 따라가는 사람들 중에는 그들이 방황하고 있는지조차 모르는 사람들이 너무 많다.

우리는 복음과는 너무도 다른 문화 속에서 살기 때문에, 그리스도인다운 생각은 잠시만 하고 믿음과는 완전히 반대되는 세계관으로 대부분의 시간을 보낼 수 있다. 심지어 이보다 더 위험한 것은, 그리스도를 따르는 사람들이 돈을 사랑하는 것을 정상으로 보는 것이다. 물고기가 물에 익숙한 것처럼, 우리도 물질만능주의적인 환경에 익숙해져 있다. 물고기는 물을 당연한 것으로 여긴다. 자기들의 세상이기 때문이다. 마찬가지로 우리 역시 물질만능주의의 폐해에 대해 생각하지 않는다. 그것은 우리가 호흡하는 당연한 문화적인 분위기가 되어 버렸다. 그래서 우리는 그것이 무엇인지 보지도 못하고, 그것이 어떻게 예수님으로부터 우리를 표류하게 만드는지 깨닫지도 못한다.

거대한 상업주의와 부유함의 도시인 에베소에 사는 성도들 또한 그들의 첫사랑으로부터 멀어져 방황하도록 유혹을 받았다. 바울은 에베소에 있는 교회가 디모데전서를 쓰기 10년 전, 주후 54년 무렵 탄생했을 것이라고 증언한다. 사도행전 19장에서 누가는 초기 에베소 그리스도인들이 마술과 물질의 거짓 신들을 어떻게 배척했는지 다음과 같이 극적으로 묘사하고 있다.

> "믿은 사람들이 많이 와서 자복하여 행한 일을 알리며 또 마술을 행하던 많은 사람이 그 책을 모아 가지고 와서 모든 사람 앞에서 불사르니 그 책 값을 계산한즉 은 오만이나 되더라 이와 같이 주의 말씀이 힘이 있어 흥왕하여 세력을 얻으니라"(행 19:18-20).

이 마술책들을 오늘날의 가치로 환산하면 600만 달러가 넘는다! 개종자들은 그것들을 태워 없애는 대신 파는 것이 더 합리적이라고 생각할 수도 있었다. 그들은 이 엄청난 돈으로 가난한 사람들을 돕고, 믿는 자들이 모일 수 있는 건물을 짓고, 그래도 돈이 남으면 생활 수준을 높일 수도 있었다. 그러나 이러한 책들은 하나님이 미워하시는(신 18:10-12; 갈 5:19-21) 마술을 받아들이도록 훈련하는 것이었다. 사람들은 구원받을 수 있지만 책은 그렇지 못하다. 그리스도 중심의 유일한 선택은 하나님의 이름을 더럽히는 소유물들을 파괴하는 것뿐이다. 에베소 성도들의 급진적인 행동은 그들의 개종을 보여 주는 강력한 증거였다.

바울은 디모데와 초창기 성도들, 그리고 그 이후 교회에 합류한 성도들에게, 당시 만연된 물질주의적인 가치관에 굴복하게 하는 유혹들에 대해 경고한다. 에베소 성도들이 10년 전에 악한 책들을 불태운 것으로는 충분하지 않다. 바울은 그들에게 에베소 교회가 탄생하게 된 급진적인 믿음으로 돌아가라고 강력히 권고한다.

바울이 디모데전서를 기록한 지 약 25년이 지난 후, 사도 요한이 에베소에 있는 동일한 교회에게 예수님이 하신 말씀을 기록하고 있다. "그러나 너를 책망할 것이 있나니 너의 처음 사랑을 버렸느니라 그러므로 어디서 떨어졌는지를 생각하고 회개하여 처음 행위를 가지라 만일 그리하지 아니하고 회개하지 아니하면 내가 네게 가서 네 촛대를 그 자리에서 옮기리라"(계 2:4-5).

그들이 마술책을 불태운 것은 정말 잘한 행동이다. 예수님과 디모데전서 6장에서 바울은 그들에게 돈이라는 우상을 없애 버리는 것을 포함한 그런 급진적인 행동으로 다시 돌아가라고 이야기하고 있다.

돈은 당신을 삼킬 수 있다

적당한 소득을 올릴 때는 그렇지 않다가, 많은 소유와 권력과 명성을 얻고 난 후 믿음을 떠나 방황하는 그리스도인들이 얼마나 많은가? 당신 자신이나 친구들, 혹은 당신의 교회에서 이런 경우가 있는지 찾아보라. 청소년 사역이나 캠퍼스 사역에서 만났던, 당신이 아는 그리스도를 진실하게 따르는 것처럼 보이는 사람들을 떠올려 보라. 수년이 지난 후, 이들 중에 얼마나 많은 사람들이 돈을 추구하기 위해 예수님을 따르는 데서 이탈하였는가?

동창회에 참석해 보면 놀라운 일들을 목격하게 된다. 고등학교나 대학을 마치고 나서 그리스도께 돌아온 이들을 보면 무척 기쁘지만, 한때 예수님을 섬겼던 친구들이 그들이 추구했던 목표를 달성했음에도 불구하고 이제는 돈이란 신을 섬기는 불행한 모습을 보면 마음이 아프기도 하다.

정당하게 보이는 재정적인 목표를 가지고 시작하였지만, 중간 어디에선가 우선순위를 잃어버린 사람들이 얼마나 많은가? 내가 아는 어떤 사람은 자신의 드림하우스를 사기 위해 매주 70시간씩 일하느라 가족과 거의 함께 시간을 보내지 못했다. 이렇게 하면서도 그는 아내와 아이들을 위해서 일하는 것이라고 생각했다. 오늘날 그는 큰 집에 혼자 살고 있다. 멋진 삶을 추구하였지만, 결국에는 비참한 삶을 살고 있다.

3세기 카르타고의 주교 시프리안은 부유한 사람에 대해 이렇게 묘사하였다.

> 그들의 재산이 그들을 묶고 있다. … 용기를 속박하고, 믿음을 질식시키고, 판단을 방해하며, 영혼의 목을 조르는 사슬이다. … 만일 그들이 천국에 보물을 쌓았다면, 오늘날 그들의 가정 안에는 적과 도둑이 있을 자리가 없을 것이다. 그들은 자신을 소유주라고 생각하지만, 실제로는 재산이 그들을 소유하고 있다. 자신의 재산에 묶여 있으므로 그들은 돈의 주인이 아니라 종인 것이다.[3]

디모데전서 6장 10절의 다양한 번역을 보면, 돈을 사랑하는 것이 어떤 일을 하게 하는지 잘 알 수 있다.

- 많은 격렬한 고통으로 자신을 찌른다. (ESV)
- 많은 슬픔으로 자신을 다치게 한다. (NIRV)
- 많은 고통으로 자신을 찌른다. (CEB)
- 마음에 말로 표현할 수 없는 극도의 고통을 가져다준다. (PHILLIPS)
- 많은 슬픔으로 마음을 깨뜨린다. (GNT)

이 목록을 다시 읽고, 그것을 마음에 새기라. 이 단어들은 바울이 전하려는 의미를 제대로 표현하기 위해 서로 다른 다섯 팀의 그리스어 학자들이 주의 깊게 선택한 것이다. 그것을 깊이 생각하고 자신에게 이렇게 물어보라. **이러한 일들이 나와 우리 가족에게 일어나기를 원**

하는가?

정신이 제대로 된 사람이라면 비탄, 슬픔, 고통, 극도의 아픔을 원하지 않을 것이다. 어느 누구도 자신을 찌르고 상처를 주고 아프게 하려 하지 않을 것이다. 하나님은 우리가 돈과 물건들을 중심으로 살겠다는 선택을 하였을 때, 무슨 행동을 할 것인지 **정확하게** 말씀하셨다. 우리가 정말 이것을 믿는다면, 하나님을 믿는 사람들의 소셜 미디어 게시물이 어떻게 바뀌겠는가?

디모데전서 6장 9-10절을 간단하게 표현하면 '부자가 되기를 원하는 사람'을 향한 약속이다. 이 약속들은 우리가 냉장고나 자동차, 화장실 거울 등에 붙여 놓는 다른 약속들처럼 동일하게 믿을 만한 것이다. 우리가 만일 이러한 영감 어린 경고들을 우리가 사랑하는 다른 좋은 구절들과 똑같이 심사숙고한다면 무슨 일이 일어날지 궁금하다.

부유함은 자기가 약속하는 것을 결코 주지 못한다

역사상 가장 부유했던 다윗 왕의 아들 솔로몬은 재산을 더 많이 가지려는 욕심으로 많은 병마와 은금, 그리고 많은 아내를 두지 말라(신 17:16-17)는 하나님의 금지 명령에 노골적으로 불순종했다. 솔로몬은 풍요로움이 만족을 주지 못한다는 사실을 경험으로 알았다. 그것은 그저 그에게 더 많은 신기루를 좇도록 더 많은 기회를 줄 뿐이었다.

대부분의 사람들은 신기루에 도달하기 전에 돈이 먼저 떨어지므로, 살 여유가 없어 못 산 것들을 소유하게 되면 만족할 수 있으리라는 신화에 매달려 살아간다. 그런데 솔로몬은 모든 것을 시도해 보고 나서 이렇게 말했다. "무엇이든지 내 눈이 원하는 것을 내가 금하지 아니하며 무엇이든지 내 마음이 즐거워하는 것을 내가 막지 아니하였으니 이는 나의 모든 수고를 내 마음이 기뻐하였음이라 이것이 나의 모든 수고로 말미암아 얻은 몫이로다"(전 2:10).

그의 결론은 무엇인가? "그 후에 내가 생각해 본즉 내 손으로 한 모든 일과 내가 수고한 모든 것이 다 헛되어 바람을 잡는 것이며 해 아래에서 무익한 것이로다"(전 2:11).

영웅적인 나눔

2차 세계대전 당시, 오빌 로저스는 폭격기 조종사였다. 이후 그는 달리기에 미친 듯이 집중하여 세계 기록을 다섯 번 갱신하며 총 18개의 기록을 세웠고, 100살이 되어서는 ABC 저녁 뉴스에 초대되기도 했다.*

그러나 오빌 일생의 가장 큰 업적은 사실 잘 알려지지 않았다. 그가 수십 년이 넘게 상업용 비행기 조종사로서 벌어들인 총 수입은 150만 달러였는데, 그것은 그 당시로는 상당한 금액이었다. 하나님은 오빌의 저축과 투자를 축복해 주셨다. 그와 그의 아내는 이 돈을 소비하거나 재산에 집착하지 않고 3000만 달러 이상을 기부했는데, 이 돈은 대부분 선교 사역에 드려졌다.**

오빌이 움켜쥘 수도 있는 돈을 나눔으로써 얼마나 많은 사람들이 예수를 믿게 되었는지 우리는 아마 천국에 갈 때까지 모를 것이다.

* Enjoli Francis and Eric Noll, "100-Year-OldRunner Sets 5 New US and World Track Records," ABC News, March 19,2018, https://abcnews.go.com/US/100-year-runner-sets-us-world-track-records/story?id=53859293.

** Randy Alcorn, "Meet Orville Rogers, 100-Year-OldJesus Follower, Generous Giver, and Athlete," EternalPerspective Ministries, January 12, 2018, ttps://www.epm.org/blog/2018/Jan/12/orville-roberts-100.

다음의 도표는 전도서 5장에 나오는 부에 대한 강력한 진술들을 보여 주고 있다. 만일 일부분만 읽으려고 한다면 왼쪽 부분만 읽으라. 이것은 하나님이 직접 말씀하신 것이다. 오른쪽은 영감으로 주어진 텍스트를 이해하고 적용하는 데 도움을 주기 위해 내가 풀어서 설명한 것이다.

전도서 5장	
솔로몬의 말	의미와 적용
"은을 사랑하는 자는 은으로 만족하지 못하고"(10절)	더 많이 가질수록, 더 많이 원한다.
"풍요를 사랑하는 자는 소득으로 만족하지 아니하나니 이것도 헛되도다"(10절)	더 많이 가질수록, 만족은 줄어든다.
"재산이 많아지면 먹는 자들도 많아지나니"(11절)	더 많이 가질수록, (정부를 포함하여) 더 많은 사람들이 달려든다.
"그 소유주들은 눈으로 보는 것 외에 무엇이 유익하랴"(11절)	더 많이 가질수록, 우리에게 전혀 도움이 되지 않는다는 것을 더 많이 깨닫는다.
"노동자는 먹는 것이 많든지 적든지 잠을 달게 자거니와 부자는 그 부요함 때문에 자지 못하느니라"(12절)	더 많이 가질수록, 걱정거리가 더 많아진다.
"내가 해 아래에서 큰 폐단 되는 일이 있는 것을 보았나니 곧 소유주가 재물을 자기에게 해가 되도록 소유하는 것이라"(13절)	더 많이 가질수록, 그것을 가지고 있는 것으로 인해 더 많이 상처를 받는다.
"그 재물이 재난을 당할 때 없어지나니 비록 아들은 낳았으나 그 손에 아무것도 없느니라"(14절)	더 많이 가질수록, 잃어버릴 것도 더 많아진다.
"그가 모태에서 벌거벗고 나왔은즉 그가 나온 대로 돌아가고 수고하여 얻은 것을 아무것도 자기 손에 가지고 가지 못하리니"(15절)	더 많이 가질수록, 뒤에 남길 것도 더 많아진다.

디모데전서 6장과 연결하여 이것을 읽어 보면, 위의 선언은 우리가 가고 있는 길에서 멈추라고 선포하고 있다. 부는 우리의 문제들을 해결할 수 없을 뿐 아니라, 그 자체가 수많은 문제를 만들어 내기 때문이다.

부를 유산으로 남기는 것의 위험성

디모데전서 6장 9-10절보다 이것을 더 분명하게 설명할 수는 없을 것이다. 만일 가족이나 교회가 부의 축적을 중심으로 하는 삶을 모델로 삼으면, 이것은 우리의 삶을 파괴하고, 우리 자녀들에게 어리석고 해로운 욕망을 심어 주어 그들을 파멸로 몰아가고, 슬픔으로 찌를 것이다.

부에 대한 모든 성경적인 경고에 근거하여서, 요한 웨슬레는 디모데전서 6장 10절의 표현을 사용하여 부모들에게 이렇게 도전한다. "왜 당신은 아이들에게 더 많은 자만심, 욕망, 허영심, 어리석고 해로운 욕망을 가져다주는 것을 사줍니까? … 왜 그들의 유혹과 함정을 증가시키고, 많은 슬픔으로 그들을 찌르는 데 더 많은 돈을 지불합니까?"[4]

대부분의 그리스도인 부모들은 무심코 자녀들이 돈을 사랑하도록 키우고 있지만, 마음속에 이런 목표를 가지고 있는 사람은 아무도 없다. 실제로 그들은 그 무엇보다도 자녀들이 (믿음에서 떠나 방황하지 않고) 하나님과 동행하기를 바라고, (많은 슬픔으로 자기를 찌르지 않고) 행복하기를 바란다고 말할 것이다. 그러나 자녀를 물질만능주의자로 키우는 것은 믿음에서 떠나 방황하게 만드는 가장 중요한 요인이다. 왜 내가 이런 말을 하는가? 그 첫째 이유는 성경이 바로 그렇게 말씀하고 있기 때문이다. 아울러 많은 사람들의 삶을 개인적으로 관찰한 결과 정확하게 동일한 결론에 다다랐기 때문이다.

자녀들이 큰 금액의 돈에 접근할 수 있으면, 더 자주 더 큰 유혹에 직면할 것이다. 덩어리가 클수록 더 강한 중력을 가지고 있는 것처럼, 자녀들이 돈과 소유를 더 많이 가지면 가질수록, 더 강하게 이러한 소유물을 향하여 끌릴 것이고, 더 단단하게 그 궤도에 묶일 것이다. 그것이 자녀의 바람도, 부모의 바람도 아닐지라도, 더 많은 돈에 노출되는 사람들은 하나님보다 돈을 신뢰하기가 더 쉽다는 것을 알게 된다.

물질만능주의의 환경에서 자란 자녀들은, 많은 슬픔으로 고통받을 가능성이 아주 높다. 이와 대조적으로 부모가 보다 단순하게 살고, 자신과 자녀들의 일시적인 요구에는 "아니오"라고 말하며, 급진적으로 더 많이 나누는 것에는 "예" 하는 삶을 산다면, 그들과 자녀들이 행복의 원천이신 하나님께 더 가까이 나아가기 쉬울 것이다. 이것은 강력한 주장이지만 과장해서 말하는 것은 결코 아니다. 물질만능주의로 자녀를 키우는 것은 일종의 학대다. 아무리 좋은 삶을 살게 하겠다는 선한 동기라 하더라도 우리는 실제로 그들에게서 소중한 삶을 **도둑질**하고 있는 것이다. 비싼 전자제품이나 최신 비디오 게임을 사주지 않는다면 그 시간에 우리 자녀들은 책을 읽고, 바깥에서 뛰놀며, 다른 아이들과 얼굴을 보면서 소통할 수 있다. 결국 그들은 그로 인해 더 건강하고 더 행복하게 될 것이다.

부모들은 돈과 물건들이 자녀들을 망치지 않도록 더 열심히 노력해야 한다. 때때로 가장 간단한 해결책은 장난감과 게임기 숫자를 줄이는 것이다. 단순하게 살고 관대하게 나누는 가장 영향력 있는 가르침이 우리가 살아가는 삶의 방식이 되어야 한다. 가정에서 일어나는 다른 모든 것들과 마찬가지로, 청지기직과 관대함도 가르칠 뿐 아니라 보여 주어야 한다. 자녀들은 우리의 말보다 행동을 더 잘 따라한다. 우리는 모범을 통해서 자녀들에게 욕심을 피하고, 소비를 통제하며, 관대하게 나누도록 가르칠 수 있다.

언젠가 한 컨퍼런스에 참석하여 어느 그룹에게 나눔에 대한 이야기를 해달라고 부탁하였다. 대니얼 아놀드가 이렇게 말했다. "우리 주 예수 그리스도의 영광을 위하고 이 땅에 하나님 나라를 확장하기 위해 드리는 것은 우리 가정의 공통 목적과 공동 사명이 되었어요. 나누어야 할 일이 생길 때마다 우리는 기도로 우리를 향한 하나님의 뜻을 먼저 묻고, 함께 모여 결정하지요. 나눔은 우리가 하나님을 믿고 신뢰하는 삶을 살 수 있도록 만들어 주었어요."

돈을 사랑하는 소유 중심적인 자녀로 키우는 것은 피할 수 없는 선택이 아니다. 신중하고 지속적인 노력을 기울이고, 하나님의 능력이 우리와 자녀들에게 역사하면, 우리는 다른 모범을 보여 줄 수 있다. 일반적으로 작동되는 삶의 방식처럼 잠언이 결과를 보장하지는 않지만, 이 잠언은 부모들이 자녀를 위해 기도하고 인도하도록 격려해 준다. "마땅히 행할 길을 아이에게 가르치라 그리하면 늙어도 그것을 떠나지 아니하리라"(잠 22:6).

하나님이 맡기신 것에 어떻게 충실할 수 있을까

초기 기독교의 교부인 존 크리소스톰은 생각하고 싶지 않더라도 생각할 필요가 있다고 말했다. 그는 동료 신자들에게 이렇게 경고했다. "당신은 그리스도께 속한 자원들을 가로채서 자기 것으로 삼고, 생각 없이 소비해 버리고 있소. 언젠가 결산할 날이 온다는 것을 깨닫지 못하는 것이오?"[5]

2019년에 미국의 여러 주에서는 시간당 최저 임금을 15달러로 올리는 것을 고려하고 있다. 이것으로 계산하면 연봉이 31,200달러가 된다. 만일 당신이 20세에 일을 시작하여 임금 상승이 없이 65세까지 계속 일했다면, 일생 동안 140만 달러를 벌게 된다. 분명 이 소득이면 음식과 주거와 같은 기본적인 필요를 채울 수 있지만, 여기서 중요한 점은, 더 많이 벌기를 원하는 최소임금을 받는 사람이라 하더라도 하나님은 이미 그에게 많은 재산을 맡기셨다는 사실이다. 우리가 가진 것으로 무엇을 했는지 그분에게 보고해야 할 날이 온다(롬 14:12). 그 많은 돈이 다 어디로 갔는가? 우리 가정이나 가정 밖에 있는 어떤 필요를 위해 그것을 사용하였는가? 그것은 영원을 위해 어떤 공헌을 하였는가? 우리가 그것에 매달려 있음으로 많은 슬픔이 우리를 찔렀는가, 아니면 그것으로 하나님의 이름을 높여서 기쁨이 충만하게 되었는가?

소설 「화씨 451」(Fahrenheit 451)에서 레이 브래드버리는 이렇게 말한다. "모든 사람은 죽을 때 무엇인가를 남길 수밖에 없다. … 잔디 깎는 사람과 제대로 된 정원사의 차이는 돌봄에 있다. … 잔디 깎는 사람은 깎을 때만 잠시 있다 가버린다. 그러나 정원사는 그곳에 오래 머무르며 관심을 가지고 세세하게 돌본다."[6] 그리스도를 믿는 사람들로서 우리는 꽃이 아니라 사람을 돌보면서 영원한 영향을 끼치며, 하나님께 모든 영광을 돌린다. 그 이하로는 결코 만족하지 않기를 바란다.

책임이 있는 관대함

체코슬로바키아에서 월마크 제약회사를 설립한 아담 왈락스는 회사를 시작할 때부터 부의 위험성을 인식했다. 그는 안전장치로 회사 이익의 50퍼센트를 나누는 계획을 세웠다.

처음에는 이 약속을 지키지 못했고, 「천국 보화의 원리」 책을 읽기 전까지 수년 동안 하나님을 떠나 방황하였다. 그는 이 책을 통해 나눔의 기쁨을 다시 발견하고, 관대해져야 할 이유들을 적어 내려갔다. 그는 정기적으로 그 목록들을 보면서 관대함에 대한 헌신을 잘 지켜 나가는지 스스로를 점검하였다.

아담은 또한 그리스도를 따르고 관대함을 추구하기로 결단한 비슷한 생각의 사람들과 함께할 필요를 느껴, 유럽 지상명령 공동체(European Great Commission Collaboration)를 세우는 데 협력하였다. 이 그룹은 부자가 되려는 욕망에 대한 성경의 경고를 심각하게 받아들이고, 멤버들이 관대한 나눔에 대해 전략적으로 생각하도록 서로 돕고 있다.

* "Three Lessons from Adam Walach, Czech Republic," JoyGiving.org, accessed January 24, 2019, https://joy giving.org/adam/.

토의를 위한 질문들

1. 부자 청년 비유(눅 12:13-21)의 현대판 버전을 읽으며 무슨 생각이 가장 먼저 떠올랐는가? 돈을 사랑하는 것이 어떻게 당신을 유혹하는지 당신 자신의 버전으로 기록해 보라.

2. 디모데전서 6장 10절의 "근심으로써 자기를 찔렀도다"를 다양한 번역으로 살펴보라. 돈을 사랑하는 것에 대한 경고로 당신에게 가장 엄숙하게 다가오는 것은 어떤 것인가?

3. 가족들이 관대함을 추구하고, 돈을 사랑하는 것을 피할 수 있도록 도울 수 있는 방법은 무엇인가? 당신이 사랑하는 사람들이 가까이나 멀리 있는 사람들의 필요를 채워 주는 나눔을 즐겁게 하도록 하려면 어떻게 해야 할지 아이디어를 생각해 보라.

4. 당신이 만난 사람들 중에서, 물질만능주의의 위험을 피할 수 있도록 삶과 조언으로 당신에게 도움을 준 사람이 있는가? 만일 없다면, 당신에게 소중한 몇 사람들과 함께 이러한 관계와 책임감을 개발하는 것은 어떤가?

11장
돈에 대한 좋은 소식

돈에 대한 태도가 올바르면,
인생의 다른 모든 영역에서 올바르게 사는 데 도움이 된다.
빌리 그래함

하나님은 복되시고 유일하신 주권자이시며
만왕의 왕이시며 만주의 주시요
딤 6:15

휴즈 멕크래란 주니어는 전 세계적인 선교를 후원하는 크리스천 재단의 지도자로 오래 섬겼다. 그는 다른 네 명의 그리스도인과 함께 '관대한 드림'(Generous Giving)이라는 영향력이 있는 재단을 설립하였는데, 여기서는 컨퍼런스를 열어 기부자들에게 이야기를 나누게 하고, 이를 통해 다른 사람들이 나누는 기쁨을 발견하도록 동기부여를 하고 있다.

휴즈는 그의 일생을 돌아보며, 하나님께서 여러 경험을 통해 우선순위를 바꾸셨다고 말한다. 그중 하나는 하나님이 모든 것을 소유하신다는 것을 깨달은 것이고, 또 하나는 비전 여행을 하면서 하나님이 선교사역을 통해 무슨 일을 하시는지 직접 체험한 것이다. 그로 인해 그는 하나님께 완전히 사로잡혔고, 보상이 끊임없이 주어지는 투자할 장소도 발견하게 되었다.

휴즈는 적어도 소득의 70퍼센트를 나누기로 결정하고, 지역 교회에 드리는 십일조부터 시작하여 점차 나눔을 확대하기로 하였다. 그와 다른 재단 멤버들은 뮤추얼 펀드 투자자들이 투자할 주식을 신중하게 선택하는 것처럼, 기부할 기관을 선택하는 데 주의를 기울였다. 왜 그렇게 하지 않겠는가? 하나님 나라 중심의 사고를 하는 사람들은 이 순간뿐만 아니라 영원을 위해서 투자하기를 원한다.

어느 해에 그 재단은 기부를 상당히 많이 하였다. 그 후 얼마 지나지 않아 합병을 하게 되어 재단의 자산 가치는 큰 폭으로 감소하게 되었다. 어떤 사람은 휴즈가 이렇게 말할 것으로 예상하였다. "작년에 너무 많은 금액을 기부하지 말았어야 했는데 아쉽네요." 그러나 나는 그가 한 말을 잊을 수 없다. "아직 기회가 있을 때 더 많이 기부하고 싶어요!"

휴즈는 우리가 자신에게 이렇게 질문하기를 권한다. **'내가 관대하게 드리는 사람이 되는 것을 막는 장애물은 무엇인가?'** 이 장애물을 하나님이 다루시도록 요청하면, 그분은 꼭 그렇게 하실 것이다!

우리는 돈을 사랑하는 것에서 도망쳐야 한다

지난 장에서 보았듯이, 디모데전서 6장 9-10절에서 바울은 부를 열심으로 추구하면 영적으로 완전한 빈곤에 처하게 된다는 것을 확인시켜 주었다. 바울은 일곱 절 후 디모데전서 6장 17-19절에서도 돈에 대해 강조했는데, 그 중간의 여섯 절에서는 간접적이기는 하지만 어떻게 돈을 다루어야 하는지 보여 주고 있다.

> "오직 너 하나님의 사람아 이것들을 피하고 의와 경건과 믿음과 사랑과 인내와 온유를 따르며 믿음의 선한 싸움을 싸우라 영생을 취하라 이를 위하여 네가 부르심을 받았고 많은 증인 앞에서 선한 증언을 하였도다 만물을 살게 하신 하나님 앞과 본디오 빌라도를 향하여 선한 증언을 하신 그리스도 예수 앞에서 내가 너를 명하노니 우리 주 예수 그리스도께서 나타나실 때까지 흠도 없고 책망 받을 것도 없이 이 명령을 지키라 기약이 이르면 하나님이 그의 나타나심을 보이시리니 하나님은 복되시고 유일하신 주권자이시며 만왕의 왕이시며 만주의 주시오 오직 그에게만 죽지 아니함이 있고 가까이 가지 못할 빛에 거하시고 어떤 사람도 보지 못하였고 또 볼 수 없는 이시니 그에게 존귀와 영원한 권능을 돌릴지어다 아멘"(딤전 6:11-16).

동일한 편지의 3장에서는, 교회 리더의 기본적인 자격으로 "돈을 사랑하지 아니하며"(딤전 3:3)를 말한다. 따라서 바울이 "하나님의 사람"으로서의 디모데의 정체성을 언급한 것은 그가 "돈을 사랑하는 사람"으로 알려져서는 안 된다고 말하고 있는 것이다. 마찬가지로, 그는 집사가 되려면 "더러운 이를 탐하지 아니"(8절)하여야 한다고 말한다. 바울은 디모데에게 돈, 권력, 명성, 섹스, 그리고 다른 어떤 것도 하나님 앞에 두어서는 안 된다고 말한다.

바울은 "이것들을 피하고"라고 명령하였는데, 이것은 취약성, 위험성, 긴급성 등을 암시하며, 돈을 사랑하여 생기는 재앙으로부터 도망치라는 뜻이다.

'피하다'는 극적인 단어인데, 바울은 동일한 단어를 "음행을 피하라"(고전 6:18)에서 사용하고 있다. 이 명령은 느긋하게 걷거나, 산책하듯이 걷지 말고 **당신의 운명이 그것에 걸린 것처럼**(실제로 그렇다) 달리라는 뜻이다.

돈을 사랑하는 것을 피하면 속박, 불안전, 불확실, 걱정, 공허, 그리고 혼란으로부터 자유로움을 얻는다. 에베소의 문화에서는(그리고 오늘날도 마찬가지로) 돈을 섬기는 것이 아주 정상이고, 심지어 칭찬받는 것으로 간주되었다. 그러나 바울은 디모데에게 교만과 욕심과 물질만능주의와 그것으로부터 파생되는 모든 잘못된 가르침으로부터 되돌아서서, 느긋하게 걷지 말고 뛰라고 명령한다.

우리는 무언가 더 나은 것을 향하여 달려가야 하지 않을까?

아이들은 어떤 아이가 놀리며 자신을 쫓아올 때 아버지가 보이면, 단순히 놀리는 아이로**부터** 도망치는 것이 아니라, 자신의 아버지**에게로** 달려간다. 붙잡히게 될 것에 대한 두려움은 아버지 품에서 안식을 얻으리라는 기대로 인해 사라져 버린다. 마찬가지로, 우리는 절망 때문이 아니라 희망 때문에 돈을 사랑하는 것에서 달려나오게 된다. 우리는 하나님 아버지의 사랑을 향해 달려간다.

11절에 제시된 '따르라'는 '피하라'와 반대 의미를 가진다. 바울은 디모데에게 "의와 경건과 믿음과 사랑과 인내와 온유를 따르며"라고 명령한다. 이러한 것들은 자연스럽게 주어지는 것이 아니라, 성령의 능력을 통해 얻어지는 것이다. 실제로 이중 몇 가지는 성령의 아홉 가지 열매에 포함되어 있다(갈 5:22-23). 우리는 물질만능주의에서 도망치는 것과 동일한 열정으로 그것들을 추구해야 한다.

바울은 디모데에게 "믿음의 선한 싸움을 싸우라"(딤전 6:12)고 말한다. 바울의 글에서 '달려라', '싸우라'는 표현은, 그리스 시대의 육상이나 레슬링, 복싱 등과 같은 유명한 운동 경기와 관련되어 있다.

리처드 L. 프랫 주니어는 이렇게 말하고 있다.

> 고린도 사람들은 운동 경기를 좋아했다. 그들은 1년에 두 번씩 올림픽 경기 다음으로 중요한 고린도 지협 경기를 후원하였다. 고린도에서 10마일밖에 떨어지지 않은 곳에서 경기가 열렸기 때문에, 대부분의 고린도 사람들은 경기의 목표와 연습에 대해 익히 잘 알고 있었다. 그들은 또한 이러한 경기를 관람할 기회도 많았다. 주후 50-52년에 고린도에 있었던 바울은, 주후 51년 봄에 개최되었던 이 경기를 보았을 것이다. 경기는 레슬링, 높이뛰기, 창던지기, 원반던지기, 그리고 바울의 비유에서 가장 중요한 육상과 복싱, 이렇게 여섯 가지 종목으로 구성되어 있다. 올림픽 경기에 출전할 자격을 얻기 위해서는, 적어도 10개월 이상의 훈련이 필수 조건이었다. 바울이 엄격한 훈련과 실격에 대해 설명한 것으로 미루어 보아, 고린도 지협 경기에서도 이와 비슷한 자격 조건이 있었을 가능성이 많다.[1]

바울은 이렇게 기록했다. "운동장에서 달음질하는 자들이 다 달릴지라도 오직 상을 받는 사람은 한 사람인 줄을 너희가 알지 못하느냐 너희도 상을 받도록 이와 같이 달음질하라 이기기를 다투는 자마다 모든 일에 절제하나니 그들은 썩을 승리자의 관을 얻고자 하되 우리는 썩지 아니할 것을 얻고자 하노라 그러므로 나는 달음질하기를 향방 없는 것 같이 아니하고 싸우기를 허공을 치는 것 같이 아니하며 내가 내 몸을 쳐 복종하게 함은 내가 남에게 전파한 후에 자신이 도리어 버림을 당할까 두려워함이로다"(고전 9:24-27).

프랫은 이렇게 말한다. "승리자는 소나무나 셀러리로 만든 월계관을 받았는데, 둘 다 부패하기 쉬운 재료였다."[2] 바울은 이것을 나눔에 대한 보상을 포함한 영원한 면류관을 위해 하나님을 섬기는 것과 대조하여 표현하고 있다. 관중들은 종종 경기를 보기 위해 아테네와 고린도를 두루 여행하였는데, 전도자들이 이들 군중에게 접근하였듯이 바울도 아마 그렇게 했을 것이다. 바울이 고린도에 거할 때 디모데 또한 그곳에 있었다는 사실은 의미가 있다(행 18:1-5). 그들은 아마도 함께 이런 게임을 구경했을 것이다. (내가 지은 그림 소설 「사도」(The Apostle)에는 바울과 디모데가 챔피언 결정전 경기를 관전하고 난 후 재미로 펀치를 주고받는 장면이 묘사되어 있다.[3])

바울은 디모데에게 믿음의 선한 싸움을 싸우라고 격려하였다. 그는 디모데가 하나님께서 말씀을 통해 보여 주신 완전하고 소중한 진리를 잘 수호하기를 원했다. 바른 가르침에 충성하라는 이 핵심적 가치는, 그가 또한 디모데에게 "우리 안에 거하시는 성령으로 말미암아 네게 부탁한 아름다운 것을 지키라"(딤후 1:14)라고 말한 데서도 엿볼 수 있다. 여기서의 '아름다운 것'은 물질적인 것이 아니며 돈으로 살 수도 없다. 이것은 복음이고 궁극적인 상급이다.

그리스도를 위한 오토바이

로드 메이어가 375,000개의 대리점 중에서 하나를 뽑는 주사위 시합을 통해 20,000달러 상당의 할리 데이비슨(Harley Davidson) 오토바이를 탈 가능성은 거의 없었다. 시합에 나가는 길에 로드와 아내 다이엔은 하나님께, 당신은 모든 것을 주관하시고 심지어 주사위를 던질 때에도 역사하실 수 있는 분이시니, 만일 이기게 하신다면 그 오토바이를 팔아 모든 돈을 크리스천 사역을 잘하는 곳에 드리겠다고 기도했다. 로드는 첫 번째 주사위를 던졌을 때 하나님이 뭔가 일하고 계심을 알아차렸고, 마침내 여섯 번째 주사위를 던졌을 때는 정확한 글자의 조합이 만들어졌다. Harley. 로드는 이 시합이 시작된 지 20년 만에 첫 우승자가 되었다.

로드는 자기가 속한 오토바이 그룹에서 하나님의 공급하심과 그것을 팔아 기부하겠다고 결심한 것을 이야기하였다. 모두 큰 박수로 환영하며 기뻐하였다. 그 일 이후로 로드는 '그리스도를 위한 검은 양 할리 데이비슨'이라는 오토바이 사역을 통해 수많은 사역의 기회를 가졌다. 그룹 주행을 하기 전에 그는 항상 기도하였고, 주일 주행을 하기 전에는 작은 규모의 예배를 시작하였는데, 대리점을 통해 고객들에게 이 예배를 알렸다.

다이앤은 이렇게 말했다. "돈은 다양한 자선 단체뿐만 아니라 이러한 나눔을 관찰하고 동참하는 사람들에게도 하나님을 알리는 도구가 되었어요. … 이러한 것을 보는 것과 그 일원이 되는 것은 아주 흥미로워요."*

* Diane Meyer, "A Dice Game, a Harley Davidson Motorcycle, and a Delightful Story about Generosity and God'sProvidence," Eternal Perspective Ministries, September 19, 2018, ttps://www.epm.org/blog/2018/Sep /19 /dice- harley-generosity.

현재로부터 시작되는 영원한 삶을 꽉 붙들라

바울은 우리가 부르심을 받은 "영생을 취하라"고 말한다(딤전 6:12). 여기서 '취하라'로 번역된 그리스어는 '꽉 쥐다, 혹은 움켜잡다'란 뜻이다.[4] 상대방을 놓치지 않으려고 단단히 붙들고 있는 레슬링 선수나 위험에 빠진 아이를 움켜쥐고 있는 아버지를 떠올려보라.

영원에 대한 우리의 개념은 모호하고 현실감이 없기 때문에, '취하라'는 부르심이 실감이 나지 않을 수 있다. 연기나 수증기를 움켜쥐는 것이 어떻게 가능하겠는가?

영원한 삶은 단지 어느 미래에 경험하는 것이 아니고, 우리가 회심할 때부터 시작되는 것이다. 우리는 이 땅에서의 현재 생활은 실재하며 의미가 있지만, 영원한 삶은 상상 속에서나 있고 별로 매력적이지 않는 것처럼 생각할 때가 많다. 영원히 사는 삶에는 현재의 삶에서 사랑했던 것들이 전혀 없을 것이라고 생각하는 사람들도 많다. 현재의 삶이 아름다운 장소를 찾아가고 매력적인 모험을 즐길 수 있는 유일한 기회라고 생각하기 때문에 사람들은 버킷리스트를 만든다.

우리은 '영원한 삶'이란 용어를 사용할 때, '영원'에만 강조를 두고 '삶'은 무시할 때가 많다. 영원한 삶은 단지 존재의 분량만을 말하는 것이 아니라, 활기찬 에너지와 말로 다 표현할 수 없는 행복이 넘치는, 삶의 질이 최고로 높은 상태를 말한다.[5]

베드로는 하나님의 자녀들이 "그의 약속대로 의가 있는 곳인 새 하늘과 새 땅을 바라보도다"(벧후 3:13)라고 말한다. 만일 영원한 삶에 대한 우리의 개념이 기대를 불러오지 않는다면, 그것은 죽은 것이고 잘못된 것이다. 영원한 삶이 전혀 매력적이지 않다는 사탄의 거짓말을 믿으면, 우리는 우리를 기다리고 있는 보다 크고 영원한 세계에 투자하는 대신, 현재의 세상에 우리 자신을 자물쇠로 묶고 이 땅에 재산을 쌓아갈 것이다.

우리는 우리가 생각하는 영원한 삶이 고려할 가치가 있고 열망할 가치가 있음을 깨달을 때에만 그것을 붙들기 위해 노력할 것이다. 예수님께서 우리에게 보장하신 현재 여기서부터 시작하는 영원한 삶, 즉 훌륭하고 영원한 삶에 대한 하나님의 약속을 우리가 믿는다면, 우리는 모든 것을 바쳐 그것을 붙들고 그것에 매달리려고 할 것이다. 예수님께서 나눔을 통해 천국에 보물을 쌓으라고 하시고, 우리 마음은 보물을 따라간다고 하셨기 때문에(마 6:19-21), 그렇게 살아가는 우리는 영원히 살 곳에 확정적 권리를 가지고 있다. 나눔은 우리의 영원한 삶을 현재에 누릴 수 있도록 도와준다.

인도 뭄바이에서 공인회계사로 일하는 라자 B. 싱은 성경을 공부하다가 구약에 세 가지 십일조 명령이 있는 것을 발견했는데, 그중 하나는 3년마다 하는 것이었다. 따라서 이스라엘 백성들은 매년 소득의 23.34퍼센트에 자발적인 헌금을 더하여 드렸다. 라자와 그의 아내 샨티는 구약의 법에 구속될 필요는 없다는 것은 알았지만, 오늘날 은혜로 살아가는 그들이 왜 이스라엘 사람들보다 적게 드려야 하는지 이상하게 생각했다.

그래서 이들 부부는 나눔을 23.34퍼센트까지 올리기로 결정했다. 나중에는 더 많이 드리기 시작했는데, 하나님이 요구하시기 때문이 아니라 하나님이 관대하시기 때문에, 그리고 다른 사람들과 나누는 것은 생명을 주는 것이기 때문에 그렇게 하였다. 라자는 이렇게 말한다. "나눔의 기쁨은 당신의 나눔을 더 증가시키고, 그 숫자를 보지 않게 해줘요."[6] 인도에서는 기부에 대한 세금공제가 없으므로 기부를 미국에서 했다고 하면 훨씬 많은 금액이 되었을 것이다.

라자와 샨타는 '재정적인 관대함이 영성을 측정하는 지표'라고 믿는다.[7] 또한 그들은 복음전도에 대한 열정을 가지고 있다. 샨타는 이웃에 사는 주부들을 위해 성경공부를 인도하고, 뭄바이에 있는 교도소 사역을 하고 있다. 라자는 성경 보급 단체인 기드온을 통해 여러 곳을 다니며 말씀을 전하고 있다. 간단히 말해서, 그들은 영원한 삶을 소유했고 그 결과 현재 풍성한 삶을 살아가고 있으며, 그들의 자녀들도 동일한 것을 경험하고 있다. 싱 부부는 이렇게 말한다. "당신의 자녀들을 여기에 동참시키면… 그들 또한 관대함의 세계에 들어오게 되지요. 이는 당신에게 말할 수 없이 큰 기쁨을 줄 거예요."[8]

멋진 인생은 행복한 하나님과 함께 시작하고 함께 끝난다

하나님은 "만물을 살게 하신" 분이다(딤전 6:13). 이 구절은 생명 그 자체이시고 모든 생명의 원천이신 창조주 하나님에 대해 이야기한다. 그리스어 세 단어로 표현된 것이 디모데전서에서는 '생명'이라는 한 단어로 번역되었다. 이 영어 단어는 번역본에 따라 이 편지에 일곱 번에서 열 번 정도 나온다. 이렇게 많이 등장하는 것으로 보아 이 단어가 얼마나 중요한지 알 수 있다.

- "내가 긍휼을 입은 까닭은 … 주를 믿어 **영생** 얻는 자들에게 본이 되게 하려 하심이라"(1:16).
- "육체의 연단은 약간의 유익이 있으나 경건은 범사에 유익하니 **금생**과 **내생**에 약속이 있느니라"(4:8).

- "그대는 **그대의 삶**과 가르치는 일을 잘 살펴 꾸준히 그 일을 계속 하시오"(4:16, 현대인의성경).
- "믿음의 선한 싸움을 싸우라 **영생**을 취하라 이를 위하여 네가 부르심을 받았고"(6:12).
- "나는 만물에게 **생명**을 주시는 하나님 앞과 … 그리스도 예수 앞에서, 그대에게 명령합니다"(6:13, 새번역).
- "이것이 장래에 자기를 위하여 좋은 터를 쌓아 참된 **생명**을 취하는 것이니라"(6:19).

이 구절들에 새겨진 찬양이 바울이 하나님을 예배할 때 흘러나온다. "하나님은 복되시고 유일하신 주권자이시며 만왕의 왕이시며 만주의 주시오 오직 그에게만 죽지 아니함이 있고 가까이 가지 못할 빛에 거하시고 어떤 사람도 보지 못하였고 또 볼 수 없는 이시니 그에게 존귀와 영원한 권능을 돌릴지어다 아멘"(딤전 6:15-16).

여기서 '복되시고'로 번역된 단어는 '행복한'으로 옮기는 것이 더 낫다.[9] 바울은 하나님이 온 우주를 다스리는 분이실 뿐만 아니라 그가 행복한 속성을 가지고 계심을 분명히 하고 있다. 디모데전서 1장 11절에서도 '복되신[행복한] 하나님의 영광의 복음'을 맡기셨다고 동일하게 말하고 있다.

찰스 스펄전은 이렇게 말한다. "복음은… 행복의 복음입니다. '복되신 하나님'이라고 했는데, 이에 대한 보다 정확한 번역은 '행복한 하나님'입니다. 그렇다면 행복해짐으로 복음을 아름답게 만드십시오!"[10]

그리스어 학자인 A. T. 로버트슨은 디모데전서 6장 15절을 다음과 같이 번역했다. "행복하고 유일한 통치자."[11] 이 구절에 대한 다른 전문가들의 설명을 살펴보자. "여기서 '복되신'이란… '행복하다'라는 의미다. … 우리는 행복한 하나님, 행복한 통치자를 가지고 있다. … 완전히 행복하고, 완전히 전능하신."[12] "'복되신'이란 단어가 가리키는 것은… 최고의 행복이다."[13] A. W. 핑크는 디모데전서 6장 15절에 나오는 '행복한 하나님'의 뜻을, "삼위일체의 하나님 자신이 모든 축복과 기쁨의 원천이시다. 하나님은 그분 자체로 부족한 것이 없으시며, 무한히 복되며 행복한 분이시다."[14]

행복한 통치자이신 "오직 그에게만 죽지 아니함이 있고"의 의미는, 우리와는 다르게 그분은 다른 일체의 도움이 없이 생명 그 자체시라는 뜻이다. 이 땅에 살고 있는 모든 사람은 그분의 일반 은총을 누리며 살아간다. 그분과 함께 영원히 살 모든 사람들은 그분의 특별 은총을 통해 영원한 생명을 부여받는다.

멋진 인생에 대한 어떤 논의도, 행복한 통치자이신 하나님으로부터 오는 영원히 멋진 삶을 이해하지 않고는 불완전할 수밖에 없다. 생명이 넘치고 기쁨이 충만하신 하나님은 돈을 비롯한 다른 모든 거짓된 신보다 무한대로 위대하시다. 그분은 절대적으로 거룩하시고, 초월적이시고, 예배 받기에 합당하신 분이다. 그분의 통치는 완전하고 영원하다. 그의 사랑하는 자녀들이 그분의 속성의 경이로움과 은혜의 깊이를 알아가는 데는 영원히 지속되는 삶도 결코 길다고 할 수 없다.

하나님은 우리의 나눔에 있어 최고 통치자이시다

하나님의 통치권은 나눔에 있어 특별한 기쁨을 안겨준다고 나는 믿는다. 최근 내가 멘토링하고 있는 13살 된 루이스와 드라이브를 한 적이 있다. 수년 동안 가보지 않았던 길로 들어가 좌회전 차선에 서 있었는데, 빨간불이 바뀌지 않아 오래 서 있을 수밖에 없었다. 그때 인도 쪽에서 20대 여성이 "동전 좀 바꿔 줄 수 있나요?"라고 소리쳤다.

우리 차와 그 여자 사이에는 아무도 없었기에 손짓해 오라고 하여 동전을 주었고, 복음의 메시지가 들어 있는 내가 지은 소책자 「당신이 항상 알고 싶어 하는 천국에 관한 모든 것」(Everything You Always Wanted to Know about Heaven)도 함께 손에 쥐여 주었다. 그녀는 "멋지네요"라고 감사를 표하며, 인도 쪽으로 돌아갔다.

그러고 나서 나는 루이스에게 말했다. "내가 만일 다른 길로 갔거나 신호등이 2초 후 노란색으로 바뀌었다면, 우리는 여기 있지 못했을 거야. 또한 그 여자가 그 횡단보도에 30초 일찍이나 혹은 늦게 왔다면 나를 부르지 못했겠지."

그리고 내가 그 책을 채워 넣을 마음이 없어 하루 전에 차 안에 두지 않았다면 그녀에게 줄 수 없었을 것이라고 나는 연이어 말했다. 게다가 이 일이 다른 시간에 일어났다면, 루이스와 나는 하나님이 역사하시는 것을 함께 보는 재미를 갖지 못했을 것이다.

루이스와 나는 그 순간 하나님의 통치권뿐만 아니라 그분의 행복을 감지할 수 있었다. 내가 결코 계획하지 않은 일에서 기대하지 않은 하나님의 임재를 직면하는 것은 얼마나 큰 기쁨인지 모른다.

나는 그 여자가 어떤 사람인지, 그 책을 읽거나 복음에 반응을 하였는지, 그 책이 다른 사람에게 전해져서 그것으로 인해 그 사람이 변화되었는지 알지 못한다. 그러나 그런 일이 일어났다면, 언젠가 그녀를 다시 보거나 그 책을 통해 하나님이 감동을 준 사람을 만나게 될 것이다.

하나님은 우리가 관대해질 수 있는 독특한 기회들을 주권적으로 계획하신다. 그분은 이러한 성스러운 연결의 순간을 기뻐하시며, 우리도 그러해야 한다.

하늘에서 떨어진 100달러짜리 지폐

호세는 예수님을 따르는 사람이다. 그가 밖에서 동료와 이야기를 나누던 어느 날, 그 친구는 그날 밤에 어디서 잠을 자야 할지 모르겠다며 걱정하고 있었다. 그런데 그 순간 호세는 웅덩이에 뭔가 떠 있는 것을 발견했다. 100달러짜리 지폐였다!

호세는 이렇게 쉽게 말할 수도 있었다. “주님, 잘 되었네요! 이 돈으로 많은 것을 할 수 있겠어요.” 그러나 호세는 그것을 깜짝 놀라는 친구에게 주면서, “하나님께서 너를 위해 돈을 준비해 주셨어”라고 말했다. 일시적으로 집을 잃게 된 그 친구는 다른 친구 집으로 가는 기차를 타는 데 40달러만 있으면 된다고 말하며 나머지 60달러는 호세가 가지라고 우겼다. 호세는 그 돈을 자신이 갖지 않고 힘든 상황에 있는 농부에게 주어, 또 다른 사람의 삶에 감동을 주었다.*

* Facebook comment in reply to my post requesting giving stories.

토의를 위한 질문들

1. 갈라디아서 5장 16-26절을 읽으라. 그리스도인이 추구해야 할 덕은 무엇이며, 바울이 디모데에게 디모데전서 6장 11-16절에서 좇으라고 한 것과 이러한 덕은 어떻게 비슷한가?

2. 누군가가 당신에게 영원이 어떤 모습이라고 생각하는지 묻는다면, 어떻게 묘사하겠는가? 천국과 새 땅에서의 영원한 삶에 대한 깊은 이해가 당신의 돈과 소유에 대한 관점을 어떻게 바꾸는가?

3. 물질만능주의로부터 하나님을 추구하는 것으로 방향을 전환할 때 얻게 되는 주요 이득은 무엇이라고 생각하는가?

12장
진정한 부의 원천

나눔은 예배의 가장 뛰어난 행동이다.
코넬리우스 다이크

네 하나님 여호와를 기억하라
그가 네게 재물 얻을 능력을 주셨음이라
신 8:18

알랜 반하트는 미국에서 가장 큰 중장비 업체 중 하나인 '반하트 크레인 앤 리깅' 회사의 회장이다. 그와 아내 캐서린과 자녀들은 하나님의 돈을 주의 깊고 관대하게 관리하는 모범을 보여 준다. "내가 가진 모든 것과 나의 나된 모든 것은 하나님으로부터 왔고, 하나님께 속했으며, 나는 그것의 청지기입니다"라고 알랜은 말한다. "나의 임무는 '그분이 주신 것으로 하나님이 원하시는 것을 어떻게 찾아내는가'에 있어요."[1]

그가 학교를 마쳤을 때, 여러 친구들은 그에게 신학교에 가서 풀타임으로 하나님의 일을 하라고 격려했다. 알랜은 그 당시를 회상하며 이렇게 말했다. "나는 예수님을 따르는 모든 사람이 풀타임 사역자임을 깨달았어요. … 그리고 나는 설교나 가르침보다는 비즈니스와 엔지니어링에 하나님이 더 많은 은사를 주셨다고 느꼈어요."[2]

젊을 때부터 알랜은 부의 부정적인 면에 대한 예수님의 경고를 심각하게 받아들였다. 그래서 그의 형제와 함께 사업을 시작했을 때 생활 스타일의 최고치를 어느 정도로 유지할 것인가를 포함한 안전장치를 마련하였다.

하나님의 은혜로 반하트 크레인 앤 리깅 회사는 지난 30년 동안 매년 약 20퍼센트 가량 성장하였고, 1000명 이상의 직원을 두게 되었다. 비즈니스 첫해에는 50,000달러를 기부했는데, 이것은 알랜의 연봉보다 많은 금액이었다. 그 이후 반하트 부부는 이익금 중에서 크리스천 사역에 1억 달러 이상을 기부하였다.

2007년에 에릭과 알랜, 그리고 그들의 가족들은 회사를 내셔널 크리스천 파운데이션에 기증하였다. 그들은 여전히 회사를 운영하고 월급을 받지만, 이 형제들은 회사를 소유하지 않고 있으며 그들의 후손들도 그러지 않을 것이다.

그의 가족들이 왜 수입보다 훨씬 낮은 수준의 삶을 살기로 선택했는지 묻자, 알랜은 그것을 하나님 나라의 일을 후원하는 것과 연관 지어 생각한다고 말했다. "군대 취사병이 군인들보다 더 나은 음식을 먹으면 안 된다고 생각합니다."[3]

캐서린 반하트는 말한다. "나눔이 우리의 영혼을 먹입니다. 나눔은 우리 바깥을 바라보게 해요. … 우리는 우리가 사랑하는 하나님을 섬기기 위해 나눕니다."[4]

물질만능주의에 대한 항생제가 있다

반하트 부부의 이야기는 물질적인 부의 유혹을 피하고 하나님의 나라를 세우는 일에 물질을 사용할 수 있는 가능성을 보여 준다. 나눔은 다른 어떤 것보다 효율적으로 물질만능주의라는 거짓 신을 넘어뜨릴 수 있는 도구다.

바울은 부자가 되려는 욕망에 대해 경고한 후, 디모데전서 6장 17절에서 부지런해서든, 독창적으로든, 아니면 상속을 받아서든 부자가 된 독자들에게 지침을 준다. "네가 이 세대에서 부한 자들을 명하여 마음을 높이지 말고 정함이 없는 재물에 소망을 두지 말고 오직 우리에게 모든 것을 후히 주사 누리게 하시는 하나님께 두며."

이러한 것들은 고려해야 할 제안이 아니라 순종해야 할 명령이다. 바울이 부자를 말할 때 사용한 단어는, 예수님께서 "부자는 천국에 들어가기가 어려우니라"(마 19:23)에서 사용하신 단어와 동일하다. 그렇다면 예수님께서 부자 관원 청년에게 지시하셨던 것처럼(마 19:21) 부자는 모든 것을 나눠 주어야 한다는 뜻인가? 그렇지 않다. 말씀은 이 가르침이 모두에게 적용되는 것이 아님을 보여 준다. 나사로, 마리아, 마르다는 그들의 큰 집을 예수님과 그의 제자들을 섬기는 데 사용하였는데, 이것을 팔아 나눠 주라고 요구받지 않았다. 예수님 자신도 부유한 세리 집에서 열렸던 것을 포함한(마 9:10-11) 잔치들에 참여했다는 이유로 비판을 받으셨다.

디모데전서 1장은 부자를 비난하지도 무시하지도 않는다. 필요 이상의 많은 재물을 가진 그리스도를 따르는 사람들도 하나님을 기쁘시게 할 수 있고, 그분의 목적을 이룰 수 있으며, 영원한 상급을 받을 수 있고, 이 세상에서 진정한 목적과 풍성함을 발견할 수 있다는 것을 인정한다. 하나님은 우리 대부분에게 모든 것을 나누라고 요구하지는 않으셨지만, 우리가 그분의 진정한 제자라면 우리의 모든 재정이 하나님의 것임을 인정해야 한다.

부유하게 되는 것과 부자가 되기를 원하는 것에 대한 성경의 많은 경고가 있음에도 불구하고, 모든 것이 하나님께 속했음을 깨달음으로, 그것으로 무엇을 해야 하는지 물어봄으로, 관대하게 나눔으로 우리가 실제로 하나님을 높일 수 있다는 사실은 기쁜 소식이다.

누가 부자인가

바울이 디모데전서 6장 17-19절에서 말하는 부자는 누구인가? 우리 자신을 부자라고 생각하지 않는다면 이 구절은 우리와는 상관없다는 결론을 내릴 수 있다.

'나눔은 좋은 생각이야. 언젠가 돈을 더 번다면 그렇게 할 수 있겠지.' 당신은 이렇게 생각할지 모른다. 당신은 현재 나눌 수 있는 여윳돈이 없는 것처럼 느낄 수도 있다. 물론 빌 게이츠와 비교하면 돈이 많이 없는 것이 사실이다. 그러나 지구상의 98-99퍼센트 사람들과 비교하면, 당신은 상당히 많은 돈을 가지고 있다! 문제는 이것이다. 돈과 소유에 대한 말만 나오면, 우리는 우리 아래에 있는 사람이 아니라 위에 있는 사람과 비교하려는 경향이 있다.

미국에서 백만장자는 전체 인구의 4퍼센트를 차지한다.[5] 이런 사람들은 부자의 자격이 있다고 간주하기 쉽다. 그러나 현재 미국의 저소득층이나 중산층이 사용할 수 있는 소비재의 품질이나 다양성, 그리고 그들이 감당할 수 있는 여유는, 지난 1세기의 부자나 가난한 사람을 막론하고 그 어떤 사람들보다 훨씬 높은 수준임을 생각해 보라. 현대기술이나 전기, 배관, 의료혜택, 교육, 여행의 기회, 다양한 음식과 활동들, 그리고 물질적인 이점들 등을 고려해 보면, 역사를 통틀어 왕들이 누렸던 것보다 지금 우리가 훨씬 많이 누리고 있다!

만일 당신이나 당신 자녀가 영양실조 상태나 노예 상태가 아니고, 깨끗한 물과 잠잘 집이 있다면, 이것만으로도 상대적으로 부유한 것이 사실이다. 만일 '나는 나눌 수 있을 만큼 충분한 돈이 없어'라는 생각이 들려고 한다면, 당신 자신을 당신보다 더 많이 가지고 있는 소수의 사람들과 비교하지 마라. 오히려 적게 가진, 대부분은 훨씬 적게 가진 70억의 다른 사람들과 비교하라.

앞에서 언급하였지만, 미국에서 빈곤층으로 간주되는 가정의 소득은 대략 전 세계 소득의 상위 2퍼센트에 속한다.[6] 물론 부유하다는 것은 상대적이지만 세계 상위 2퍼센트에 드는 사람들은 부유하다고 간주되는 것이 마땅하다. 따라서 디모데전서 6장 17-19절에서 부자들에게 하고 있는 명령은 마땅히 우리 자신에게 적용해야 한다. 우리가 이런 식으로 우리 자신을 바라보는 데 익숙하지 않다 하더라도, 역사적인 기준이나 세계적인 기준으로 볼 때 실제로 우리는 부유하다.

이렇게 말함으로써 일부 미국인들이 재정적으로 심한 압박을 받고 있다는 사실을 축소하려는 의도는 없다. 많은 경우 그들의 잘못이 아니기도 하고, 우리는 그들을 분명히 도와야 한다.[7] 하지만 때때로 그것은 우선순위의 문제다. 우리는 나눌 것이 없다고 느낄 수 있지만, 마음내키는 대로 소비하는 것을 줄이고, 더 작은 집이나 아파트에 살고, 차를 더 오래 타고, 외식을 적게 하고, 카페에 가는 횟수를 줄이면 상당한 금액을 나눌 수 있는 여유가 생긴다. 그리고 나눔의 기쁨을 일단 경험하고 나면, 그렇지 않으면 쉽게 구입했을 꼭 필요하지 않은 것보다 더 만족을 주고 오래 지속되는 가치가 있다는 것을 알게 될 것이다.

가난한 사람은 누구인가

- 지구상에는 모든 사람에게 필요한 평균 칼로리를 공급하기에 충분한 음식이 생산되고 있지만, 아홉 명 중 한 명은 충분한 음식을 공급받지 못하고 있다. 이는 굶주리는 사람이 지구상에 8억 명 이상이나 된다는 뜻이다.*
- 전 세계 어린이의 약 사분의 일이 영양실조로 인해 성장이 저하되고 있다. 전 세계적으로 매년 약 560만 명의 5세 이하 아이들이 목숨을 잃고 있는데, 이들 중 반 이상은 영양실조 때문이다.**
- 오늘날 전 세계에는 2천만에서 3천만 명의 노예가 있다. 미국 국무부에 따르면, 매년 600,000명에서 800,000명이 국경을 통해 밀거래되고 있다. 이들 중 80퍼센트는 여성이고, 반은 어린이들이다. 인간 밀거래의 80퍼센트는 성적 착취와 관련이 있고, 나머지는 노동력 착취 때문이다.***
- 또 다른 형태의 빈곤은 생명의 권리를 박탈당하는 것으로 전 세계적으로 매년 5,600만 명에 대한 낙태가 자행되고 있다.****

* "Global Hunger Continues to Rise, New UN report says," World Health Organization, September 11, 2018, https://www .who.int/news-room/detail/11-09-2018-global-hunger-continues-to-rise---new-un-report-says.

** World Child Hunger Facts, World Hunger Education Service, accessed January 28, 2019, https://www.world hunger.org/world-child-hunger-facts/.

*** "11 Facts about Human Trafficking," DoSomething.org, accessed January 24, 2019, https://www.dosomething.org/us/facts/11-facts-about-human-rafficking.

**** "Induced Abortion Worldwide," Guttmacher Institute, March 2018, https://www.guttmacher.org/fact-sheet/induced-abortion-worldwide.

하나님은 모든 것을 소유하신다

부유한 사람들이 욕심, 교만, 강한 소유욕을 피할 수 있는 열쇠는 모든 것에 대한 하나님의 소유권을 인식하는 것이다. 이것은 하나님의 말씀이 강조하는 것이기도 하다.

- “하늘과 모든 하늘의 하늘과 땅과 그 위의 만물은 본래 네 하나님 여호와께 속한 것이로되”(신 10:14).
- “토지를 영구히 팔지 말 것은 토지는 다 내 것임이니라 너희는 거류민이요 동거하는 자로서 나와 함께 있느니라”(레 25:23).
- “여호와여 위대하심과 권능과 영광과 승리와 위엄이 다 주께 속하였사오니 천지에 있는 것이 다 주의 것이로소이다”(대상 29:11).
- “이는 삼림의 짐승들과 뭇 산의 가축이 다 내 것이며 산의 모든 새들도 내가 아는 것이며 들의 짐승도 내 것임이로다 … 세계와 거기에 충만한 것이 내 것임이로다”(시 50:10-12).

적어도 내 몸은 내 것이라고 생각하는 사람들에게 성경은 이렇게 말한다. “너희는 너희 자신의 것이 아니라 값으로 산 것이 되었으니”(고전 6:19-20). 우리는 두 번 하나님의 것이 되었다. 첫 번째는 창조에 의해, 두 번째는 구속에 의해. 하나님의 완전한 소유권을 인식하는 것이 교만을 죽일 수 있는 방법이다. 우리는 우리에게 속하지 않은 것을 자랑할 필요가 없다.

만일 우리가 우리 소유물과 돈의 궁극적인 소유주라면, 어느 누구도 그것으로 무엇을 하라고 말할 자격이 없다. 따라서 하나님이 모든 것을 소유하시고 우리는 청지기라는 것을 확실하게 붙들기 전까지 우리는 관대하게 나누는 사람이 될 수 없을 것이다.

간단하게 말하면, 청지기는 소유주가 자신의 재산을 관리하도록 맡긴 사람이다. 청지기의 임무는 신실하게 소유주의 재산을 다루고, 소유주에게 속한 것으로 무엇을 해야 하는지 지시를 받고 확인하는 것이다. 우리는 하나님의 청지기이고, 우리에게 맡겨진 일을 어떻게 행했는지 그분 앞에서 결산할 날이 올 것이다. "맡은 자들에게 구할 것은 충성이니라"(고전 4:2). 다른 번역에서는 이렇게 표현하였다. "신탁관리자의 가장 중요한 책임 요건은 신탁을 감당할 만한지 증명하는 것이다"(PHILLIPS).

실제로 소유하지도 않았으면서 누가 소유주인지 분명하게 알지 못하는 청지기나 신탁관리인은, 관리할 책임이 있는 것을 횡령하거나, 하나님께 속한 것을 훔치거나, 자신들이 좋을 대로 써버리게 된다.

최근에 어떤 사람이 내게 이런 말을 하였다. "'모든 것이 하나님께 속했다'고 말하는 것은 아무런 의미가 없어요. 모든 사람이 그것을 이미 알고 있거든요."

나는 동의하지 않는다. 첫째로, 많은 사람들이 실제로 그런 말을 듣지 못했다. 둘째로, 그 말을 이미 들었다고 해도 그것을 정말 믿는 사람들은 별로 없다. 혹은 이론적으로 동의할지는 몰라도 그것이 사실인 것처럼 살지는 않는다.

어떤 사람이 내 친구이자 유명한 크리스천 재정 상담가인 론 부루에게 이렇게 질문했다. "당신 인생의 좌우명을 한 문장으로 요약하면 무엇인가요?" 그는 이렇게 대답했다. "하나님이 모든 것을 소유하십니다." 이것은 아마 지금까지 알려진 재정에 대한 통찰 중 가장 성경적인 표현일 것이다.

일단 우리가 하나님의 소유권을 진정으로 받아들인다면, 그분에게 **그분의** 돈과 소유로 무엇을 하기를 원하시는지 정기적으로 묻는 것이 그 첫 걸음이 되어야 한다. 그분이 우리에게 맡기신 모든 것을 그분 앞에 내려놓는 자리로 갈 때까지는 예수의 진정한 제자가 될 수 없다.

든든한 배경을 우리가 잘한 것으로 주장해서는 안 된다

하나님이 우리의 주된 공급자임을 잊으면 거만하게 될 수밖에 없다. 우리는 자신의 열심과 재주에 대해 지나치게 많은 찬사를 보내게 된다. 우리의 가정환경, 유산, 교육 등의 혜택을 잊기 쉽고, 무의식적으로 자신이 다른 사람보다 더 낫다고 여기며, 특히 가난한 사람에 대해서는 더욱 그렇게 생각한다.

어떤 사람들은 누구나 혼자 힘으로 스스로 일어서야 한다고 쉽게 이야기한다. 하지만 우리에게 안정된 부모나 좋은 학교, 긍정적인 롤 모델이 없었다면 우리는 아주 열악한 환경에서 성장했을 것이다. 다른 본문에서도 말한 적이 있지만, 처음부터 3루에서 태어난 많은 부유한 사람들은 자신들이 3루타를 쳤다고 항상 자랑한다.

말씀은 이렇게 말한다. "오직 겸손한 마음으로 각각 자기보다 남을 낫게 여기고"(빌 2:3). 우리의 모델은 예수님이시고, 그분은 천국에서 누릴 수 있는 모든 특권을 겸손하게 포기하셨다(빌 2:3-11). 우리는 잘못된 교만과 싸워야 하고, 우리가 들이마시는 공기, 숨을 쉴 때 작동하는 허파, 돈을 벌 수 있는 능력이 하나님의 관대하신 손에서 나왔음을 기억해야 한다(신 8:18).

교만은 그 속성상 자기중심적이다. 만일 우리가 자신의 위대함을 자축하는 목적으로 산다면, 아주 초라하고 불쌍한 삶이 계속될 것이다. 그러나 하나님의 위대하심에 초점을 맞추고, 다른 사람들을 섬기는 삶을 살아간다면 가장 좋은 의미에서 크게 살아갈 것이다.

나는 어릴 때부터 별을 바라보는 것을 좋아했다. 수년간 밤마다 밖으로 나가 나를 경이롭게 만드는, 나 자신보다 훨씬 거대한 것을 올려보았다. 우주의 신비함을 바라볼 때는 나 자신에 대해서 아무 생각도 하지 **않았다**(따뜻한 집안에서 그렇게 할 수도 있었다!). 이와 유사하게 어른이 되어서는 스노클링을 좋아하게 되었다. 어떨 때는 몇 시간씩 바닷속에서 경이로움을 느끼며 하나님을 예배하느라 정신이 없다. 이때 나는 말할 수 없는 행복을 느낀다. 나눔은 한 걸음 물러나서 우리 자신보다 훨씬 더 큰 무엇이 있음을 깨닫게 한다. 그럴 때 우리는 하나님이 일하고 계시며, 그 일에 참여하도록 우리를 초청하시는 것을 깨닫고 경이로움에 빠진다!

부는 순식간에 사라진다

바울은 부자들에게 그들의 부가 일시적임을 상기시킨다. 그들은 **"이 세대에서 부한 자들"**(딤전 6:17)이다. 우리의 부가 하나님의 영광을 위해 하나님께서 우리에게 선물로 주셨다는 것을 이해하게 되면, 굶주린 사람들을 먹이든, 성경 번역을 돕든, 불의에 대항하든, 미전도 종족에게 접근하든, 그분과 그리스도를 높이는 목적에 우리 자신을 헌신하게 될 것이다. 우리의 마음은 거만하게 될 여지가 전혀 없게 될 것이다. 우리는 겸손하게 되고, 왕의 자녀가 되는 특권을 느끼며 마음 깊이 감사하는 종이 될 것이다!

성경은 부를 추구하는 사람들에 대해 이런 유머 있는 논평을 한다. "네가 어찌 허무한 것에 주목하겠느냐 정녕히 재물은 스스로 날개를 내어 하늘을 나는 독수리처럼 날아가리라"(잠 23:5).

우리는 돈에 희망을 두려는 유혹을 자주 받지만, 장기적으로 보면 돈은 항상 우리를 실망시킨다. 이 실망으로부터 벗어나는 유일하고 확실한 방법은, 하나님이 당신의 모든 것이 되시도록 많은 것을 나누는 것이다.

우리는 '희망'이라는 단어를 사용할 때, 종종 성공할 가능성이 거의 없는, 말 그대로 희망사항을 말한다(대통령이 되고 싶어, 경품에 당첨되었으면 좋겠어). 하지만 성경에서는 희망을 다르게 본다. 하나님께 희망을 두는 것은 생명과 의미와 안전의 원천으로서의 그분을 아는 것이다. 그분은 전능하시고, 우리를 너무나 사랑하시기 때문에 결코 우리를 버리지 않으신다. 이 말은 그분께 희망을 두면, 단순히 그렇게 되기를 소원하는 데서 그치는 것이 아니라 바위처럼 단단한 확실한 보증을 해주신다는 뜻이다.

돈은 이와 대조적으로 변덕스럽다. "자기의 재물을 의지하는 자는 패망하려니와 의인은 푸른 잎사귀 같아서 번성하리라"(잠 11:28). 하나님만이 영원히 확실하고, 의지할 만하고, 믿을 만하다.

우리 마음은 항상 돈을 따라갈 것이다. 이 말은 우리가 가진 것을 나눌 때 자연스럽게 하나님과, 우리의 보물이 쌓이는 천국에 더 많은 희망을 가지게 된다는 뜻이다.

하나님은 관대한 분이지, 인색한 분이 아니다

바울은 이 세상에서 부유한 사람들에게, 그들의 희망을 "우리에게 모든 것을 후히 주사 누리게 하시는"(딤전 6:17) 하나님께 두라고 명령한다. 하나님의 모범을 따를 때, 우리는 도움이 필요한 사람에게 관대하게 나누어 줌으로 그들에게 기쁨을 주는 삶을 살게 된다. 하나님은 나눔이라는 부르심을 우리의 자유를 박탈하는 행위가 아니라 풍성함과 기쁨이 흘러넘치는 행동으로 묘사하신다.

디모데전서 6장 6-10절에서 바울은 돈 사랑의 위험성을 경고하고, 사치스럽고 자기중심적인 생활 스타일을 함축적으로 정죄한다. 그래도 17절에서 하나님의 자녀들이 그분의 창조와 공급하심의 즐거움을 즐기도록 허락하신다고 말하는 부분은 주목할 만하다. 우리가 가진 모든 것을 나누는 것이 하나님의 의도는 아니다. 하나님이 우리에게 즐길 수 있는 모든 것을 주셨기 때문에 우리는 그것을 누릴 필요가 있다.

관대하게 나누는 삶을 살면서도 돈으로 살 수 있는 것을 즐길 수 있는 여지가 있음은 분명하다. 성경은 사회주의를 칭송하거나, 금욕주의를 권장하거나, 가난을 좋은 것으로 여기거나, 물질적인 소유를 즐기는 것을 정죄하지 않는다.

하나님은 그분의 자녀들에게 인색하지 않으시며, 우리가 다른 사람에게 보이도록 부르신 엄청날 정도의 관대함을 우리에게도 동일하게 보여 주시는 모델이기도 하시다. 그분은 측량할 수 없이 부유하시고, 한없이 관대하시다. 하나님은 우주 만물을 소유하시고, 심지어 그분을 모르는 사람에게도 관대하게 주신다(행 14:17). 또한 그분은 자녀들에게 선물을 주면서 특별한 즐거움을 느끼신다. 예수님은 이렇게 말씀하셨다. "너희가 악한 자라도 좋은 것으로 자식에게 줄 줄 알거든 하물며 하늘에 계신 너희 아버지께서 구하는 자에게 좋은 것으로 주시지 않겠느냐"(마 7:11).

월드와이드 잉글리시 바이블은 디모데전서 6장 17절을 이렇게 옮긴다. "우리를 행복하게 하기 위해 하나님은 모든 것을 풍족하게 주셨다." 행복의 열쇠는 우리가 받은 선물의 원천을 깨닫고, 그것을 우리에게 주신 하나님께 감사하는 데 있다. 물질적인 선물은 이차적인 것이지만, 그것을 친절하고 관대하신 아버지가 주시는 사랑의 공급으로 바라볼 때 우리는 그것을 가장 잘 즐길 수 있다.

지난 장에서, 디모데전서 6장 15절에 나오는 하나님을 가장 잘 번역한 것은 '하나님, 행복하신 분, 그리고 유일한 주권자'라고 지적한 바 있다. 바울은 행복한 하나님을 묘사한 후, 바로 두 절 이후에 "우리에게 모든 것을 후히 주사 누리게 하시는" 하나님(17절)을 말한다. 15절을 '행복한 하나님'이라고 번역하면, 17절은 그로부터의 자연스러운 결과가 된다. 행복한 하나님 외에 그 누가 우리의 즐거움을 위해 풍성하게 공급해 주겠는가?

하나님은 즐거움의 원천을 몇 가지만 주신 것이 아니다. 이 세상에서 즐길 수 있는 온갖 종류의 것들을 우리를 위해 기쁘게 주셨다. 그중에서도 어떤 것들은 공짜로 주셨는데, 우리는 일출을 바라보거나 꽃길을 따라 걸으며 향기를 맡기 위해 비용을 지불할 필요가 없다. 그랜드캐년이나 스모키 마운틴을 여행하려면 어느 정도 비용이 들지만, 하나님과 가족, 그리고 친구들과 깊은 관계를 맺기 위해 그러한 여행을 하는 것은 은혜가 풍성하신 하나님의 관대함에 속한 것이라고 믿는다. 또한 디모데전서 6장 17절은 우리의 마음과 생각이 하나님께 더 가까이 가도록 돕는 좋은 책을 사거나, 사랑하는 사람들과 좋아하는 식당에 가서 음식을 먹거나, 좋아하는 애완동물과 함께 즐길 수 있도록 기회를 주는데, 우리는 이 모든 것을 베풀어 주신 하나님의 친절하심에 감사하지 않을 수 없다.

하나님은 그분을 따르는 사람들이 수도승처럼 외딴 독방에서, 만찬이나 파티를 하면서 즐기는 것과는 완전히 담을 쌓고 살아가기를 원하지 않으신다. 하나님은 마치 크리스마스 나무 밑에 특별히 준비한 선물들을 놓고 자녀들이 그들만을 위해 선택된 선물에 기뻐하는 모습을 보며 즐거워하는 부모와 같다.

모든 것을 풍족하게 가지고 계신 하나님이 풍성하게 공급하신다

디모데전서 6장 17절에서는 단어 놀이를 한다. "네가 이 세대에서 부한 자들(rich)을 명하여 마음을 높이지 말고 정함이 없는 재물(riches)에 소망을 두지 말고 오직 우리에게 모든 것을 후히(richly) 주사 누리게 하시는 하나님께 두며."

때때로 우리는 하나님이 보여 주시는 많은 경이로움들, 예를 들어

벌새의 아름다움이나 장미의 찬란함, 가지에서 딴 포도의 맛 등을 당연하게 생각한다. 나는 완전히 맛있게 익은 블랙베리의 향기를 맡으며 얼굴에 따뜻한 햇살이 비치는 늦여름 오리건 주 그레샴에서 자전거를 타는 즐거움을 만끽한다. 이런 것은 소소한 것인가? 물론 그렇기는 하다. 그러나 하나님이 "모든 것"을 우리의 즐거움을 위해 준비하셨다는 것은 얼마나 격려가 되는가. 하나님의 관대함은 풍부하다. 그분의 선물은 주위에 보이는 모든 곳과 보이지 않는 모든 곳에 널려 있다.

부자들에 대한 가르침을 하는 도중에 바울은 하나님의 속성에 대한 언급을 잠시 하고 있다. 그는 하나님에 대해 요구가 많거나 규제가 많거나 인색하신 분이 아닌, 우리의 기쁨을 염두에 두고 모든 것을 공급하시는 기쁨이 충만한 분으로 묘사한다.

바울은 "인생을 즐기는 것을 중단하라"고 이야기하지 않고 "풍성한 삶인 멋진 인생을 즐기기 시작하라", "하나님이 당신에게 선물로 주신 모든 것을 즐기라"고 말한다. "보물에 신경을 쓰지 말라"고 말하지 않고 "보다 멋진 보물을 즐기고 관대함의 기쁨을 누리라"고 말한다. 우리 아버지는 우리의 고통을 기뻐하지 않으시고, 금욕적인 희생의 삶을 살라고 요구하지도 않으신다. 대신에 창조주는 우리가 기뻐할 때 아주 기뻐하신다. 하나님을 사랑의 아버지로 알고 그분을 사랑하는 하나님의 사람들보다 하나님의 세계를 더 즐길 수 있는 사람이 누가 있겠는가. 우리가 사랑하는 것들은 이 세상이 줄 수 있는 최선일 뿐 아니라 다가올 더 좋은 세상의 맛보기다. 그래서 우리는 현재 그분이 주시는 것에 대해 깊은 감사를 느낌과 동시에, 다가올 세상에서 그분이 약속하신 보물에 대한 크나큰 기대를 하게 된다.

이 세상 대부분의 사람들은 어떻게 살아가는가

전 세계에 살고 있는 다른 사람들은 정말 어떻게 살아가고 있는지 감이 잡히지 않을 때가 종종 있다. 경제학자 로버트 하일브로너는 수십억 명의 사람들의 실제 일상을 단계별로 마음속에 그려 볼 것을 권하고 있다.

1. 당신 집에서 테이블 하나와 몇 개의 의자를 제외하고 모든 가구를 끄집어내라. 침대 대용으로 담요와 깔개를 사용하라.
2. 가장 오래된 옷, 한 벌의 정장 혹은 셔츠를 제외하고 모든 옷을 치우라. 신발은 한 켤레만 남기라.
3. 작은 밀가루 한 포대, 약간의 설탕과 소금, 감자 몇 개, 양파 몇 개, 그리고 마른 콩 한 접시를 제외하고 식료품 저장실과 냉장고를 비워라.
4. 화장실을 없애고, 수돗물을 끊고, 집에 있는 모든 전기선을 제거하라.
5. 집을 떠나 가족들과 함께 공구창고로 이사하라.
6. 변두리의 빈민가에서 당신의 '집'을 구하라.
7. 당신은 글도 읽을 수 없으므로 신문, 잡지, 북 클럽 등 모든 구독을 취소하라.
8. 빈민가 동네 전체에 라디오 하나만 남겨라.
9. 가장 가까운 병원이나 진료소가 10마일 이상 떨어지게 이사하고, 아기를 낳을 때 의사 대신 산파를 부르라.
10. 당신의 수표책, 신용 카드, 주식 증명서, 은퇴 계획, 보험들을 던져 버려라. 가족을 위해 10달러를 비축하라.
11. 가장에게 몇 에이커의 농지를 경작하게 하라. 여기서 몇백 달러의 수확을 얻게 될 텐데, 이 중 삼분의 일은 지주에게, 십분의 일은 돈을 빌려 준 사람에게 지불하라.
12. 기대 수명에서 25년 혹은 그 이상을 줄이라.*

* Robert L. Heilbroner, *The Great Ascent: The Struggle for Economic Development in Our Time* (New York: Harper &Row, 1963), 33–36.

하나님은 최고로 좋은 부모다. 그분은 우리의 변덕에 비위를 맞추어 주거나, 우리가 요구한다고 다 들어주지는 않으신다. 그렇지만 우리의 필요를 살피시고, 심지어 우리가 원하는 것도 마음에 두시는 친절하고 은혜로운 사랑의 아버지이시다. 우리가 자세하게 우리 삶을 관찰한다면, 그분은 우리에게 놀랍고 즐거운 선물들을 자주 주시지만, 우리 인생을 아무런 염려도 없이 너무 편하게 만들어 망치게 하지 않으시는 것 또한 알 수 있을 것이다.

자마이카에서 로고스 호프 호의 승무원들과 한 주간을 보낸 후, 낸시와 나는 항구에서 배 안팎으로 사람들을 섬기는 400여 명의 젊은이들이 얼마나 열심히 일하는지를 보면서 깊은 감동을 받았다. 그들은 기독교 자료에 접근하기 어려운 사람들에게 좋은 책들을 저렴한 가격에 판매했다. 항구에 정박해 있을 때에는 시력 검사를 해주고, 독서 안경을 나눠 주며, 치과 봉사를 제공하고, 지역 주민들에게 선물로 놀이터를 만들어 주었다.

배에서 내리기 전에 리더들에게 이렇게 물었다. "이 배를 후원하고 승무원들에게 내 책을 몇 권씩 선물하는 것 이외에, 그들을 격려하기 위해 어떤 일을 할 수 있을까요?"

그들은 다가오는 연례 안식 주간에 대해 설명했는데, 승무원들이 이때만큼은 휴가에 가까운 휴식 시간을 갖는다고 했다. 이 주간에는 특별한 가르침을 듣거나 자신을 돌아보는 시간도 갖지만, 주로 흥겨운 순서로 신나는 시간을 보낸다. 그들은 승무원들을 가까운 섬으로 데리고 가서 수영과 스노클링을 하도록 해주고 싶은데, 특별 할인 가격이라 하더라도 작은 보트를 빌리는 데 비용이 많이 든다고 했다.

그들이 스노클링이라 말했을 때 나의 눈은 번쩍 떠졌다. 왜냐하면 그것은 하나님이 내게 주신 가장 큰 열정 중에 하나였기 때문이다. 기쁜 마음으로 낸시와 나는 나의 책 인세 중 일부로 전체 승무원들이 하루 동안 스노클링을 즐길 수 있는 비용을 대기로 결정했다. 우리가 떠나고 몇 주가 지나, 그들은 안식을 위해 섬으로 갔다. 얼마 후, 여러 승무원들이 보내온 이메일과 편지를 통해 그 시간이 얼마나 놀랍고 잊지 못할 경험이었는지 전해 들을 수 있었다.

신나게 스노클링을 할 수 있는 기회는 내 일생에 많이 있었다. 그것을 통해 나는 다양한 색깔의 고기들부터 수천 마리의 물고기 떼, 뱀장어, 게, 바다표범, 문어, 돌고래, 상어, 가오리에 이르기까지 바닷속의 다양한 경이로움을 만드신 하나님을 예배하는 순전한 기쁨을 맛보았다. 그러나 다양한 스노클링 경험 중에서 내게 가장 큰 기쁨을 준 것은, 아마도 내가 그곳에 없었던 바로 그 스노클링이었을 것이다!

60개 나라에서 온 그리스도를 섬기는 부지런한 젊은이들이 아름다운 섬에서 스노클링을 하며 하나님을 찬양하는 것을 생각했을 때, 나는 그들의 기쁨에 들어가 함께 참여할 수 있었다. 지금도 그때 생각을 하면 눈물이 나면서, 이런 일을 도울 수 있도록 믿어지지 않을 정도로 과분한 특권을 주신 하나님께 감사하게 된다. 수많은 작은 일로, 때때로 큰일로, 사랑의 아버지는 우리의 즐거움을 위해 정말 풍성하게 공급하신다.

토의를 위한 질문들

1. 당신이 부자라고 생각해 본 적이 있는가? globalrichlist.com에 의하면, 전 세계 기준으로 당신 가정의 소득이나 재산은 어디에 속하는가? 만일 당신의 가정이 소득수준 이하로 생활하면서, 필요하지 않은 것을 더 많이 나눈다면 어떻게 되겠는가?

2. 하나님이 당신에게 주신 은사와 장점에 대해 생각할 시간을 가져보라(예를 들어 가족, 성장, 교육, 재정적인 자원 등). 이것은 다음의 예수님 말씀과 관련하여 생각해 볼 때 무엇을 말해 주고 있는가? "많이 받은 자에게는 많이 요구할 것이요 많이 맡은 자에게는 많이 달라 할 것이니라"(눅 12:48).

3. 가족이나 소그룹 맴버들과 함께 쓰레기 하치장에 견학을 하러 가는 것을 고려해 보라. 일시적이고 버려질 수밖에 없는 속성을 가진 물건들의 마지막을 보는 것은, 그것들에 대한 당신의 관점을 어떻게 바꾸는가?

4. 가족이나 친구들이 함께 적은 비용으로 재미있고 유익하게 보낼 수 있는 활동 목록을 만들어 보라. 이런 것으로 값비싼 활동들을 대체하고, 아낀 돈을 하나님 왕국을 위한 목적에 드릴 수 있을까?

13장

선한 일에 부요하게 되라

행해진 조그만 일이
계획만 했던 위대한 일보다 낫다.
피터 마샬

그러므로 우리는 기회 있는 대로 모든 이에게 착한 일을 하되
더욱 믿음의 가정들에게 할지니라
갈 6:10

데이브와 제시카 린지는 멕시코에 있는 가정을 위한 집을 짓는 데 도움을 주면서 관대함에 대한 관점이 완전히 바뀌게 되었고, 가난한 사람을 사랑하는 것이 무엇을 의미하는지 깨닫게 되었다.[1] 나중에 그들과 세 자녀는 세 달 동안 일본에 가서 선교팀을 섬겼다. 그들은 방 하나짜리 아파트에서 세 명의 스탭과 함께 지내며 거실에서 잠을 잤다. 그곳에는 한 개의 화장실과 작은 주방이 있었는데, 이런 생활은 세상의 필요에 대한 감각을 높이고, 세상을 바꾸기 위해 무엇인가 하도록 도전을 준 소중한 경험이었다.

린지 부부는 이런 경험을 자신들만 가져서는 안 되겠다고 생각했다. 그래서 자기들이 운영하는 4.5억 달러 가치의 디펜드 다이렉트라는 회사를 통해 매년 수백 명의 직원과 가족들을 멕시코에 보내 집을

지었고, 모든 비용은 회사가 지불하였다.

기부는 계속 늘어났다. 디펜드 직원들 또한 며칠씩 휴가를 내어 자원봉사를 하였는데, 린지 부부는 이들을 '슈퍼 서비스 챌린지'(Super Service Challenge)에 참여하도록 초대하였다. 직원들은 이 사역에서 자원봉사를 한 후 이렇게 질문했다. "이 비영리 단체는 5,000달러나 10,000달러를 받으면 무엇을 할 것인가요?"[2] 선발된 팀들은 그들이 섬기는 자선단체에 자기들이 받은 상금을 기부하였다. 데이브는 이렇게 말했다. "우리는 나누는 회사에서 나누는 사람들의 회사로 바뀌었어요. 나누는 사람들로 가득 찬 곳에서 일하는 것은 정말 재미있어요." 이어서 그는 이렇게 말했다. "우리 비즈니스는 단순히 돈을 버는 것 이상의 더 큰 목적이 있어요."[3] 그 목적은 이익을 나누는 것뿐만 아니라 나눔이 지속적인 모델이 되는 것을 사람들이 보도록 분위기를 만드는 것이었다. 관대한 드림은 한 번씩 하는 예외적인 행동이 아니라 뚜렷한 삶의 기준이 되었다.

데이브는 또한 자신의 회사에서 일어난 변화에 고무되어, 다른 비즈니스와 그들의 직원들도 관대하게 살아가도록 격려하기 위해 컴퍼니즈 위드 미션(Companies with Mission)을 설립하였다. '봉사를 통해 회사를 바꾸자'를 모토로 한 전국적인 슈퍼 서비스 챌린지는 가치 있는 목적을 위해 기업 간에 선의의 경쟁을 하는 전략을 사용한다. 4년만에 미국 전역 42개 주에서 800개의 회사, 94,600명 이상의 직원들이 1,100개의 자선 기관을 돕는 데 동참하였고, 3백만 달러 이상이 선정된 비영리 단체에 지급되었다.[4]

린지 부부는 개인적인 나눔의 기쁨을 누리는 것도 중단하지 않았다. 그들은 나눔의 용사가 되었고, 어떻게 하면 주위 사람들을 전염성 있는 관대한 삶에 동참시킬 수 있을지 신중하고 전략적인 방법을 연구하였으며, 이러한 방법들을 통해 전국에 있는 기업들에게 나눔의 기쁜 소식을 널리 알렸다. 그 결과 주는 사람과 받는 사람 모두에게서 큰 변화가 일어났다.

선한 삶은 관대함과 분리해서 생각할 수 없다

린지 부부와 그 회사의 직원들은, 디모데전서 6장 18절의 "선을 행하며, 선한 일에 부하고, 관대하며, 나눌 준비를 하라"(ESV)라는 명령에 따라 살았다. 1-17절은 이 네 명령의 토대가 된다. 각 명령은 서로 연결되어 있으면서도 서로 구분되어 있으며, 함께 합쳐져서 누적 효과를 만든다. 이번 장에서는 처음의 세 가지 명령에 초점을 맞출 것이다.

첫 번째는 "선을 행하라"는 것이다. 바울이 여기서 사용한 그리스어 단어는 다른 신약 성경에서 단 한 번만 나온다. 바울은 루스드라의 믿지 않는 사람들에게 전하는 메시지에서, 하나님을 선한 일을 행하시는 분으로 제시한다. "자기를 증언하지 아니하신 것이 아니니 곧 여러분에게 하늘로부터 비를 내리시며 결실기를 주시는 **선한 일을 하사** 음식과 기쁨으로 여러분의 마음에 만족하게 하셨느니라"(행 14:17). 우리의 물질적이고 감정적인 필요를 채우는 하나님의 공급하심은, 그분의 일반 은총의 한 부분으로서 그분의 관대하심을 우리 모두에게 보여준다.

하나님의 배달부

당신이 어떤 중요한 것을 누군가에게 전달하려 한다고 가정해 보자. 잘 포장하여 주소를 기록하고, 그것을 배달부에게 전해 준다. 그런데 배달부가 그 소포를 배달하지 않고 자신의 집으로 가지고 가서 포장을 뜯고 자신이 가진다면 당신은 어떻게 생각하겠는가?

그에게 가서 따졌더니 그가 이렇게 대답했다고 가정해 보자. "내가 그것을 가지기 원하지 않았다면, 애당초 그것을 내게 주지 말았어야 하지 않나요?" 당신은 아마도 이렇게 말할 것이다. "당신은 자신의 임무를 이해하지 못했군요. 네, 당신에게 준 것은 맞지만, 당신이 그것을 가질 것이라고는 생각하지 않았어요! 그 소포는 당신 것이 아니에요. 당신은 단지 중개인일 뿐이에요. 당신의 임무는 내게서 소포를 받아 내가 주기를 원하는 사람에게 전달하는 거예요. 나는 당신이 내가 의도하는 곳에 그것을 전달하는 역할을 해주기를 바랐어요!"

우리는 자신이 주인이라는 생각을 멈추고, 하나님의 전달자로 자신을 바라보아야 한다. 우리는 그분의 메신저다. 그분의 배달부다.

어떤 사람들은 바울의 "선을 행하라"는 명령을 좋은 일을 많이 하고, 아낌없이 베풀라는 것과 다르게 바라본다. 그러나 사실은 이러한 명령들은 모두 관대함이라는 주제를 강조하고 있다.

"선을 행하라"는 것은 애매하게 들릴 수 있다. 이것이 진정으로 의미하는 것은 무엇인가? 갈라디아서 5장 22-23절은 성령의 열매 중의 하나가 '양선'(선함)임을 보여 준다. 디모데전서 6장 18절에서 "선을 행하며"로 번역된 단어는, 앞서 말한 동일한 단어의 동사형이다. 다른 말로 하면, 하나님은 우리가 성령의 열매를 맺기 원하신다. 선을 행한다는 것은 단순히 해를 끼치지 않는 것을 훨씬 넘어선다. 이것은 크거나 작은 관대한 행동을 통해 사람들에게 적극적으로 다가서는 것을 의미한다.

많은 그리스어 학자들은, 갈라디아서 5장 22절에 나오는 '선함'이 특별히 관대함을 포함한다고 믿는다. "다른 사람을 향한 자비심과 관대함의 개념을 전달하는 데 아주 드물게 쓰이는 단어가 '선함'이다. 이 정도까지 할 필요는 없지만 1마일을 더 함께 가주는 관대함이다."[5]

그리스어 학자인 로버트 마운스와 J. B. 필립스, NAB와 NRSV 성경은 모두 갈라디아서 6장 22절에서 이 단어를 '선함'이 아니라 '관대함'으로 번역한다. 저명한 학자 F. F. 브루스도 이에 동의하는 편이다.

그리스어에 능통했던 마틴 루터는 1522년에 신약 성경을 독일어로 번역했다. 갈라디아서에 대한 주석에서 그는 영어 성경에 '선함'으로 번역된 5장 22절에 대해, 그것은 "나눠 주거나 빌려 주거나 혹은 다른 방법으로 도움이 필요한 사람들을 기꺼이 도우려 할 때"를 언급한다고 설명한다.[7]

성경 번역가들에게 널리 사용되는 '루와 니다의 사전'(Louw & Nida's Dictionary)은 '선함'이라고 번역된 단어를 종종 '관대하게 되는, 관대함… 관대한 나눔의 행위'로 정의한다.[8]

이러한 정의들은, 성령이 처음 하나님의 사람들에게 들어오셨을 때 관대한 행동들이 급진적으로 널리 퍼졌다는 사실로 보아 완전하게 들어맞는다고 할 수 있다. "또 재산과 소유를 팔아 각 사람의 필요를 따라 나눠 주며"(행 2:45). "사도들이 큰 권능으로 주 예수의 부활을 증언하니 무리가 큰 은혜를 받아 그 중에 가난한 사람이 없으니 이는 밭과 집 있는 자는 팔아 그 판 것의 값을 가져다가 사도들의 발 앞에 두

매 그들이 각 사람의 필요를 따라 나누어 줌이라"(행 4:33-35).

탐욕스럽고 인색한 사람의 삶은 성령 충만하지도, 그리스도를 닮지도 않은 삶이다. 만일 우리가 예수님과 성령을 알고, 예수님과 성령이 우리의 삶 속에서 역사하신다면, 관대함의 열매를 보게 될 것이다.

우리는 다른 종류의 부유함을 추구한다

나의 딸들과 사위, 그리고 손자손녀를 잘 알고 있는 친구가 내게 "넌 참 부자야"라고 말한 적이 있다. 그것은 확실히 맞는 말이다. 나는 재정적인 부유함보다 이런 종류의 부유함에 훨씬 더 가치를 둔다.

하나님은 우리에게 선한 일에 부요하라고 말씀하심으로, 우리가 부유함에 대한 관점을 재정의하도록 격려하신다. 세상이 정의하는 대로 부유하게 되는 것은 단지 환상일 뿐이다. 거짓되고 덧없는 부유함에 비해 진실되고 지속되는 부유함을 깨닫지 못하는 사람들이 많다. 어떤 사람은 어리석은 부자나 스크루지처럼 세상적으로는 아주 부자가 되었지만, 영적으로는 극심한 가난에 빠지기도 한다. 어떤 사람은 가난한 과부나 수많은 다른 사람들처럼 세상적으로는 거의 아무것도 가지지 못했지만, 활기차고 부유한 영혼을 가지기도 한다.

나누는 것은 부를 포기하는 것이 아니다. 대신에 한 종류의 부를 다른 종류로 바꾸는 것이다. 첫 번째 종류의 부는 우리가 죽을 때 가지고 갈 수 없다. 그러나 예수님의 말씀에 의하면, 두 번째 종류의 부는 우리보다 먼저 가서, 우리가 죽을 때 하늘에서 기다리고 있다(마 6:19-20).

만일 내가 예수님의 말씀을 진지하게 받아들여 작은 집과 덜 비싼 차를 이 세상에서 선택하고 그렇게 아낀 돈으로 하나님 나라를 위해 투자한다면, 나의 주님은 하늘에서 영원한 상급을 주실 것이고, 그때 뒤를 돌아보면 큰 집과 멋진 차들이 아주 보잘것없이 보일 것이다.

예수님이 하신 말씀이 모두 사실이라는 것을 믿기 위해 죽어서 천국에 갈 때까지(선택을 되돌릴 수 없을 때까지) 기다리지 말고, 지금 예수님의 말씀을 믿고 따르지 않겠는가? 우리는 우리 자신에게 이렇게 질문할 수 있다. **'돈을 나눔으로 영원을 위해 없어지지 않는 보물을 쌓을 수 있는 지금, 왜 비싼 목걸이나 고급 오락기에 돈을 낭비하고 있는가?'**

하나님은 선한 행위에 보상하신다

우리는 하나님께서 우리가 그분의 돈으로 좋은 일을 하는 것을 포함하여, 우리의 선한 행위에 대해 왜 그렇게 좋게 말씀하시는지 놀랄 필요가 전혀 없다. 선한 행위가 우리를 구원할 수 없다는 것은 분명하지만, 그것은 하나님이 우리를 구원하신 결과이자 증거다. 바울은 이렇게 말한다. "우리는 그가 만드신 바라 그리스도 예수 안에서 선한 일을 위하여 지으심을 받은 자니 이 일은 하나님이 전에 예비하사 우리로 그 가운데서 행하게 하려 하심이니라"(엡 2:10).

여기서 바울이 하나님께서 우리가 믿어야 하는 교리를 준비하셨다고 말하지 않고(이것도 중요하긴 하지만), 우리가 **완수해야 할 일을 준비하셨다**고 말한 것에 유의하자. 사실, 하나님은 말 그대로 우리가 평생 동안 해야 할 선한 일을 말씀하셨다. 이것은 우리에게 부담을 주기보다 우리를 신나게 만들어야 한다. 우리의 인생 여정에서 만나는 모든 사람과 기회들 속에는 하나님의 목적이 숨겨져 있을 때가 많다.

슬프게도, 많은 그리스도인들은 **일**을 부정적인 단어로 생각하지만 사실은 그렇지 않다. 물론 구원을 얻기 위해서나 다른 사람에게 잘 보이기 위해서 행하는 일은 하나님께서 정죄하신 것이 사실이다(사 64:6; 히 9:14). 그러나 올바른 이유로 행하는 선한 일은 우리 주님이 열광적으로 칭찬하셨다(마 6:4). 야고보는 이렇게 말했다. “이와 같이 행함이 없는 믿음은 그 자체가 죽은 것이라 … 너희 중에 지혜와 총명이 있는 자가 누구냐 그는 선행으로 말미암아 지혜의 온유함으로 그 행함을 보일지니라”(약 2:17; 3:13).

우리가 영원을 보낼 장소는 그곳이 천국이든 지옥이든, 우리의 믿음의 목표에 달려 있다. 하지만 우리의 일은 우리 믿음의 진실성을 보여 준다. 우리가 반드시 넘어야 할 정신적인 장애물 중 하나는, 믿음에 의해 구원받는 것과 일을 통해 하나님을 섬기는 것 사이의 차이를 이해하는 것이다. 이것은 분명히 하고 싶다. **구원은 100퍼센트 하나님이 우리를 위해 행하신 것이다.** 그리스도가 우리를 위해 십자가에서 행하신 일을 제외한 어떤 일도 우리를 구원할 수 없다. 그러나 그분이 우리에게 그리스도의 의를 주셨기 때문에(고후 5:21), 이제 우리는 하나님을 기쁘시게 하는 일을 할 수 있으며, 그분은 우리에게 기쁘게 보답하신다. 실제로 예수님은 이렇게 말씀하셨다. “그 때에 각 사람이 행한 대로 갚으리라”(마 16:27).

성경은 그리스도의 신부인 교회에 대해 이렇게 말한다. “그에게 빛나고 깨끗한 세마포 옷을 입도록 허락하셨으니 이 세마포 옷은 성도들의 옳은 행실이로다 하더라"(계 19:8). 수년 전에 내가 쓴 책을 작업하던 편집자가 괄호 안에 적힌 '옳은 행실'이라는 말을 내가 만든 나쁜 신학이라고 생각하여 지워 버린 적이 있다. 하나님의 오류가 없는 말씀을 지운다는 생각은 상상도 못하면서!

우리가 상급을 갖거나 갈망하는 것을 하나님께서 원하지 않으셨다면, 상급을 주겠다는 약속을 하셨을 리가 없다. 상급이 정말 가치가 없다면, 무엇 때문에 이런 약속을 하셨겠는가? (상급에 대해서는 18장에서 더 자세하게 다룰 것이다.)

하나님은 그분의 형상대로 우리를 만드셨기에, 선한 일을 할 때 우리는 그분의 본을 따르게 된다. 그리스도를 따르는 사람들은 사랑의 동기로 선한 일을 할 뿐만 아니라, "범사에 우리 구주 하나님의 교훈을 빛나게"(딛 2:10) 한다. 우리의 선함과 관대함은 다른 사람들에게 우리 하나님의 선하심과 관대하심이 어떤 것인지 보여 준다.

하나님의 비즈니스

에스더 장은 중국 상하이에서 젠다이 전시(Gendai Exhibition)라는 회사를 설립하면서, 하나님께서 인도하시고 하나님을 섬기는 회사가 되게 해달라고 기도하였다. 하나님은 그녀의 기도에 응답하셨다. 에스더는 이렇게 말했다. "나는 그리스도인 형제자매들을 돕는 데 돈을 사용했어요. 나는 나의 비즈니스가 하나님과 교회를 섬길 수 있다는 것을 알게 되었고, 직원들에게 하나님의 말씀을 전했어요." 그녀는 여러 면에서 선한 일을 하고 있는데, 고용 기회를 제공하고, 관대하게 나누고, 하나님의 목적을 이루는 데 이익금을 드리고 있다.

* "Three Lessons from Esther and Caspar Jiang, China," JoyGiving.org, accessed January 24, 2019, https://joygiving.org/esther-and-caspar/.

그리스도의 사람들은 선한 일을 하도록 지음 받았다

하나님은 그분이 계획하신 모든 일을 하는 데 필요한 은사와 기회와 자원들을 우리에게 주셨다. "그리스도 예수 안에서 선한 일을 위하여 지으심을 받은 자니"(엡 2:10). 하나님은 우리가 닥치는 대로 중요하지도 않은 일들을 하도록 하지 않으시고, 영원 전부터 우리를 위해 준비해 놓으신 일들을 하게 하신다. 그러나 하나님은 우리가 해야 할 일을 준비만 하신 것이 아니라, 이런 일을 할 수 있도록 지속적으로 우리를 준비시키신다. 얼마나 흥분되는 계획인가!

38년 전 목회를 하고 있을 때, 우리 부부는 낙태를 한 적이 있는 임신 중인 십 대 소녀 다이앤을 집으로 데려와 생활하게 했다. 함께 생활하는 도중에 다이앤은 아기를 낳았고, 그 아이를 다른 가정으로 입양을 보냈다. 그때 다이앤과 우리는 너무도 힘든 시간을 보냈는데, 늦은 밤에 그녀를 찾기 위해 온 동네를 찾아다닌 적도 있었다. 그 당시 우리에게는 두 살 된 딸이 있었고, 둘째 딸이 다이앤이 출산한 직후 태어났기에 우리는 더 큰 스트레스를 받았다.

하지만 우리는 다이앤이 그리스도께로 나아가고, 점차 훌륭한 아내와 어머니가 되어 가는 것을 지켜보는 큰 기쁨을 누렸다. 또한 그녀는 수년에 걸쳐 다른 사람들에게 강력한 영향을 끼쳤다. 우리는 여전히 그녀와 가까이 지내고 있고, 처음에 겪었던 어려움과는 비교할 수 없는 기쁨의 결실을 정기적으로 누리고 있다.

다이앤은 한때 내게 이렇게 말했다. "낙태를 한 것으로 인해 내 마음은 슬픔과 후회로 가득 찼었어요. 그러나 입양을 보낸 아이를 생각하면 기쁨이 충만해져요. 그 아이가 그를 원했던 훌륭한 가정에서 자라고 있다는 것을 알기 때문이에요." 우리는 그녀가 33년 전에 입양을 보내기 위해 포기했던 아들과 기쁨으로 재회할 때 함께하는 특권을 누렸다.

내가 이 글을 쓰고 있을 때 다이앤은 우리와 함께 산 지 거의 40년이 지났는데도 고난의 한복판에 있는 우리 가정을 격려하기 위해 거의 한 시간을 운전해 와서 우리를 저녁 식사에 초대하였다. 음식도 물론 훌륭했지만, 현재와 영원까지 이어질 진짜 보상은 우리의 소중한 관계라고 생각한다. 이 관계는 이 세상 이후까지 지속되며 다음 세상에서 우리의 보물이 될 것이다.

선한 일을 하고 다른 사람을 돕는 데 희생이 따를까? 물론이다. 우리는 종종 이 땅에서 보상을 보고 싶어 하지만, 시간이 걸릴 때가 많다. 하지만 우리의 투자에 대한 보상을 지금 볼 수 없다 하더라도, 예수님은 "의인들의 부활시에 네가 갚음을 받겠음이라"(눅 14:14)라고 확신시켜 주시며, 다음 세상에서 반드시 보게 될 것을 약속하셨다.

기쁨은 선한 일에 부할 때 얻게 된다

왜 하나님은 우리를 세상의 많은 사람들에 비해 부유하게 하셨을까? 여기에 대한 성경의 직접적인 대답이 있다. "지금 여러분의 넉넉한 살림이 그들의 궁핍을 채워주면 … 하나님께서 여러분을 모든 일에 부요하게 하시므로, 여러분이 후하게 헌금을 하게 될 것입니다"(고후 8:14; 9:11, 새번역). 하나님이 당신을 필요 이상으로 부유하게 하신 이유가 단지 당신의 생활 수준을 높이기 위해서라고 생각해서는 안 된다. 위의 구절들에 의하면, 당신을 부유하게 하신 이유는 당신의 나눔의 수준을 높이기 위해서가 더 맞는 것 같다. 그분은 사치스럽게 사는 것이 아니라, 선한 일에 부하도록 필요 이상을 주신다.

그리스도를 따르는 사려 깊은 사람들은, 우리를 사치스럽게 살게 하기 위해 하나님이 재정적으로 풍성하게 하셨다고 생각해서는 안 된다. 하나님이 우리에게 그분의 돈을 맡기신 이유는 이 땅에 우리의 왕국을 세우기 위해서가 아니라, 천국에 그분의 왕국을 세우기 위해서라고 생각해야 한다. 다음은 하나님을 향한 아주 좋은 질문이다. "주님, 저는 누구의 왕국을 세우려 하고 있습니까? 당신의 왕국입니까, 아니면 저의 왕국입니까?"

톰 쉬는 성공적인 네트워크 통신회사에서 일했고, 나중에는 텔레콤 자문 회사의 회장 겸 공동 소유주가 되었다. 톰과 그의 아내 브리는 그 당시 LA 카운티에서 네 번째로 큰 도시이며 두 번째로 가난한 지역인 캘리포니아 포모나를 주거지로 선택했다. 그들은 자신들이 접촉하기를 원하는 이웃들의 생활 수준과 맞추기 위해 그 지역의 중간 가계소득과 같거나 낮은 수준으로 살기로 결정했다. (중간 가계소득이 연 45,000달러였을 때, 그들은 이보다 훨씬 많이 벌었지만 나머지는 모두 나누어 주었다.)[9]

톰이 일하던 어스링크(EarthLink) 회사가 기업 공개를 했을 때, 톰은 스톡옵션으로 갑자기 수백만 달러의 자산가가 되었다. 그때는 그와 그의 가족들이 관대함의 기쁨을 누리면서, 하나님이 45,000달러로도 잘 살 수 있게 돌보신다는 것을 발견하고 있을 시기였다. 그래서 그는 그의 직원들이 최신형 고급차와 최고급 SUV를 탈 때, 오래된 3기통 지오 메트로를 운전하였다. 왜 그랬을까? 그의 차는 달리는 데 문제가 없었고, 그는 대부분의 소득을 하나님 나라를 위해 드림으로 훨씬 더 큰 기쁨을 맛보았기 때문이다.

의도적으로 도시 한 가운데 있는 빈민 지역에 살다 보니, 톰과 브리는 독특한 사역의 경험을 할 수 있었다. 어느 날 그들이 길을 걷고 있었는데 두 소년이 다가와서 성경을 알고 있는지, 그렇다면 자기들에게 가르쳐 줄 수 있는지 물었다. 그로부터 한 주가 지난 수요일에 이 소년들은 다른 여러 친구들과 함께 나타났고, 매주 와서 성경 공부를 계속했다. “도심지 근처 교외에 살 때에는 이런 일이 결코 일어나지 않았어요”라고 톰은 말한다. 그는 계속해서 이런 말을 덧붙였다. “우리는 하나님의 빛을 여기에 있는 이웃들에게 비춤으로 그들과 하나가 되었어요.”

한 번은 문제가 있는 소녀를 초청해 그들과 함께 살도록 한 적이 있었다. “우리는 12주 만에 그녀의 삶이 완전히 바뀌는 것을 보았어요. 예수님을 따르는 사람으로서 우리는 그분을 따를 때 우리 삶이 변화를 만들어 낸다는 사실을 반드시 믿어야 한다고 생각해요”라고 브리는 말한다.

또한 쉬 부부는 아파트에서 쫓겨나 아이들과 열악한 환경에서 살아가는 이웃들에게 집을 개방하기도 하였다. 너무 많은 사람들이 한 지붕 밑에서 살다 보면 때때로 스트레스가 쌓이기도 하지만, 전반적으로 ‘놀라운 경험’이었다고 그들은 말한다. 이들 부부는 이런 상황이 자기의 공간과 장난감의 일부를 빼앗기게 된 딸 카덴스에게 상당한 도전을 준다는 사실을 알았다. 브리가 딸에게 무엇을 배웠느냐고 물었을 때 카덴스는 이렇게 말했다. "어렵긴 했지만, 이런 일을 받아들이면 마음이 더 커지고, 더 많은 사람을 품을 공간이 생겨요. 그래서 저는 이 일이 가치가 있다고 생각해요."[10]

쉬 가정은 선한 일을 통해 부하게 되는 기쁨을 안다. 이런 과정을 통해, 그들은 미래에 영원한 보물을 쌓을 뿐만 아니라 현재에 소중한 관계를 쌓아 간다. 어떤 사람들은 그들이 자신들이 쉽게 누릴 수 있는 멋진 삶을 포기했다고 생각한다. 그러나 그들은 움켜쥘 수 있는 것들을 나눔으로써, 값으로 매길 수 없고 영원히 지속되는 진정으로 멋진 삶을 얻을 수 있었다.

나눔은 전염성이 있다

오리건 주에 있는 한 교회의 선교 목사가 수단에서 돌아와서, 현지의 절실한 필요와 그곳에 변화를 주고 영향을 끼칠 수 있는 기회에 대해 교회에 보고하였다. 사람들은 전심을 다해 반응하였다. 4학년 학생들은 일하는 프로젝트를 통해 수천 달러를 모았다. 6학년 소녀는 농구팀에서 경기하기 위해 모은 50달러를 수단에 있는 신자들을 돕기 위해 가져왔다. 디즈니랜드에 가기 위해 수백 달러를 저축한 한 가정의 자녀들은 박해받는 수단에 있는 그리스도인들에 대한 이야기를 듣고 여행을 가는 대신 이들을 돕는 데 그 돈을 사용하면 좋겠다고 부모님께 부탁했다. 이 교회는 짧은 기간 안에 60,000달러를 모아서 수단으로 보냈다. 헌금을 따로 한 적도 없었다. 그것은 보통 사람들이 자발적으로 드림으로 일어난 일이었다. 사람들은 자신의 나눔에 관해 이야기를 했는데, 그 이야기를 들은 신자들은 자신도 더 많이 드리고 싶어 마음이 뜨거워졌다. 그 기쁨이 확실히 느껴졌다.

토의를 위한 질문들

1. 린지가 어떻게 그들의 비즈니스 환경에 관대한 나눔을 창조적으로 적용시켰는지 읽어 보았는가? 그렇다면 당신의 영향력이 미치는 가족, 직장, 교회, 이웃 등에서 당신은 어떻게 관대함을 확산시킬 수 있겠는가? 전국적으로나 전 세계적인 차원에서도 생각해 보라.

2. '선한 일을 하라'는 명령은 적극적이고도 관대하게 사람들에게 나아가는 것도 포함한다. 사역을 잘하는 세 곳과, 당신의 관대함으로 혜택을 입을 수 있는 개인이나 가족 세 명을 적어 보라. 당신이 그들을 도울 수 있는 구체적인 방법을 생각해 보고, 적어도 하나라도 실천해 보라.

3. 이 장에서 읽은 것을 바탕으로, 그리스도인들은 선행이 아니라 믿음으로 구원을 받았기 때문에 선한 일을 하는 것에 초점을 두어서는 안 된다는 사람들에게 어떻게 반응하겠는가? 이 장에서 언급한 어떤 성경 구절들을 그들과 나누겠는가?

4. 쉬 부부가 많은 것을 나누면서 적은 것으로 사는 삶을 선택한 이야기에서 당신에게 인상 깊었던 것은 무엇인가? 당신이 더 적은 것으로 살 수 있는 방법은 무엇인가?

14장
나눔은 흥미진진한 모험이다

어떤 사람이 그리스도인이 되면 보다 부지런해지고, 신뢰받게 되고, 부유하게 된다.
만일 그가 자신이 할 수 있는 최대한 벌고, 할 수 있는 최대한 저축했는데도,
할 수 있는 최대한으로 나누지 않는다면,
나는 이 사람보다 가룟 유다에게 더 많은 희망을 가질 것이다!
요한 웨슬리

구제를 좋아하는 자는 풍족하여질 것이요
남을 윤택하게 하는 자는 자기도 윤택하여지리라
잠 11:25

절친인 메리 크레이톤 우드는, 나눌 준비가 되었다는 것과 기꺼이 나누는 것의 의미가 무엇인지 하나님이 그녀에게 가르쳐 주신 이야기를 들려주었다. 어느 해 사순절 기간에, 그녀는 성경 공부 그룹에서 자발적으로 무엇인가를 나누어 주고 그것을 다시 사지 말자고 도전하였다. 이런 도전을 하고 난 후, 그녀는 생각했다. **'분명 아주 쉬울 거야!'**

그녀는 이렇게 말했다. "다음 날 내가 가장 좋아하는 흰 블라우스를 입고 아이들의 학교에 걸어 들어갔어요. … 나는 옷을 아주 좋아해요! 그런데 한 여직원이 나를 보더니 '내가 본 것 중에 가장 아름다운 블라우스네요'라고 말했어요."

다른 셔츠를 그 안에 입고 있었으므로, 그녀는 주님이 블라우스를 벗어 그 여직원에게 주기를 원하시는지 물어보았다. 메리는 이렇게 말

했다. "그분은 바로 그때 옷을 벗어 주기를 원하셨는데, 나는 그렇게 하지 않았어요!"

그녀는 그날 밤 잠을 자지 못하고, 그 여직원이 말한 것에 대해 계속해서 생각하며, **'왜 내가 이토록 이 블라우스에 집착하고 있는가?'** 고민하였다. 다음날 아침, 메리는 블라우스를 포장하여 그 여직원에게 주면서 "나는 당신을 축복하기 원해요. 그리고 하나님이 당신을 얼마나 사랑하는지 말해 주고 싶어요"라고 말했다. 그 여직원은 선물을 열고 나서 흐느끼기 시작했다.

한 주 정도 지나서 메리는 그 여직원에게서 쪽지를 받았다. "그것은 내 일생 동안 받은 것 중에 가장 의미 있는 선물이었어요. 당신은 진정 하나님을 알고 있는 사람이에요." 그 쪽지를 떠올리며 메리는 이렇게 말했다. "이 사건은 비록 금전적으로는 작은 선물처럼 보이더라도 아낌없이 베풀면 복음의 문이 열린다는 것을 내게 가르쳐 주었어요." 메리는 얼마 후 다시 그 여자에 대해 이야기해 주었다. 그 여자는 메리에게 이렇게 말했다. "당신이 말하는 것이라면 어떤 것이라도 들을 거예요. 왜냐하면 당신은 아낌없이 주는 사람이니까요."[1]

처음에 메리는 그 블라우스를 가지고 있으면 더 행복할 것이라고 생각했다. 그러나 그것을 주고 나니 모든 것이 바뀌어 버렸다. 그녀의 경험이 상기시켜 주는 것은, 우리가 어떤 것을 가지고 있기보다 그것을 기꺼이 포기할 때 가장 큰 행복이 찾아온다는 것이다. 죽을 때는 결국 우리가 가진 모든 소중한 물질적인 소유들과 헤어져야 한다. 나누는 삶을 살면 하나님을 영화롭게 하고, 다른 사람들에게 도움을 주고, 현재에 기쁨을 누리고, 나중에 영원히 지속될 보상을 받게 되는데 왜 기쁨으로, 열정적으로 그것을 조금 더 빨리 주려 하지 않는가?

나눔은 실제이지 이론이 아니다

디모데전서 6장 18절의 세 번째 명령은 "관대하라"인데, 이것은 우리의 중심 주제이고, 이 책의 거의 모든 내용과 관련되어 있다. 여기서 '관대하라'의 원어상의 의미는 너그러이 주는 자가 되라, 다른 사람들을 돕기 위해 돈과 소유를 신속하게 나누어 주라는 뜻이다.[2] 이 말은 그것들을 느슨하게 붙들고 있으라는 뜻이다. 하나님과 다른 사람들이 억지로 비틀어 펴게 할 필요가 없도록 손의 힘을 풀라는 것이다. 이는 "인색함으로나 억지로" 하지 않는 것을 의미하며, "하나님은 즐겨 내는 자를 사랑하시느니라"라는 의미를 우리 삶에서 경험하는 것을 뜻한다(고후 9:7).

어떤 번역에서는 디모데전서 6장 18절의 네 번째 마지막 명령을 "기꺼이 나누어 주라"라고 표현한다. 나는 ESV와 NLT의 "나눌 준비를 하라"라는 번역을 더 선호한다. 우리가 보통 사용하는 의미의 '기꺼이'는 이론적이다. 하지만 바울은 여기서 이론이 아니라 실천을 말하고 있다.

잔디 깎는 기계가 시동이 걸리지 않아 끙끙대고 있을 때, 이웃에 사는 마이크가 쏜살같이 내게 다가와 자기 것을 사용하도록 빌려 준 적이 있다. 마이크가 기꺼이 나누려고만 했다면, 아마 내가 시동을 걸기 위해 한 시간 동안 헛수고를 하고 난 후 그에게 기계를 빌려 달라고 요청할 때까지 기다렸을 것이다. 그러나 마이크는 그렇게 하지 않았다. 그에게는 나누려는 준비와 열정이 있었고 주도적으로 실천에 옮겼다. **이것이** 바로 바울이 염두에 둔 것이다.

가끔 나는 상점에 갈 때 주위에 도움이 필요한 사람이 있는지, 현금이 부족해 보이는 사람이 있는지 둘러본다. 그러면 당혹스러운 표정을 짓고 있거나 손에 닿지 않는 물건을 바라보고 있는 노인을 발견하게 된다. 그럴 때, **'만일 그가 요청하면 기쁨으로 도와주어야지'**라고 생각하는 것도 물론 고결하긴 하지만, 대부분의 경우는 도움을 요청하는 것을 쑥스러워하기 때문에 그런 생각은 그들에게 아무 도움이 되지 않는다. 그렇지만 내가 먼저 도와주어도 되겠냐고 제안을 하면 그들은 보통 "네"라고 대답한다. 이런 대화는 종종 나의 조그만 소책자를 전해 줄 기회를 제공하지만, 그렇지 않다 하더라도 그것은 여전히 복음적인 나눔의 행동이다.

디모데전서 6장 18절에 따르면, 기꺼이 나누는 것은 누군가 당신에게 다가오기를 기다리거나 "만일 도움이 필요하면, 내게 알려 주세요"라고 말하는 것이 아니다. 물론 그런 제안도 아주 좋은 의도이기는 하지만, 대부분의 사람들은 청하기를 주저하며, 도움을 주려는 사람에게 결코 먼저 찾아가지 않는다. 나눌 준비가 되어 있다는 것은 이렇게 말하는 것을 의미한다. "나는 당신을 도와주고 싶어요. 이번 토요일에 당신 정원에서 같이 일할까요?" "이번 화요일 저녁에 식사를 대접하고 싶은데요, 그날이 좋아요, 아니면 다른 날이 더 나아요?" 우리는 사람들을 초라하게 만들지 않으면서 관대해질 수 있는 기회를 얻도록 기도한 다음, 적극적으로 그들을 찾아가야 한다.

며칠 전 자전거를 타고 있었는데, 한 노숙자가 앉아 있는 벤치로부터 불과 십여 미터 떨어진 곳에서 타이어가 '하나님이 안수하시어' 펑크가 났다. 집에서 10마일 정도 떨어져 있던 곳이었는데, 친구가 데리러 오기를 기다리는 동안 (그는 기꺼이 기쁨으로 오겠다고 했다) 그 노숙자와 어디서 성장했는지 이야기를 나누면서 우리 모두 커피를 좋아한다는 것을 알게 되었다. 또한 나는 복음에 대해 나누었다. 그는 다소 불편해했지만, 처음에 방어적인 자세를 취할 때에도 하나님은 종종 대화를 통해 역사하신다.

내가 3달러를 건네자 그는 손을 저으며 거절했다. 하지만 나는 "보세요, 당신은 이것을 요청하지 않았어요. 나는 단지 당신에게 커피를 마시게 해주고 싶을 뿐이에요"라고 말했다.

만약 내가 "당신 돈이 필요해요?"라고 말했다면, 그는 아니라고 대답했을 것이다. 그가 나의 호의를 받은 이유는, 내가 단지 기꺼이 하려고 했기 때문이 아니라, 간절한 마음으로 나눌 준비를 하고 있었기 때문이다. 나는 그가 그리스도 안에서 주어지는 하나님의 무한하고 위대한 선물을 받아들이기를 기도했다. 만일 그가 그렇게 했다면, 한 잔의 커피가 조그만 역할을 하였다고 할 수 있을 것이다.

빚은 관대함을 숨 막히게 한다

나누는 능력을 갖추고 준비가 되려면 좋은 청지기가 되어야 하고, 소득 안에서 생활해야 하며, 돈을 소비하고 저축하는 데 지혜로워야 한다. 특히 불필요한 빚에서 벗어나기 위해 최선을 다해야 한다. 하나님이 우리에게 맡기신 것을 이미 써버리거나 사전에 약속해 버려서 나눌 수 없을 때가 얼마나 많은가?

빚에 대해서는 더 깊은 연구가 꼭 필요한데, 내가 쓴 다른 책에서 자세하게 다룬 바 있다.[3] 그러나 그것은 여기서 간단하게나마 다루어야 할 정도로 중요한 주제다. 만일 우리가 "부자는 가난한 자를 주관하고 빚진 자는 채주의 종이 되느니라"(잠 22:7)라는 하나님의 말씀을 심각하게 받아들인다면, 가능한 한 빚지는 것을 피해야 한다. 예수님께서 하나님과 돈을 함께 섬길 수 없다고 말씀하셨으므로, 우리는 어떤 빚이라도 지기 전에 **'이것은 관대하게 드리려는 나의 능력에 어떤 영향을 미칠까?'**라고 자신에게 먼저 물어봐야 한다.

드물기는 하지만 빚을 져야 할 때도 있다. 예를 들어, 장기적으로 좋은 투자라고 생각되는 적당한 가격의 집을 구입하기 위해 지불할 여유가 있을 만큼의 적은 금액을 빌리고, 가능한 한 빨리 갚는 경우다. 수많은 사람들이 부동산 예산을 세우지만, 결국 자신이 감당할 수 있는 것보다 훨씬 더 많은 금액을 지출하게 되고, 그로 인해 수년 동안 '나눌 여유가 없어' 후회하게 된다. 우리는 순종, 자유, 관대함, 그리고 이런 것들을 통해 하나님이 주시는 행복을 얻기 위해, 우리의 많은 욕구를 거절하는 법을 배워야 한다.

사람들은 "빚을 다 갚을 때까지 기다렸다가 나눔을 시작해야 해"라고 말한다. 그러나 순종을 미루는 것은 결코 지혜롭지 못하다. 하나님은 우리에게 나눔을 준비하고 나누는 데 열정을 가지라고 명령하시고 격려하시는데, 어떻게 감히 빚에서 빠져나올 때까지 순종하는 것을 미룰 수 있겠는가? 빚을 줄이는 것은 물론 중요하지만, 하나님과 도움이 필요한 사람들에게 나누는 것만큼 중요하지는 않다.

공항에서 만난 낯선 사람

7개월 반을 이라크에서 근무한 군인이 아내와 아이들과 시간을 보내기 위해 15일 휴가를 받았다. 공항에서 비행기를 기다리고 있을 때 그 군인은 옆에 있는 브래드라는 남자에게, 가족들을 데리고 4일 동안 '그레이트 울프 로지'라는 워터파크에 가려고 하는데, 아들의 아홉 번째 생일을 축하하려는 목적도 있다고 말했다. 브래드는 그의 주소를 물었고 그는 메모지에 주소를 적어 주었다. 비행기가 착륙하고 나서 브래드는 마중 나온 그 군인의 아내를 만났고, 나라를 위해 봉사해 준 것에 대해 감사를 표했다.

가족들이 그레이트 울프 로지에 도착했을 때, 접수창구에 있던 직원이 말했다. "브래드로부터 메시지가 와 있어요." 그 군인은 자기가 아는 사람 중에 '브래드'라는 이름을 가진 사람은 없다고 말했다. 직원은 이렇게 말했다. "애틀랜타의 브래드가 좋은 시간을 보내라고 했어요."

군인과 아내가 비용을 지불하려고 하자 직원은 "모두 완납되었어요"라고 말했다. "누가 모든 비용을 지불했나요?" "브래드요."

지난 기억을 되살리며 그들은 깊은 감동을 받았고, 군인의 아내는 할 말을 잃었다. "우리를 위해 누군가가 그렇게 했다는 게 믿어지지 않았어요." 그 군인은 이렇게 말했다. "나는 좀처럼 감동을 받지 않아요. 그런데 그때는 정말 많이 감동을 받았어요."*

* "I Like Military," Vimeo video, 5:00, posted by I Like Giving, January 4, 2016, https://vimeo.com/150728073.

우리가 나눌 때, 하나님은 기뻐하시고 빚을 갚으려는 우리의 노력을 존중해 주실 것이다. 그분의 백성들이 하나님께 십일조와 자발적인 헌금을 드릴 때, 하나님은 "내가 하늘 문을 열고 너희에게 복을 쌓을 곳이 없도록 붓지 아니하나 보라"(말 3:10)라고 말씀하셨다. 만약 당신이 이 구절은 신약 시대의 그리스도인들에게는 적용되지 않는다고 생각하더라도, 예수님이 다음과 같은 말씀을 하신 것은 분명하다. "주라 그리하면 너희에게 줄 것이니"(눅 6:38). 빚에서 벗어나기 원하는 사람들에게 꼭 필요한 말씀이 아닌가?

그러므로 빚을 없애려는 노력도 열심히 하면서, 주님께 관대하게 드리도록 하라.

시간과 돈, 둘 다 나눔의 일부다

디모데전서 6장 18절의 관대함에 대한 사중 표현은 재정적인 면에 대해서만 한정해서 말하고 있지 않다. 그러나 일부 사람들의 생각처럼, 돈을 주는 것만큼이나 시간을 주는 것도 중요하다고 말하고 있는 것도 아니다. 바울의 용어는 돈과 관련이 있다. 명령 시리즈의 대상은 특별히 '이 세대에서 부한 자들'(17절)이지, '그들의 손에 시간이 있는 사람들'이 아니다. "교회에 돈을 드릴 여유는 없지만, 대신에 주일학교에서 가르칩니다"라고 말하는 사람은, 한 가지 중요한 영역은 잘 섬기면서도 다른 영역은 등한시하는 것이다.

우리는 순종의 한 영역을 다른 영역을 대신해서 선택해서는 안 된다. 우리는 자발적으로 우리의 시간, 에너지, 기술, 지혜, **그리고** 돈과 소유를 하나님과 다른 사람들에게 드리고 나누어야 한다.

물론, 모든 자원의 나눔이 필요하지 않을 수 있으며, 항상 완전한 균형을 이룰 필요는 없을 것이다. 때때로 돈이나 소유보다 시간을 더 드리거나, 더 많은 에너지와 지혜와 기술을 드릴 수 있다. 특별히 도움이 필요한 사람들과 멀리 떨어져 살 때에는 시간보다는 돈을 더 많이 줄 것이다. 우리 모두는 각자 고민하는 영역에서 성장할 필요가 있다. 나의 시간을 드리고, '해야 할' 일에 앞서 도움이 필요한 사람들을 도울 때마다, 나는 하나님께서 즐거워하시는 것을 느꼈다.

친절하지 않은 행위는 낭비일 뿐이다

고등학교 동창회 모임에서 한 여성이 발표를 하면서 내 이름을 거론하여 무척 놀란 적이 있다. 15년 전에 그녀는 슈퍼마켓 계산대 직원으로 일하고 있었는데, 내가 그녀를 격려하기 위해 시간을 내어주고 책도 한 권 주었다는 것이다. 그때 그녀는 모두를 침묵하게 만드는 충격적인 이야기를 하였다. 그녀는 그날 집으로 돌아가 자살하려고 마음먹고 있었는데, 내가 그녀를 사랑하고 하나님도 그러시다는 것을 느끼고 나서 마음을 바꾸었다는 것이다.

이 뜻밖의 이야기는 내게 큰 감동을 주었다. 나는 그녀와 이야기했던 것을 희미하게 기억할 뿐인데, 어떻게 하나님이 그 대화를 통해 그녀의 인생을 바꾸셨는지 도무지 이해할 수 없었다. 그녀는 일을 하는 중이었기 때문에, 우리의 대화 시간은 3분도 되지 않았을 것이다. 이와 마찬가지로 내게도 나를 관대하게 대해 준 수많은 사람들이 있고, 그들 중에는 나를 잊어버린 사람도 분명 있겠지만 나는 여전히 기억하고 있으며, 하나님도 당연히 기억하실 것이다.

이것은 의인들의 행위에 대해 예수님이 칭찬하셨을 때 그들이 질문한 것과 일치한다. "이에 의인들이 대답하여 이르되 주여 우리가 어느 때에 주께서 주리신 것을 보고 음식을 대접하였으며 목마르신 것을 보고 마시게 하였나이까 어느 때에 나그네 되신 것을 보고 영접하였으며 헐벗으신 것을 보고 옷 입혔나이까 어느 때에 병드신 것이나 옥에 갇히신 것을 보고 가서 뵈었나이까 하리니"(마 25:37-39). 그리스도는 그들에게 이렇게 말씀하실 것이다. "내가 진실로 너희에게 이르노니 너희가 여기 내 형제 중에 지극히 작은 자 하나에게 한 것이 곧 내게 한 것이니라"(마 25:40).

그들이 당혹스러워 한 이유는, 다른 사람들에게 한 것이 어떻게 예수님께 한 것인지 이해를 못했기 때문이기도 하지만, 한편으로는 그들이 너무도 많이 나누어서 그것들을 다 기억하지 못했기 때문은 아닐까 생각한다. 관대하게 드린 경험이 몇 번밖에 없다면, 하나하나 기억할 수 있을지도 모른다. 하지만 크거나 작게 매주 나누는 사람들은, 몇 달, 혹은 몇십 년이 지나면 거의 기억하지 못할 것이다.

예수님께서 언젠가 우리가 행한 것들을 기억나게 하시면서 보상해 주시는 장면을 나는 좋아한다! 또한 한 번도 직접 만난 적 없는 사람을 포함하여, 나누어 주어서 감사하다고 말하는 사람들을 천국에서 만날 생각을 하면 아주 즐겁다. 분명히 하나님은 우리의 모든 관대한 행동들을, 심지어 우리가 깨닫지 못하는 것이라도 일일이 살펴보시고, 소중하게 생각하시고, 기억해 주신다.

수년 동안 라임병으로 투병하여 쇠약해진 30살의 애나 헤리스는 이렇게 적고 있다.

> 친구들이여, 힘내세요. 힘이 없어지고 건강이 약해지더라도 당신은 여전히 작은 것을 나눌 수 있어요. 예수님의 눈에는, 당신을 돌보아

주는 사람에게 하는 조그만 감사의 표시도 누군가 거창하게 비영리 단체를 설립하는 것보다 더 소중할 수 있어요. 당신이 나눌 수 있을 때 나누기만 하세요.

아픈 엄마가 캔에 든 수프를 전자레인지에 데워 가족들에게 주는 것은, 온갖 유기농 재료로 음식을 능숙하게 요리하는 엄마보다 더 많은 것을 나누는 것일 수 있어요.

몇 줄의 생일 카드를 고통이 멈추는 중간 중간에 세 시간이나 걸려 쓴 아픈 아내가, 성대한 생일잔치를 준비한 건강한 아내보다 더 많은 것을 나누고 있는 것일 수 있어요.

아픈 성도가 도움이 필요한 사람을 위해 이를 악물고 집중하여 드리는 두 문장의 기도가, 건강한 성도가 성경공부를 인도하고 사역을 크게 하는 것보다 더 많은 것을 드리는 것일 수 있어요.

우리가 사랑하는 사람들이 항상 이를 의식하지 못할 수는 있겠지만, 우리는 그리스도께서 보고 계시고, 알고 계심을 확신할 수 있어요. 그분은 우리의 마음을 아세요. 그분은 고통받는 사람이 나누는 것이 건강한 사람이 나누는 것과 어떻게 다른지 알고 계세요.

그분은 두 동전이 얼마나 귀한 드림인지 아시는 하나님이시니까요 (막 12:41-44).[4]

하나님이 주권자란 사실은 우리의 나눔이 우연히 일어나는 것이 아님을 의미한다

'우연한 친절한 행동'이란 인기 있는 표현은, 기억하기도 쉽고 좋은 마음에서 나왔지만, 하나님이 주권자이심을 믿는 사람들은 하나님께서 우리가 아는 사람과 필요들을 만나게 하시는 것을 포함하여, 우리 인생을 어떻게 계획하고 계신지 알아야 한다.

EPM(저자가 하고 있는 사역)을 함께하고 있는 친구인 캐시 오스번은 남편이 대학에 다니는 어떤 사람을 알고 있었는데, 그 가정은 장 볼 돈이 없어 어려움을 겪고 있었다. 캐시는 이렇게 말했다. "우리 가정의 한 달 식료품 예산 300달러로 방금 구입한 햄을 포함한 다른 식자재를 더 모아 그 사람의 집에 신속히 갖다 주라는 성령의 인도하심을 느꼈어요. 그 달 장보는 예산을 다 써버려서 이번 달에는 더 이상 식료품을 살 수 없을 거라는 생각에 나는 새로 산 햄을 붙들고 고민했어요. 감사하게도 성령님이 이기셨지요. 그래서 나는 동생을 시켜 친구 집 현관에 식료품 가방을 조용히 갖다 놓았어요."

캐시는 전혀 기대하지 않았지만, 다음에 일어난 일은 하나님께서 그것을 인정하셨음을 보여 주는 하나님의 방법 같았다. "내가 식료품을 샀던 가게는 물건을 산 영수증으로 매주 추첨을 하여 그 금액만큼 무료로 식료품을 주는 곳이었어요. 그런데 바로 다음 주에 300달러가 넘는 내 영수증이 뽑혔어요. 내가 알고 있는 한, 그 친구는 누가 식료품을 공급해 주었는지 결코 알지 못하겠지만, 하나님은 분명 알고 계신답니다."

대부분의 주요한 나눔은 계획을 세워 신중히 하는 것이 지혜롭다고 생각하지만, 즉흥적인 나눔이 필요할 때도 분명히 있다. 그러나 예상하지 못한 나눔이라 하더라도 궁극적으로 우연한 것은 아니다. 하나님이 주권자이심을 믿는다면, 특정한 시간의 어느 장소에 어떤 사람이 있게 된 것은 우연이 아니며, 하나님의 섭리에 의해 계획된 것이다.

사도행전 17장 26절은 이렇게 말한다. "인류의 모든 족속을 한 혈통으로 만드사 온 땅에 살게 하시고 그들의 연대를 정하시며 거주의 경계를 한정하셨으니." 하나님께서 사람들이 살 정확한 시간과 장소를 정하셨다는 것은, 특정한 날에 우리가 언제 어느 곳에 있을지도 정해 놓으셨다는 의미가 아닌가? 물론 사람에게는 자유의지가 있지만, 그렇다고 해서 하나님께서 당신과 나의 (그리고 다른 모든 사람의) 자유의지를 움직이셔서, 특정 시간과 장소에서 행할 신성한 과제를 주는 계획을 세우지 못하실 이유가 있는가?

다음 구절은 하나님이 우리의 정확한 시간과 장소를 정하신 아름다운 목적에 대해 말해 주고 있다. "이는 사람으로 혹 **하나님을 더듬어 찾아 발견하게 하려** 하심이로되 그는 우리 각 사람에게서 멀리 계시지 아니하도다"(행 17:27). 우리에게 주어진 신성한 과제 중 하나는, 예수님을 찾고 그분의 은혜를 발견하도록 사람들을 돕는 것이다. 하나님을 따르는 사람들이 곳곳에 흩어져 있는 이유는, 아마도 안 믿는 사람들에게서 멀리 떨어지지 않게 하시려는 하나님의 배려가 아닐까 생각한다. 그분은 우리를 통해 다른 사람들을 만지신다.

우리 중에 너무나 많은 사람들이 그리스도인의 삶을 따분하게 여기는 주된 이유는, 우리의 인생을 주권자이신 하나님이 날마다 허락하시는 모험의 기회라는 관점에서 바라보지 않기 때문이다.

어느 날 오후, 나는 피자 가게에서 낯선 사람에게 점심을 사주었다. (신용카드를 직원에게 맡기면서 내가 먹고 있는 동안 누구든지 다음에 들어오는 사람의 음식 값을 지불해 달라고 말했다.) 그 낯선 사람이 미소

짓는 것을 보면서 이런 생각이 들었다. **'하나님이 나를 이곳에 있게 하신 것은, 우연한 친절의 행위를 위해서가 아니고, 그분의 오랜 계획과 목적을 이루시기 위함이다. 그분은 이 시간에 이 장소에서 이 사람의 점심을 사주도록 나를 미리 준비시키셨다.'**

나는 피자 가게에서 만난 그 사람을 내 계획 속에 넣을 수 없었다. 단지 내가 계획했던 것은 '나눔의 모험', 즉 누군가에게 무엇인가 주지 않고는 나 자신을 위해 어떤 것도 사지 않기로 정한 '나눔의 날'이었다.

나는 달러 스토어(거의 모든 물건을 1달러에 구입할 수 있는 가게-편집자)에서 작업용 장갑과 손주들을 놀라게 할 거대한 거미 한 쌍(모두 좋은 투자로 판명이 났다)을 2달러에 사고 나오면서, 나눌 수 있는 기회를 찾으려고 계속 주위를 살폈다. 상점을 나오는데 에너지가 넘치고 남루한 옷을 입은 어린 소년이 창문을 뚫어지게 바라보고 있는 것이 보였다. 그의 얼굴 표정과 엄마보다 앞서 달려가며 문을 붙잡는 모습을 보니, 마치 낙원에 온 것 같았다.

나는 젊은 엄마에게 다가가서 3달러를 주며 아들이 원하는 것을 사주면 좋겠다고 말했다. 그녀는 믿을 수 없다는 듯이 나를 뚫어지게 바라보았다. "정말이에요?" 아이 엄마는 활짝 웃으며 아들에게 이 기쁜 소식을 전했다.

그때 나는 나의 소책자를 가지고 있지 않았고, 그녀에게 내가 그리스도를 따르는 사람이라고 말할 기회도 갖지 못했다. 하지만 나는 그날 돈을 허비하지 않았다. 예수님께서 이 모든 상황 뒤에 계셨기 때문이다. 나는 이 조그만 사건을 통하여 그들의 삶에 의미 있는 일을 이루시도록 하나님께 기도했다.

72시간 동안 심사숙고하다

아랍 에미리트 두바이의 슬링샷 홀딩(Slingshot Holding)이라는 회사의 설립자이자 회장인 리조 메튜는 억만장자가 되겠다는 꿈을 가진 채 성장하였다. 그러나 어느 날 그는 하나님과 급진적인 경험을 하였다. 그는 이렇게 말했다. "하나님은 내게 돈을 버는 능력으로 축복해 주셨어요. 그래서 우리는 나누는 삶을 살기로 작정하였어요."

어떤 사람들은 타고나면서부터 똑똑하거나 재주가 많거나 튼튼하지만, 그것들을 잘 활용하는 사람은 많지 않다고 그는 믿었다. 그러나 관대함은 우리 손안에 달려 있다! 그는 이렇게 말했다. "나눔은 우리로 하여금 진정으로 그리스도를 닮게 만드는, 우리가 통제할 수 있는 것 중에 하나입니다."

리조와 아내는 자신들이 모든 필요에 항상 동참할 수 없다는 것을 알고 난 후, 그들이 고려하고 있는 무엇에 참여해야 하는지 인도해 주시도록 하나님께 요청했다. 리조는 자신이 어떻게 느끼는지에 따라 움직이지 않고, 성령께서 무엇을 말씀하시는지에 따라 행동하는 것을 배우고 있다고 말한다. 그리고 이것을 분별하는 데 도움을 얻기 위해, 72시간 동안 그것에 대해 숙고한다고 말한다.

그러나 당장 힘들어하는 가정을 알게 되면, 그들의 식료품을 사야 하는지 한 달 동안 숙고하거나 기도하지 않고 바로 행동한다는 말을 덧붙였다.*

* "Three Lessons from Lijo Mathew, United Arab Emirates," JoyGiving.org, accessed January 25, 2019, https://joygiving.org/lijo/.

예수님은 우리의 보물이 가는 곳에 우리의 마음도 따라갈 것이라고 말씀하셨다. 비록 3달러는 큰 금액이 아니지만, 나는 여전히 그 엄마와 아들을 떠올리고 있으며, 이 글을 쓰는 지금도 그들을 위해 다시 기도하고 있다.

이것이 바로 나눔이 하는 일이다. 나눔은 흥미진진한 삶을 살게 하고, 나누지 않았더라면 결코 알지 못하거나 연결되지 않았을 사람들과 마음을 통하게 한다. 그들 중 몇 사람은 끝이 없는 모험으로 가득 찬 구속된 땅에서 다시 만날 것이다.

토의를 위한 질문들

1. 당신은 바로 지금 누구를 가장 잘 도울 수 있는가? 그것은 어쩌면 요리나 아기 돌보기, 혹은 집안 청소나 청구서 지불을 돕는 일일 수도 있다. 도움을 줄 수 있는 구체적인 방법을 생각해 보라. 그리고 그럴 마음만 있는 것이 아니라 그렇게 할 준비가 되어 있다는 것을 그들이 알게 하라.

2. 불필요한 것에 과소비를 하는 것이 당신에게 유혹인가? 어떤 인터넷 사이트나 쇼핑 가게들이 당신에게 가장 유혹이 되는가? 다른 사람의 필요가 생겼을 때 더 관대하게 많은 돈을 자유롭게 나눌 수 있도록 현재의 습관을 어떻게 바꾸겠는가?

3. 당신은 시간을 주는 것이 더 쉬운가, 아니면 돈을 주는 것이 더 쉬운가? 왜 그렇게 생각하는가? 더 어려운 영역에서 당신은 어떻게 성장할 수 있는가?

4. 이 장을 읽기 전에, 나눔을 모험으로 생각한 적이 있는가? 그러한 관점이 어떻게 관대함에 대한 당신의 기존 사고를 변화시킬 수 있는가?

15장
천국에 예금된 보물들

내가 드릴 면류관은 없지만 당신이 주신 것을 돌려 드리며,
모든 것이 여전히 당신의 것인데도 내 것으로 착각하며 만족하기도 하지만
당신께 그것을 온전히 양도할 때 더 풍성하게 나의 것이 되는 것임을 깨닫게 하소서.
퓨리탄의 기도

너희 소유를 팔아 구제하여 낡아지지 아니하는 배낭을 만들라
곧 하늘에 둔 바 다함이 없는 보물이니
거기는 도둑도 가까이 하는 일이 없고 좀도 먹는 일이 없느니라
눅 12:33

우리 집에서 반 마일 떨어진 곳에 사는 게리 버그는 가족 사업인 버그 기계공장에서 일하며 성장하였다. 게리가 디언과 데이트를 했을 때, 그녀는 해외 선교를 가려고 준비하고 있었다. 그는 내게 말했다. "거리 곳곳에서 복음을 전하는 선교사들을 마음에 그려 보았지만, 그런 역할을 하는 나 자신은 볼 수 없었어요."

게리는 이렇게 말한다.

> 결혼하고 난 후, 우리는 교회 선교사 가정을 위한 기도회에 매주 참석했어요. 어느 날 밤 성령께서 감동을 주셨어요. 그래서 집으로 돌아가는 차 안에서 하나님이 우리를 선교사로 부르시는 것 같다고 디언에게 말했어요. 그녀는 놀랐지요. 언제, 어디서, 무엇을 하라고 부

르셨는지 몰랐기에, 저는 가족들과 하는 비즈니스를 그만두고 1년 과정의 성경학교 프로그램에 참여했어요.

게리와 디언은 하나님의 인도하심을 위해 기도했다. 한편 나는 1991년 교회에서 선교목사로 잠시 섬긴 후 러시아와 우크라이나를 여행했는데, 그곳에서는 슬라빅 복음협회(Slavic Gospel Association)의 카피타니우크가 트럭에 성경을 싣고 와서 사람들에게 나누어 주는 일을 하고 있었다. 그들 중 대부분은 이전에 성경을 한 번도 본 적조차 없는 사람들이었다.

또한 나는 프랑스에 방문한 적이 있는데, 그곳에서는 빌과 그의 가족들이 동구 유럽과 그 당시 소비에트 연방을 위해 수만 권의 성경을 인쇄하고 있었다. 빌은 그 선교의 가장 큰 장애물이 무엇인지 진지하게 설명했다. 그것은 인쇄 기계가 고장 나거나 망가지는 것이었다. 그는 이렇게 말했다. "우리에게 당장 필요한 것은 복음전도자나 성경 교사가 아니에요. 인쇄 기계가 잘 돌아가도록 기계를 아는 사람이 필요해요!"

나는 기계를 오래전부터 능숙하게 다루던 게리를 알고 있었기에, 이 이야기를 듣는 즉시 게리가 생각났다. 집에 돌아오자마자 나는 게리와 디언에게 빌이 말한 것을 이야기해 주었다. 게리는 그의 이야기를 계속한다.

이 말을 들은 지 1년도 지나지 않아 언어도 모르고, 해야 할 일이 무엇인지도 잘 모르면서 두 자녀와 함께 프랑스로 떠났어요. 저는 원래

> 기계 쪽에 마음이 있었고, 손을 사용하여 섬기는 것을 좋아했어요. 저는 인쇄기를 한 대라도 고쳐 보기는 고사하고 본 적도 없었지만, 빠르게 배워 나가기 시작했어요. 제가 기계를 작동하면서 특별히 좋아했던 것은, 성경 각 페이지를 하나로 꿰매는 과정이었어요. 낱장들을 기계 한쪽 끝에다 밀고, 엮어진 것을 다른 쪽에 당기는 과정을 계속하면서 이 성경책을 받을 사람들을 위해 기도했지요. 저는 기계를 다루는 은사를 그분의 나라를 위해 사용할 수 있게 된 것에 무척이나 기뻐하며 하나님께 감사를 드렸어요.

게리는 계속해서 설명했다. "도전도 많았고, 가족이나 친구들이 그립기도 했지만, 우리는 하나님이 원하시는 곳에 정확히 와 있다는 것을 알았어요. 그분은 이러한 어려움들을 사용하시어 우리가 그분을 더 깊이 의지하도록 인도하셨어요. 여기서 섬겼던 2년의 시간은 우리를 변화시켰고, 이제 우리는 일터에서, 동네에서, 그리고 가정에서 하나님이 우리에게 주신 재능으로 섬기고 있어요."

선한 일에 더 부유하게 되기 위해 게리와 디언은 믿음으로 지금까지 살던 곳에서 떠나 낯선 곳으로 가서 그리스도를 섬겼다. 그들은 멋진 삶을 포기하지 않았고, 그것에 붙들린 바 되었으며, 그 과정에서 천국에 보물을 쌓았다. 나중에 미국에 돌아왔을 때도 그들은 그러한 삶의 방식을 여전히 유지했다. 지금도 나는 그들을 교회에서 볼 때마다, 그들이 다가오는 나라에 충성스럽게 투자하기 위해 자신에게 주어진 독특한 은사를 꼭 필요한 곳에 사용한 것을 떠올리며 하나님을 찬양한다.

우리의 나눔은 보물을 미리 보내는 행동이다

앞 절에서 기본적인 내용을 설명한 후, 바울은 이렇게 말한다. "그렇게 할 때(선을 행하며, 선한 일에 부하고, 관대하며, 나눌 준비를 할 때), 그들은 하늘 창고에 보물을 쌓게 될 것입니다. 이것이 그들의 미래를 위한 든든한 터가 되고"(딤전 6:19, 쉬운성경). **현재**의 일시적인 보물을 나눔으로 **미래**에 영원한 보물을 쌓는다는 것에 주목하라.

이 장에서는 보물을 쌓는 것에 대해 이야기하고, 그다음에는 영원한 기초를 어떻게 쌓는지 살펴볼 것이다.

디모데전서 6장 19절에서 바울이 사용한 언어들은, 나눔은 천국으로 보물을 옮기는 것이라는(막 10:21; 눅 12:33-34) 그리스도의 말을 분명하게 나타내고 있다. 특별히 이 구절들을 살펴보라.

> "너희를 위하여 보물을 땅에 쌓아 두지 말라 거기는 좀과 동록이 해하며 도둑이 구멍을 뚫고 도둑질하느니라 오직 너희를 위하여 보물을 하늘에 쌓아 두라 거기는 좀이나 동록이 해하지 못하며 도둑이 구멍을 뚫지도 못하고 도둑질도 못하느니라 네 보물 있는 그 곳에는 네 마음도 있느니라"(마 6:19-21).

예수님께서 '보물'이라는 동일한 단어를 이 땅에서 사람들이 가치를 두는 것(예를 들어, 돈과 소유)과 언젠가 천국에서 가치를 인정받게 될 것 모두에 사용하고 계심에 주목하라. 이것은 보물이 똑같다는 뜻은 아니지만, 유사성이 있다는 것을 의미한다. 우리는 현재 어떤 물질적인 보물에 가치를 두는 것과 같은 방식으로 하나님께 큰 의미가 있는 영원한 보물에 가치를 두는 것을 배워야 한다. 성경은 여러 곳에서 이 땅에서의 우리의 충성스러운 행동에 대해 하나님께서 천국에서 보상하시리라는 것을 분명히 밝히고 있다. 따라서 천국에서 우리를 기다리고 있는 보물은, 그분의 목적을 위해 이 땅의 보물을 충성스럽게 나눈 것에 대한 하나님의 영원한 보상이라고 이해하는 것이 가장 자연스럽다.[1]

돈과 소유에 대해 예로부터 내려오는 말은 사실이다. "당신은 영구차 뒤에 이삿짐 센터차가 가는 것을 절대 볼 수 없을 것이다." "(당신이 얼마나 많은 돈을 벌었든) 당신은 그것을 가지고 떠날 수 없다." 사람들은 보석이나 소중한 소유물들을 관이나 무덤에 넣을 수 있지만, 이런 것들은 죽음 이후까지 따라갈 수 없다. 이집트 문명 국립박물관에 소장되어 있는 파라오와 함께 묻힌 아름다운 보물들은, 그것들이 죽음 이후에까지 함께 갈 것이라는 믿음의 산물이다. 파라오의 영혼은 오래전에 떠났지만, 이 보물들은 도굴꾼들이 도착할 때까지 1센티도 움직이지 않았다.

예수님은 천국에 보물을 쌓는 것에 대해 이야기하신 후, 놀라우면서도 필연적인 결론을 덧붙이셨다. 예수님은 너무나 중요한 말씀을 하셨다. "너희는 그것을 함께 가져갈 수는 없지만, 그것을 먼저 **보낼** 수는 있다." 나는 이것을 '천국 보화의 원리'라고 부른다.[2]

바울이 디모데전서 6장 19절에서 말하고자 하는 요점은, 세상을 깜짝 놀라게 하는 그리스도의 메시지와 정확하게 궤를 같이하는데, 그것은 현재의 삶을 바라보는 우리의 관점을 근본적으로 어떻게 바꾸어야 하는지, 어떻게 돈과 물질을 바라보아야 하는지 알려 준다.

예수님은 우리의 소유를 팔아 도움이 필요한 사람에게 나눈 직접적인 결과로 천국에 있는 보물을 약속하셨다. 얼마나 멋진 거래인가. 이 땅의 불안정한 종이가방에 담긴 보물을, 결코 잃어버릴 수 없는 천국의 안전하고, 안정적이며, 견고한 금고에 옮길 수 있다는 사실이!

이러한 보물은 도대체 무엇인가? 우리의 첫 번째 가장 중요하면서 영원한 보물은 예수 그리스도이시다. 그분과 비교하면 다른 모든 것은 미미하다(빌 3:7-11). 그리고 그리스도가 거하시는 곳이자 우리의 마음을 집중해야 할 곳인 천국이 우리의 두 번째 보물이다(골 3:1-2). 세 번째 보물은 영원한 상급인데, 이는 하나님이 우리에게 맡기신 돈으로 이 땅에서 행한 것을 근거로 하여 받는 것으로, 우리가 천국에서 섬기게 될 직책과 천국에서 영원히 함께 기뻐할 친구들이 그 중심을 차지할 것으로 보인다.

하나님 왕국에서 우리의 역할은 왕의 아들과 딸로서만 있는 것이 아니라, 투자자로서, 자산 관리인으로서, 그리고 영원한 수혜자로서의 역할도 있다. 우리의 상급에는 그 왕국의 통치자가 되는 특권, 즉 왕 중의 왕 아래에서 봉사하는 왕과 왕비가 되는 특권이 포함될 수 있다(단 7:18; 눅 19:17).

진흙으로 만들어진 피조물이 이 땅에서 선택을 할 수 있고, 그 결과로 영원한 이득을 보는 것이 가능하다는 사실을 감히 생각이라도 한 사람이 있겠는가? 만일 이것이 우리의 아이디어라면 그것은 이단이다! 그러나 그렇지 않다. 예수님께서 말씀하시고, 성령에 의해 감동을 받은 바울이 동일하게 말하는 것은, 우리가 언젠가는 잃어버릴 보물을 나누어 주고 영원히 남을 천국에 투자하면, 그것이 영원히 우리의 것이 된다는 것이다.

우리 모두는 가지고 있는 자산이 안전하기를 바라기 때문에, 집이나 자동차를 잠그고 현명한 투자를 하려고 노력한다. 그러나 마태복음 6장과 디모데전서 6장은 안전한 곳이 오직 한 곳밖에 없다고 알려 준다. 바로 하나님의 왕국이다.

하나님만이 전지하시고 전능하시기 때문에, 이 세상에서 가장 믿을 만하고 뛰어난 투자의 대가가 아무리 환상적인 수익을 약속한다 하더라도 그 돈은 잃어버릴 가능성이 있다. (투자 상담가가 약속대로 엄청난 수익을 내었다 하더라도, 우리는 죽는 순간 모든 것을 뒤로하고 떠나야 한다!)

재무 책임자는 투자 수익률(Return on Investment, ROI)을 항상 고려한다. 우주 역사상, 하나님의 왕국처럼 믿기 어려울 정도로 영원히 지속되는 투자 수익률을 올리는 투자는 찾아볼 수 없다. '보장한다'라는 말을 생각해 보자. "만군의 여호와께서 경영하셨은즉 누가 능히 그것을 폐하며 그의 손을 펴셨은즉 누가 능히 그것을 돌이키랴"(사 14:27). 욥은 하나님의 능력을 이렇게 묘사하였다. "주께서는 못 하실 일이 없사오며 무슨 계획이든지 못 이루실 것이 없는 줄 아오니"(욥 42:2). "주님은… 실패하지 않으신다"(습 3:5, ESV). 투자에 대한 영원한 보상의 약속은 그분의 인격에 기초하며, 이보다 나은 지속적인 공급과 안전에 대한 확신은 없다. 이것이 내 친구 마트 그린이 어디에다 재정적인 후원을 할 것인지 결정할 때, **영원한 투자 수익률**(EROI, eternal return on investment)을 생각하는 이유다.[3]

어느 가정의 마지막 저녁 식사

남아프리카에서 온 목사가 뉴올리언스의 한 편의점에서 계산하기 위해 줄을 서고 있었는데, 몇 개 안 되는 품목인데도 충분한 돈이 없어 당황해하는 한 가족을 보게 되었다. 그는 그 아버지의 어깨를 살짝 두드린 후, 돌아서지 말라고 말하며 돈을 살며시 전해 주었다.

9년 후, 그 목사는 뉴올리언스에 외부 강사로 다시 오게 되었다. 설교 후에 한 남자가 걸어 나와서 자신이 어떻게 그리스도께 나오게 되었는지 이야기하였다.

수년 전, 그와 아내, 아이는 완전히 빈털터리가 되었다. 가족들은 함께 죽기 위해 차를 타고 절벽으로 갔다. 그러나 죽기 전에 아이에게 마지막 식사라도 먹이고 싶었다. 가게에서 음식을 고르고 계산하기 위해 줄을 서 있었는데, 음식 값을 지불할 돈이 모자란다는 것을 알게 되었다.

그때 뒤에 서 있던 남자가 돈을 건네주면서, 자기를 보지 말라고 하였다. 그 남자는 "예수님은 당신을 사랑하십니다"라고 말했다. 그들은 절벽 있는 곳으로 다시 가서, 몇 시간 동안 함께 울고 돌아 나왔다. 그들은 자살을 시도할 수 없었다.

다음 주일에 그들은 '예수님은 당신을 사랑하십니다'라는 현수막이 붙어 있는 교회 예배에 참석했다. 거의 10년이 지난 후, 남아프리카에서 온 목사가 하는 설교를 들었을 때, 그는 그 목사의 독특한 음성과 억양으로 인해 그를 즉시 알아보았다고 말했다.

하나님은 그 목사가 보여 준 조그만 친절과 "예수님은 당신을 사랑하십니다"라는 말을 통해 세 사람을 구원하셨고, 이 가족을 교회로 인도하여 그들의 삶을 그리스도께 헌신하게 하셨다.

* Ilene Wright, "A Very Touching Story of the Power of Giving," City-Data.com Forum, January 26, 2009, http://www.city-data.com/forum/christianity/549297-very-touching-story-power-giving.html#ixzz25h0JvQk2.

우리 마음은 돈을 따라간다

예수님은 천국에 보물을 쌓으라고 제자들에게 말씀하신 후에, "네 보물 있는 그 곳에는 네 마음도 있느니라"(마 6:21)라고 하셨다. 만약 당신이 주식이나 채권, 연금, 혹은 부동산에 투자를 한다면, 당신의 마음은 시장의 흐름에 더 집착하기 쉽다. 당신이 상당한 주식을 보유하고 있는 회사에 더 깊은 관심을 갖게 되는 것은 자연스러운 현상이다.

마찬가지로, 만일 당신이 가난한 사람들을 돕고 잃어버린 사람들을 찾아간다면, 당신의 마음은 그들과, 그리고 하늘에 계신 그들의 창조주와 이어지게 될 것이다. 당신의 장기적인 권리는 더 이상 이 땅의 없어질 나라에 있지 않고, 하나님의 영원한 왕국에 있게 될 것이다. 더 많이 나눌수록 더 많은 것이 진짜 보물로 바뀔 것이고, 마찬가지로 더 적게 나눌수록 진짜 보물은 적어질 것이다.

당신은 나눌 때 보상이 항상 같지 않다는 것을 알게 되겠지만, 영원한 목적을 이룰 것을 약속하시는 주권자이시며 사랑이신 하나님에 대한 확신은 가질 수 있다. 우리의 보물을 이 땅에서 천국으로 옮기면, 우리의 마음도 옮겨진다. 나눔은 세상적인 나라에서 하나님과 그분의 왕국으로 중력의 중심을 옮긴다.

만일 우리가 보다 경건하게 되면, 더 훌륭하게 나누는 사람이 될 것이라고 생각하기 쉽다. 물론 어떤 면에서는 경건한 선택이 나눔보다 선행될 수도 있지만, 나눔은 우리가 무엇을 나누었든지 우리의 마음이 이것을 향하여 실제로 움직이도록 만든다. 만일 그것이 하나님을 높이는 목적이라면, 우리 마음은 나눔을 통해 하나님께 더 가까이 나아갈 것이다.

우리 마음이 아직 그곳에 있지 않을 때에라도, 관대한 행동의 위력을 과소평가하면 안 된다. 사랑하지 않거나 상처를 준 사람에게 애정 어린 마음으로 행동한다면, 시간이 지나면서 당신은 그들을 사랑하고 용서하는 자신을 보게 될 것이다. 하나님을 위해 더 큰 사랑의 마음을 갖기 원하는가? 그의 왕국을 위해서도? 가난한 사람을 위해서도? 선교 사역을 위해서도? 그렇다면 해답은 분명하다. 하나님과 그분의 왕국과 가난한 사람들과 선교와 교회를 위해 더 많이 드려라. 각각의 경우, 당신의 마음은 당신의 보물을 따라갈 것이고, 그들에 대해 더 많은 관심을 가지게 될 것이다. 당신이 무엇인가에 마음을 두기를 원한다면 그것에 주라. 그러면 당신의 마음도 그곳으로 갈 것이다!

우리가 드릴 때, 우리의 마음은 인간의 창조 목적인 한 분 그리스도와 영원한 고향 천국에 점차적으로 고정된다. 이 말은 드림이 우리 마음의 상태를 보여 주는 영적 온도계 정도가 아니라는 의미다(어느 정도 그렇기는 하지만). 여기에는 이보다 훨씬 많은 기능이 있다. 그것은 우리 마음의 상태를 **변화시키는** 능력을 가진 영적 온도 조절 장치다. 온도 조절 장치는 단순히 온도만 측정하는 것이 아니라 실제로 그것을 변화시켜 조절을 한다. 마찬가지로, 나눔은 우리 마음을 하나님과 다른 사람들과 천국을 향하여 방향을 바꾸게 만든다.

나눔은 다른 방법으로는 절대 갈 수 없는 곳으로 우리의 마음을 움직인다. 나는 보수적인 교회에 다니는 70대 여성들이 자신의 시간과 돈을 성매매 여성과 마약 중독자들을 돕는 데 사용하는 것을 보았다. 그렇게 함으로써 나이 많은 여성분들은 젊은 여인들의 친밀하면서도 개인적인 친구와 후원자가 되어 주었다. 이것은 나눔을 통한 사랑의 힘을 보여 주는 것이다.

나는 그리스도인이 된 지 불과 몇 달 후에, 리처드 웜브란트의 「그리스도를 위한 고난」(Tortured for Christ)이라는 책을 읽고 나 자신의 삶에도 이런 변화가 일어나는 것을 보았다. 나는 여름에 아르바이트해서 받은 돈으로 박해받는 성도들을 도울 수 있는 길을 즉시 찾아보기 시작했고, 감사하게도 박해받는 교회를 섬기는 단체를 발견할 수 있었다. 이 사역에 45년 전부터 후원하기 시작한 이후 지금까지, 내 마음은 이러한 성도들을 향해 맞추어져 있다. 그리고 오늘 내가 박해받는 성도들을 위해 나눌 때 나의 마음은 그들과 그들의 주님께 재투자되며, 나의 확실한 상급은 계속 쌓여 간다.

나눔은 단순히 변화된 삶을 보여 주는 표시만이 아니다. 이것은 우리의 삶을 바꾸시기 위해 하나님께서 기름 부으신 수단이다!

우리 보물의 위치를 옮기는 것은 우리 마음의 위치를 바꾸게 하고, 우리 삶의 궤도를 이 땅의 막다른 길에서 천국의 끝이 없는 고속도로로 재설정하게 한다.

우리는 돈으로 하나님과 사람, 모두를 섬길 수 있다

예수님은 이렇게 말씀하셨다. "불의의 재물로 친구를 사귀라 그리하면 그 재물이 없어질 때에 그들이 너희를 영주할 처소로 영접하리라"(눅 16:9). 언뜻 들으면 '불의한 재물'이라는 표현 때문에 모든 돈이 나쁜 것처럼 생각될 수 있다. 그러나 성경의 다른 본문에서는 돈이 하나님을 기쁘시게 하는 데 사용될 수 있다고 말하고 있기 때문에, 돈 자체가 본질적으로 악하다는 것은 성립되지 않는다. 나눔을 통해 우리는 돈을 하나님의 영광을 위해 올바르게 사용할 수 있다.

우리 주님은 '세상의' 부로부터 멀리 떨어져 있으라고 하지 않으시고, 그것을 사람을 돕는 데 투자함으로 전략적으로 사용하라고 하신다. 우리가 가진 것을 나누어 줄 때, 하나님은 세상적인 돈을 이 세상에서 끝나지 않고 영원히 남을 소중한 것으로 바꾸실 것이다. 우리는 이 세상에서 물질적으로나 영적으로 다른 사람들을 돌보는 데 돈을 사용함으로 '친구를 사귀어야' 한다. 이것으로 천국에 들어가는 자격을 얻을 수는 없지만, 누가복음 16장 9절에 따르면 천국의 집(우리가 거주할 장소)에서 이러한 친구들에게 환영을 받게 될 것이다. 내 생각에 이러한 사람들은 보물의 중요한 부분이거나 천국에서 받기를 기대할 수 있는 '면류관'이다(살전 2:19).

나는 예수님께서 우리가 실제로 하나님의 왕국에서 다른 사람들과 함께 살면서 식사, 교제를 나누는 것을 제안하셨다고 믿으며, 이것이 그 구절의 분명한 가르침이라고 생각한다. 어떤 사람들에게는 이런 말이 너무나 터무니없이 들릴 것이다. 그들은 천국에 대해 생각할 때, 부활한 지구에서 사는 부활한 사람들을 생각하지 않기 때문이다. 그들은 거주지에서 생활하고 함께 먹고 교제하는 것을 상상조차 하지 못한다. 그러나 이것은 말씀이 우리에게 **정확하게** 가르치는 것이다. 예수님 자신이 부활하신 몸으로 음식을 먹고, 살과 뼈가 있음을 보여 주셨다(눅 24:39-40). 부활의 때에는 우리의 몸이 그분과 같게 되리라고 말씀하셨기에(빌 3:21), 우리 또한 언젠가 새 땅에서, 그분이 부활 후에 하신 것처럼 기쁨으로 먹고, 마시고, 서로 대화를 나누게 될 것임을 기대해야 한다.

나는 나를 제자로 만들기 위해 자신들의 사랑과 기도, 시간, 물질을 바친 사람들을 포함하여, 새롭게 된 땅에서 내가 사는 곳으로 초대할 사람들을 때때로 생각한다. 그들은 내가 성경학교와 신학교에 다니도록 도와주었고, 선교 여행을 갈 수 있도록 도와주었으며, 내가 목사로 섬길 수 있도록 교회에 헌금하였고, 우리의 사역을 위해 충성스럽게 후원한 사람들이다. 또한 나는 하나님의 은혜로 나의 삶, 나의 가르침과 저술들, 나의 나눔을 통해 영원을 바라보게 되었던 사람들의 집에 초대받는 것을 상상해 본다.

그때가 왔을 때, 우리 중에 어느 누가 조금 덜 나누었더라면 하고 후회하겠는가?

우리가 나눈 자산은 진정 영원히 남는다

A. W. 토저는 **"어떤 일시적인 소유도 영원한 부로 전환될 수 있다.** 그리스도께 바쳐진 것은 무엇이든 즉각적으로 영원한 것으로 바뀐다"[4]라고 말했다. 의미가 깊은 선언은 반복할 가치가 있다. 어떤 일시적인 소유도 영원한 부로 전환될 수 있다. 마태복음 6장 20절처럼("너희를 위하여 보물을 하늘에 쌓아 두라"), 디모데전서 6장 19절도 이 생각을 강력하게 지지한다. 우리가 하나님과 다른 사람들을 섬길 때, 우리는 천국에 보화를 쌓는다. 하늘의 보화가 정확하게 어떤 것일지는 모르지만, 우리는 하나님이 우주에서 가장 위대한 기부자임을 알기에, 어떤

보물이든지('상급'으로도 불린다) 그분이 우리에게 주시는 것은 훌륭한 것임을 확신할 수 있다.

시작이 없으신 하나님은 영원히 존재하실 것이다. 시작이 있었던 우리 역시 영원히 존재할 것이고, 예수님과 그분을 사랑하는 다른 사람들과의 관계도 그러할 것이다. 우리 인생의 미약한 불꽃은 죽을 때 꺼져 버리는 것처럼 보이지만, 이후 세계에서는 영원의 강도로 거대하게 타오르게 될 것이다. 이러한 지식에 기초하여, 우리는 보이는 것을 바라보는 것이 아니라, 보이지 않는 것을 바라보는 것을 배워야 하고 (고후 4:18), 매일의 짧은 하루를 긴 내일의 관점으로 살아야 한다.

우리는 어느 곳에 시선을 고정할지 선택할 수 있다. 우리는 눈에 보이는 단기간의 보물에 매이지 않는 대신, 믿음으로 예수님이 계신 천국의 영원한 보물을 응시하도록 부름을 받았다. 우리는 영원의 관점에서 가장 중요한 것에 초점을 맞추는 삶을 배우고 있는지 스스로에게 물어야 한다.

토저는 우리 마음이 무엇을 보물로 생각하는지 알아내는 네 가지 질문을 다음과 같이 제시한다.

1. 가장 가치를 두는 것은 무엇인가?
2. 가장 잃어버리기를 두려워하는 것은 무엇인가?
3. 무엇이든 생각할 수 있는 자유가 주어졌을 때, 가장 자주 생각하는 것은 무엇인가?
4. 가장 큰 즐거움을 제공하는 것은 무엇인가?[5]

이 네 가지 질문에 근거하여, 우리 각자는 **'나의 보물은 무엇인가?'** 질문해 보아야 한다. 그것이 자동차, 보트, 보석, 서재인가? 아니면 미술품, 희귀 동전, 금인가? 저축, 은퇴 프로그램, 주식, 부동산인가? 혹은 하나님이 우리에게 선물로 주신 가족들, 교회, 동료들인가? (물론 그들을 하나님이 우리에게 주신 선물로 보고, 하나님의 대체품이나 경쟁자로 보지 않는다면, 가족이나 우리와 관계하는 사람들을 보물로 여기는 것이 옳다.) 혹은 전심을 다해 사랑해야 하는 하나님과 우리의 사랑이 절실히 필요한 사람들이 우리의 보물인가?

'우리가 무엇을 가장 소중하게 여기는가'는 우리 눈을 어디다 고정을 시키는지를 보면 명확하게 알 수 있다. 하나님의 선물로서 즐겨야 할 물질적인 것이, 우리의 관심과 헌신을 훔치는 건강하지 못한 물건으로 바뀔 수도 있다. 관대한 드림은 이런 일이 일어나지 않도록 하는 데 큰 도움이 된다. 왜냐하면 그것은 천국에 대한 확정적 권리를 더 많이 제공할 뿐만 아니라, 우리의 관심을 하나님과 다른 사람들로부터 멀어지게 만드는 세상적인 보물의 수를 감소시키기 때문이다.

만일 우리가 예수님을 위해 관대하게 살아가는 멋진 삶을 현재 살고 있다면, 우리가 천국에 들어갈 때 정말 중요한 것이 우리를 기다리고 있을 것이다. 물론 가장 중요한 것은 예수님과 함께 사는 것이다. 하지만 그분에게 중요하기 때문에 우리에게도 중요해야 할 것은 이 최종적인 확증이다. "잘하였도다 착하고 충성된 종아"(마 25:21).

중국에 선교사로 갔다가 나중에는 아프리카로 간 C. T. 스터드는 이렇게 말했다. "인생은 하나밖에 없고, 그것은 곧 과거가 되겠지만, 그리스도를 위해 행한 것만은 영원히 지속될 것이다."

재산이 우리를 떠나든지, 우리가 재산을 떠나든지 둘 중 하나다

마태복음 6장과 디모데전서 6장에서 세상적인 보물을 **버리라고** 말하지 않았음에 주목하라. 대신에, 이 구절들은 우리의 보물을 천국으로 **옮기라고** 말하고 있다. 여기서 요점은 세상적인 보물을 경시하지 말라는 것이다. 이것은 꼭 필요하고, 도움이 되거나 적어도 무해하다. 하지만 우리는 그것의 가치를 천국 경제에 얼마나 공헌하는지에 따라 전략적으로 바라볼 수 있어야 한다.

예수님이 이 땅에 보물을 쌓지 말라고 경고하신 이유는, 잃어버릴 수 있기 때문이 아니라 **반드시** 잃어버릴 것이기 때문이다. 좀이 옷감을 갉아먹고, 녹이 철을 부식시키고, 도둑이 훔쳐갈 수 있다. 예수님은 이어서 이렇게 말씀하실 수 있었을 것이다. "화재로 불타 버리고, 홍수에 휩쓸려가고, 정부가 점령하고, 투자가 실패할 것이다." 이 땅의 어떤 보물도 안전하지 않다.

사실 하나님은 현재의 지구가 불타 버릴 것이라고 말씀하셨다(벧후 3:10). 이 땅의 보물을 불에 견디게 할 수 있는 유일한 방법은 그것을 나누어 주어 천국으로 옮기는 것이다. 바울은 나무나 건초나 짚으로 만든 것들(영원까지 지속되지 못하는 것들)은 하나님의 거룩한 불에 타버릴 것이라고 말했다(고전 3:12-14).

하나님과 그분의 말씀과 그분의 사람들은 영원하기 때문에, 하나님과 그분의 말씀과 그분의 사람들을 위해 지혜롭게 사용된 것만이 영원히 지속될 것이다. 예수님은 우리가 창고를 선택할 수 있도록 우리를 초청하신다. 당신은 대부분의 보물을 이 땅에 투자하여 죽을 때 모두 잃어버릴 것인가, 아니면 천국에 투자하여 영원까지 당신의 것이 되게 할 것인가?

당신이 이에 대해 생각해 본다면, 현명한 선택은 하나밖에 없을 것이다.

나눔은 실제로 투자하는 것이다

천국에 보물을 쌓으라는 성경의 명령은 단순히 부를 떠나보내는 것이 아니라, 결코 잃어버릴 수 없는 다른 곳에 실제로 옮기는 것을 의미한다. 사실, 하나님의 왕국에 드리는 것은 역사 이래 가장 믿을 만하고 수익성이 높은 투자다!

바울은 부자들도 이런 방법으로 보물을 쌓아 천국에 든든한 기초를 세울 수 있다고 말했다. 부활의 때에는 하나님께서 가난한 사람을 도운 사람들에게 개인적으로 보상하실 것이라고 예수님은 제자들에게 말씀하셨다(눅 14:13-14).

우리는 결국 가진 돈을 다 써버리거나, 정부에 세금으로 납부하거나, 죽을 때 잃어버릴 것이다. 그러나 다른 대안이 있다. 지금 그것을 나눌 수 있다. 나눔은 우리에게 가장 큰 통제권과 가장 큰 보안을 제공한다. 왜냐하면 나눔은 일단 행하고 나면 결코 잃어버리거나 빼앗길 수 없기 때문이다. 우리가 나누는 순간 하나님은 기뻐하신다. 우리는 지혜롭게 나누는 자가 되려고 노력해야 하지만, 일단 돈을 하나님께 맡기고 나면, 그것이 어떤 변화를 가져올지는 그분의 손에 달려 있다.

많은 사람들이 죽음을 두려워하는 이유 중 하나는, 우리의 보물이 대부분 여기 이 땅에 있기 때문이다. 우리는 그것을 잘못된 장소에 올려놓았다. 우리는 매일 죽음에 가까이 가고 있기 때문에, 매일 우리의 보물로부터 점점 더 멀어지고 있다. 우리는 결국 빈손으로 영원의 세계에 들어가게 된다.

이 땅에 보물을 쌓는 데 우리 인생을 보낸다면, 죽음에 가까워질수록 보물로부터 멀어지게 될 것이다. 그러나 우리가 매일 가까워지는 천국에 보물을 쌓는다면, 우리는 그것으로부터 멀어지는 것이 아니라 항상 그것을 향하게 될· 것이다. 이러한 깨달음은 미래를 직면하게 될 때 행복과 희망을 가져다준다. 그렇기 때문에 예수님은 우리가 많은 것을 흘려보내고, 영원을 향하여 두 팔을 활짝 벌리고 걸어가기를 원하신다.

코페르니쿠스는 태양이 지구 주위를 도는 것이 아니라고 주장함으로써 혁명을 촉발시켰다. 나눔은 삶이 지구를 중심으로 돌아가지 않는다는 것을 이해하는 그리스도인들에게 코페르니쿠스적인 혁명을 촉발시킨다. 삶은 하나님과 그분의 왕국을 중심으로 돌아간다.

질량을 가진 보물은 중력을 가지고 있음을 생각해 보라. 중력은 질량 주위의 궤도에 사물을 고정시킨다. 우리가 더 많은 질량을 축적할수록(이 땅에 더 많은 보물을 쌓을수록) 더 큰 중력으로 우리를 잡아당긴다. 하지만 우리가 나눌 때 이것이 어떻게 변하는지 생각해 보라. 우리가 영원한 이익을 위해 더 많이 투자할수록 지구에 있는 우리 보물의 양은 줄어들고, 따라서 지구의 궤도가 우리를 붙잡는 힘도 줄어들게 된다.

나눔은 천국에 있는 보물의 질량을 배가시킨다. 그로 인해 천국의 중력이 증가하면, 우리를 하나님과 그분의 왕국과 그분의 가치의 궤도에 고정시키는 힘도 커지게 된다. 많이 나누면 나눌수록, 중력의 중심은 이 땅의 일시적인 나라에서 그리스도의 영원한 왕국으로 더 많이 이동한다.

예수님께서 탐욕에 대해 경고하시고, 부자가 천국에 들어가기가 얼마나 어려운지 말씀하실 때(막 10:25), 그분은 그것을 막기 위한 과감한 결단이 없는 한, 결국 우리가 세상의 돈과 소유에 의해 포로가 되는 임계 질량(우라늄이나 플루토늄과 같은 핵물질이 핵연쇄 반응의 과정에서 스스로 폭발할 수 있는 최소한의 질량–옮긴이)을 얻게 될 것임을 알고 계셨다. 이것은 디모데전서 6장 9-10절과 다른 구절들에서도 증명되었으며, 모든 지혜로운 사람들에 의해서 사실로 판명되었다.

하지만 관대함은 우리에 대한 소유물의 지배력을 감소시키고, 우리가 나누는 대의의 지배력은 증가시킨다. 우리가 나눌 때마다 이 땅에 대한 질량과 중력은 줄어들고 천국에 대한 질량과 중력은 증가된다. 항상 그러했지만 예수님의 말씀은 정확하게 사실이다. 우리 마음은 진실로 우리 보물을 따라간다.

나눔은 그것을 받는 사람의 삶을 변화시키므로 이것만으로도 나누어야 할 충분한 이유가 된다. 아울러 나눔은 나누는 사람의 마음을 다시 집중시켜 천국에 투자하게 함으로써 삶을 아름답고 풍요롭게 만든다. 이렇게 함으로써 나눔은 하나님께서 우리를 위해 의도하신 멋진 삶을 살아갈 수 있는 힘을 우리에게 준다.

영원한 상급에 대한 원리들

- **하나님은 관대하게 보상하신다.** 예수님은 '100배'의 수익(마 19:29)을 약속하셨다. 이것은 원래 투자한 금액에 비해 훨씬 큰 엄청난 수익이다.
- **하나님은 공정하게 보상하신다.** 하나님은 "천하를 공의로 심판할 날을 작정"(행 17:31)하셨다. 주님은 "심장을 살피며 폐부를 시험하고 각각 그의 행위와 그의 행실대로 보응"(렘 17:10)하신다.
- **하나님은 완전한 정보를 가지고 보상하신다.** 지으신 것이 하나도 그 앞에 나타나지 않음이 없고 우리의 결산을 받으실 이의 눈앞에 만물이 벌거벗은 것같이 드러나 있다(히 4:13). 주님은 어둠에 감추인 것들을 드러내실(고전 4:5) 것이다.
- **하나님은 우리의 의도를 아시고, 그것에 따라 보상하실 것이다.** 그가 마음의 뜻을 나타내실 것이다(고전 4:5). 그의 말씀은 마음의 생각과 뜻을 판단한다(히 4:12). 나눔을 자신의 영광을 위하거나, 다른 사람들을 조종하려는 의도로 하였다면, 보상하지 않으실 것이다.
- **하나님은 보상하실 때 어느 누구도, 어떤 일도 간과하시지 않을 것이다.** "이는 각 사람이 무슨 선을 행하든지 … 주께로부터 그대로 받을 줄을 앎이라"(엡 6:8). 예수님께서 보상을 하실 때는, 우리의 아주 작은 사려 깊은 행동도 등한시하지 않으실 것이다(막 9:41). 되돌려 줄 능력이 없는 사람들에게 베푼 환대나 음식에 대해 예수님은 "그리하면 그들이 갚을 것이 없으므로 네게 복이 되리니 이는 의인들의 부활시에 네가 갚음을 받겠음이라"라고 약속하셨다(눅 14:12-14).
- **하나님은 받을 자격이 없는 사람에게 베푼 친절에 대해 보상하실 것이다.** 만일 우리가 "원수를 사랑하고 선대하며 아무 것도 바라지 말고 꾸어" 주면, "너희 상이 클 것"이라고 예수님은 약속하신다(눅 6:35).
- **하나님은 지혜로운 청지기에게 보상하실 것이다.** 그분이 우리에게 주신 자원과 기회들을 잘 관리하면, 그분은 우리에게 더 많은 것을 맡기실 것이다(마 25:14-23).
- **하나님은 우리의 인내에 대해 보상하실 것이다.** 우리가 하나님을 신뢰하여 어려운 환경을 인내하면, "큰 상을 얻게" 된다(히 10:34-36). 믿음으로

인해 박해를 잘 견딘 사람들에게 예수님은 "하늘에서 너희 상이 큼이라" 라고 약속하신다(눅 6:22-23).

- **하나님은 그리스도를 위해 고난받는 사람들과 동질감을 갖는 사람들에게 보상하실 것이다.** "너희가 갇힌 자를 동정하고 너희 소유를 빼앗기는 것도 기쁘게 당한 것은 더 낫고 영구한 소유가 있는 줄 앎이라 그러므로 너희 담대함을 버리지 말라 이것이 큰 상을 얻게 하느니라"(히 10:34-35).

보상이나 천국의 보화를 추구하는 것이 잘못된 것인가

디모데전서 6장 17-19절과 다른 여러 구절에서 하나님을 경외하고 순종할 때 하나님이 보상을 하신다고 분명히 가르치고 있음에도 불구하고, 나눔이나 다른 어떤 일이 보상에 의해 동기부여가 되어야 한다는 사고에 발끈하며 그러한 가르침에 반대하는 그리스도인이 많다는 것을 나는 관찰을 통해 잘 알고 있다.

그러나 동기 요인으로서의 보상에 대한 아이디어를 배제하기 전에, 말씀이 이에 대해 실제로 무엇을 말하는지 살펴볼 필요가 있다. 예수님의 말씀에 의하면, 하나님의 가장 중요한 두 계명은 그분을 사랑하고 다른 사람들을 사랑하는 것이다(마 22:36-40). 만일 당신이 자녀들에게 다른 어떤 것보다 중요한 것 두 가지를 말하고 그렇게 행동하라고 했는데 그들이 그렇게 행했다면, 칭찬을 하고 감사의 선물을 통해 보상하려고 하지 않겠는가? 당신은 분명 그렇게 할 것이다. 그런데 당신이 자녀들을 사랑하는 것보다 하나님이 자녀들을 더 적게 사랑하실까? 결코 그렇지 않다.

나눔은 하나님의 명령일 뿐 아니라 그분과 이웃을 사랑하는 행동이며, 우리가 꼭 해야 할 두 가지 가장 큰 사명을 완수하는 것이다. 따라서 그분은 그것이 칭찬과 보상을 받을 만한 특별한 가치가 있다고 생각하신다. 심지어 평범한 인간도 자녀들이 빵이나 생선을 구할 때 돌이나 뱀을 주지 않는다고 예수님은 지적하신다(마 7:9-10). 그분은 이렇게 말씀하신다. "너희가 악한 자라도 좋은 것으로 자식에게 줄 줄 알거든 하물며 하늘에 계신 너희 아버지께서 구하는 자에게 좋은 것으로 주시지 않겠느냐"(11절).

호의와 일반 은총으로 하나님께서 자신을 경외하지 않는 사람에게도 좋은 것들을 주시는 경우가 종종 있다. 그러나 충성스러운 자녀들에게는 특별한 보상을 항상 허락하신다. 그분의 보상은 그분의 사랑과 상반되는 것이 아니다. 그것을 표현해 주는 것이다.

아버지가 자녀에게 보상할 때, 자신의 사랑을 보여 주며 "참 잘했구나"라고 말하는 것은 자녀의 마음을 그에게로 향하도록 이끈다. 우리는 좋은 아버지의 사랑을 실제로 경험했든, 그렇지 않든, 이것이 사실임을 알기 때문에, 하나님 아버지가 자녀들에게 보상하기를 기뻐하신다는 것이나, 자녀들이 아버지에게서 보상받는 것을 기대해야 한다는 생각에 놀라거나 저항하는 것을 나는 도저히 이해할 수 없다.

하나님은 천국의 보물이라는 영원한 보상뿐 아니라 현재의 행복과(행 20:35) 참으로 풍성한 생명(마 6:19-20)이라는 보상을 명시적으로 약속하셨다. 그리스도를 경외하는 것은 항상 우리에게 좋은 것이므로, 우리에게 최선은 항상 진정으로 그리스도를 경외하는 것이다.

우리 아버지는 우리를 존귀하게 하고, 그분과의 관계를 풍성하게 하며, 그분께 순종하고 풍성한 삶을 경험하려는 우리의 갈망을 증진시키기 위해 보상을 제안하셨다. 분명히 그분은 그의 자녀들이 그가 약속한 보상을 소중히 여기기를 원하셨다. 하나님은 자신을 기쁘게 하는 것에 대해 보상하시며, 그의 사랑하는 자녀들인 우리가 그 보상을 감사히 받을 때 그것은 **우리**를 행복하게 해준다. (우리에게 궁극적으로 기쁨을 가져다주지 못한다면, 그 어떤 것이라도 보상이 될 수 없다.)

많은 사람들이 관대함을 고결하게 보는 이유는, 나눔이 우리 자신은 뒤로 밀어내면서 다른 사람을 앞으로 내세우기 때문이다. 그러나 그것은 하나님의 경제가 작동하는 원리가 아니다. 디모데전서 6장과 마태복음 6장에서 보았듯이, 우리가 나눌 때 우리는 자신을 위해 보물을 쌓게 된다. 우리는 하나님의 영광을 위해 그분을 섬기는 것이 맞지만, 하나님의 영광을 위하는 것은 항상 우리의 유익을 위하는 것이기도 하다. 사랑하는 마음으로 하나님과 사람들을 섬기는 것과, 그렇게 함으로써 우리 자신의 삶을 풍성하게 만드는 것 사이에는 아무런 충돌이 없다. 이기적인 사람들은 **다른 사람의 비용으로** 개인적인 이득을 추구한다. 개인적인 이득을 추구하는데도 다른 사람에게 피해를 주지 않았다면 좋은 것이다. 그러나 나눔은 이것보다 훨씬 더 멀리 나아간다. 다른 사람에게 단순히 '피해를 입히지 않는 것'이 아니라, 그들에게 도움을 주는 것이다. 그리고 그들을 도운 것에 대해 하나님은 보상해 주신다!

하늘 아버지가 제안하신 상급을 갈망하는 것이, 육신적인 부모나 멘토에게 인정받기를 원하거나, 인심이 좋은 고용주로부터 보너스를 받기 원하거나, 손님으로부터 팁을 받기를 원하는 것보다 더 이기적인 것은 아니다. 보상은 제로섬 게임이 아니다. 하나님이 보상하시는 데에는 어떤 한계도 없다. 한 사람이 자신을 위해 천국에 보물을 쌓는다고 해서 다른 사람이 쌓을 수 있는 보물이 줄어들지 않는다. 그리스도를 위한 섬김에 대해 하나님께서 보상하실 때는 모든 사람이 얻으며, 잃어버리는 사람은 아무도 없다.

물론 하나님은 누구에게도 꼭 보상하실 **필요**가 없으시다. 그런데도 하나님께서 그렇게 하시는 이유는 그것을 그분이 **원하시기** 때문이다. 당신이나 내가 그것에 대해 어떻게 생각하든 상관없이, 그것이 바로 그분이 하시려는 것이다!

하나님은 왜 우리에게 보상하시는가? 그 이유는 우리가 한 것에 기뻐하시기 때문이다. 부모로부터 보상을 받기 원하는 아이는, 자신의 착한 행동이 부모를 기쁘게 할 것을 알고 있다. 그러므로 부모의 인정을 받으려는 그의 갈망은 금전적인 이유가 아니라, 부모에 대한 사랑에서 흘러나온 것이다.

당연히 보상이 우리의 **유일한** 이유가 되어서는 안 된다. 우리는 우리가 섬기는 하나님에 대한 감사의 마음에 동기부여 되어야 한다(히 12:28). 우리는 '그분을 기쁘시게 하려는' 열망에 의해 동기부여 되어야 한다(고후 5:9). 그러나 이러한 동기들은 보상의 동기와 충돌하지 않는다. 아버지 되시고 구속자 되신 하나님에 대한 사랑의 마음으로 순종하라고 부르신(신 7:9; 11:1; 30:20) 동일한 성경에서, 창조주와 재판장 되신 하나님에 대한 두려운 마음으로(창 2:17; 신 28:58-67; 히 10:30-31), 또한 보상하시는 분에 대한 소망의 마음(신 28:2-9; 히 11:6)으로 순종하라고 부르신다. 각각의 동기는 함께 존재하고, 서로 보완

적이다.

우리는 생계를 위해 하는 일을 즐기면서 하고 싶어 한다. 상사를 기쁘게 하고 회사가 번창하는 데 도움이 되기를 바란다. 그러나 이러한 동기들은 우리가 일한 것에 대한 대가로 고용주로부터 임금 받기를 기대하는 것을 결코 대신할 수 없다! 그리고 만약 보너스를 받게 된다면, 자신이 잘한 일에 대한 보상을 바라지 않는다거나, 보상받을 가치가 없기 때문에 받을 수 없다고 거절하지 않는다. 대신에, 감사하게 받고 마음 깊이 감사한다. 하나님은 우리에게 빚진 것이 없으시지만, 우리의 충성스러운 섬김에 대해 칭찬하고 보상하기 위해 자비롭게도 놀라운 상급을 약속하신다. 그것이 우리를 기쁘게 만드는가? 물론이다!

주님을 기쁘시게 하려면 여러 가지 인센티브가 결합된 동기부여가 때로 필요하다. 이것은 일부는 좋고, 일부는 나쁜 혼합된 동기의 문제가 아니다. 오히려 **여러 가지**의 동기에 관한 것으로, 각각은 모두 좋은 것이고, 하나님 자신에게서 우리에게로 전해진 것이다. 이러한 여러 가지 동기들은 우리가 하늘 아버지께 순종하고 기쁨으로 그분을 섬기도록 서로 서로 격려하고 보강한다.

하나님은 그분의 자녀들에게 보상하기를 좋아하신다

내가 손주들에게 이렇게 말했다고 가정해 보자. "네가 마당에서 온종일 할아버지 일을 도와주면 60달러를 주고, 네가 가장 좋아하는 햄버거 가게에 데리고 갈게." 이 말을 들은 아이들이 돈을 벌기를 원하고, 외식을 기대하는 것은 과연 적절한가? 물론이다! 나는 제안을 했고, 그들이 그것들을 **원하기**를 바란다. 그들이 열심히 일한 것에 대해 보상할 때, 나도 그들만큼 행복할 것이다!

그런데 손주들이 억지로 일을 하고 나서, "저는 단지 제 의무를 다 한 것뿐이에요, 할아버지. 그러니까 돈도 받지 않고, 함께 외식하러 나가지도 않겠어요"라고 말했다고 가정해 보자. 이 말은 고상하고 예의 바른 말처럼 들릴 수 있지만, 실제로 나는 이런 행동을 조금도 좋아하지 않는다. 하나님도 마찬가지일 것이다. 왜냐고? 우리에게는 친근한 개인적인 관계가 중요하고, 인생이란 단지 의무에 관한 것만은 아니기 때문이다.

만약 하나님을 섬기는 사람에게 보상을 해야 한다는 생각을 인간이 고안하였다면, 그것은 아주 뻔뻔하고 주제넘은 행동일 것이다. 그 분은 완전히 은혜로만 우리를 구원하시지 않았던가. 우리가 누구이기에 감히 그에게 보상을 요구하거나 기대할 수 있겠는가? 하지만 보상은 우리의 생각이 아니고 하나님의 아이디어다. 앞의 이야기에서 손주들에게 보상을 하겠다는 것이 나의 생각이지 그들의 생각이 아닌 것과 같다. 우리에게 보상하겠다는 완벽한 계획을 보여 주신 분은 바로 하나님이시다. 우리가 누구이기에 하나님이 기뻐하시는 것과 우리에게 기쁨으로 약속하신 것을 경시할 수 있겠는가? 언젠가 내게 "나는 보상 같은 것에는 관심도 없어요"라고 말한 사람이 있다. 나는 그에게 이렇게 말했다. "하나님은 분명 관심이 많으신데, 왜 당신은 그렇지 않은가요?"

많은 사람들이 어떻게 말하든지 간에, 보상을 기대하는 것에 동기부여를 받는 것은 잘못된 것이 아니다. 사실 보상에 의해 동기부여가 되지 **않았다면** 뭔가 잘못된 것이다. "하나님은 불의하지 아니하사 너희 행위와 그의 이름을 위하여 나타낸 사랑으로 이미 성도를 섬긴 것과 이제도 섬기고 있는 것을 잊어버리지 아니하시느니라"(히 6:10). 하나님은 영원히 그리고 지금 현재도 항상 우리를 관찰하고 계시고, 항상 보상하신다. "여호와의 눈은 온 땅을 두루 감찰하사 전심으로 자기에게 향하는 자들을 위하여 능력을 베푸시나니"(대하 16:9).

그분은 소프트볼 글러브를 사기 위해 저축한 돈을 헌금으로 드린 아이를 반드시 보상하실 것이다.

그분은 온갖 유혹에도 자신을 순결하게 지킨 십 대에게 반드시 보상하실 것이다.

그분은 치매에 걸린 아내를 정성으로 돌보는 남편, 인내심을 가지고 뇌성마비 자녀를 키우는 어머니, 장애에도 불구하고 하나님 안에서 기뻐하는 아이에게 보상하실 것이다.

그분은 큰 집을 팔아 작은 집으로 규모를 줄인 후 거기서 얻은 소득을 도움이 필요한 사람들에게 나누어 준 부부에게 반드시 보상하실 것이다.

그분은 충성스러운 미숙련자들과, 겸손하고 섬기는 자세를 가진 숙련자들을 반드시 보상하실 것이다.

그분은 자녀들에게 그리스도의 모델이 된 부모들과, 부모들이 잘못을 많이 했음에도 불구하고 그리스도를 따르는 자녀들에게 반드시 보상하실 것이다.

그분은 고통 중에도 하나님을 신뢰한 사람들과, 고통을 위로하는 사람들에게 반드시 보상하실 것이다.

왜 이렇게 하시는가? 하나님이 바로 이런 분이시기 때문이다. 이것이 하나님의 본성이요, 기쁨이요, 약속이다. "인자가 아버지의 영광으로 그 천사들과 함께 오리니 그 때에 각 사람이 행한 대로 갚으리라" (마 16:27).

하나님은 자신이 제안하신 것을 우리가 원하기를 간절히 바라신다. 구원의 선물뿐 아니라, 하나님을 충성스럽게 섬긴 사람들에게 자비롭고 자발적으로 주시려는 풍성한 보상과 천국의 보물이 바로 그것이다. 그분을 위한 우리의 섬김에는 아낌없이 나누는 것도 포함되어 있는데, 이것은 그분의 마음과 가까운 것이자 복음의 핵심이다. 그는 지금, 그리고 영원히 우리가 나누는 것에 대해 보상해 주겠다고 약속하신 바로 그분이시다.

토의를 위한 질문들

1. 시간을 내어 A. W. 토저가 제시한 보물이 무엇인지 알아내는 네 가지 질문에 정직하게 답을 해보라. 당신의 보물은 무엇인가? 어떤 조정을 할 필요가 있는가?

2. 나눔은 실제로 당신의 돈을 가장 잘 통제할 수 있게 한다는 사실에 대해 생각해 본 적이 있는가? 이 개념을 붙잡는 것은 나눔에 대한 인식을 어떻게 바꾸는가?

3. 영원한 상급에 대한 아이디어가 당신을 놀랍게 하는가? 이 장에서 말하는 것은 하나님께서 자녀들에게 보상하시는 것에 대한 당신의 생각에 어떤 영향을 주었는가?

4. '영원을 위해 살라'는 90초 분량의 비디오에서, 저자는 땅에서의 사람들의 인생은 시작과 끝이 있고, 아주 짧은 점과 같다는 사실에 대해 말하고 있다. 그러나 그 점이 연장되어 선이 되면 영원까지 이어진다. 점에서 살고 있더라도, 우리가 지혜롭다면 선을 위해 살 것이다. 이 짧은 비디오를 시청해 보고, 당신 자신의 삶에서 그것의 중요성을 숙고해 보라. 아래에 있는 QR코드를 통해 보거나 https://youtu.be/T2A9w2wU1Xw에 들어가 보라. 이 메시지에 대한 당신의 반응은 무엇인가?

16장

하나님 나라 우선

이 세상이 가난한 것은
모든 부가 하늘에 숨겨져 있는데
모든 보물 지도는 이 땅에 있는 것만 가리키기 때문이다.
칼빈 밀러

이는 그가(아브라함이) 하나님이 계획하시고 지으실
터가 있는 성을 바랐음이라
히 11:10

로즈메리 카마티는 우간다에서 자랐고, 이모에 의해 그리스도를 알게 되었다. 결혼 후 5년이 지났을 때, 남편은 그녀를 학대하고 외도를 하기 시작했다. 결국 그녀는 네 딸과 함께 집을 나와 새로운 인생을 개척해야 했다.

로즈메리는 수단에 학교를 짓는 것을 감독했고, 마을 사람들이 농사를 짓도록 훈련시키는 것을 도왔다. 2013년에는 내전이 발발하여 집을 떠나 도망 온 백만 명의 남수단 사람들을 돕기 위해 피스 인터네셔널(PEACE International)이라는 기관을 설립하였다. 많은 난민들은 결국 우간다 북부 캠프에 자리를 잡았다. 로즈메리는 이렇게 말했다. "그들은 아무것도 가진 것이 없었어요. 집이라고 해봐야 헝겊을 네 막대기에 묶은 것이 전부였어요."[1]

한때 결혼에 실패하고 집과 함께 꿈을 잃었던 이 여인은 이제 난민들이 새로운 삶을 시작할 수 있도록 희망을 주는 일을 하게 되었다. 그녀는 피스 인터네셔널를 통해 학교를 지었는데, 학교가 열리자마자 아이들이 몰려들었다. 로즈메리는 이렇게 말한다. "만일 예수님이 오늘 오신다면, 남수단의 아이들과 어른들의 삶에 영향을 주고 난 후에 천국에 갈 수 있어서 너무 기쁠 것입니다."[2]

로즈메리는 엄청난 고난을 경험한 신실한 그리스도인 중 한 사람이며, 하나님이 "이런 사람은 세상이 감당하지 못하느니라"(히 11:38)라고 말씀하신 그런 사람이다. 이런 사람들은 "이제는 더 나은 본향을 사모하니 곧 하늘에 있는 것"(히 11:16)이라고 말한다. 오랜 역사의 흐름 속에서 하나님을 충성스럽게 섬긴 수많은 종들처럼, 로즈메리도 하나님이 약속하신 것을 보았고 "그것들을 멀리서 보고 환영"했다. 그녀는 자신이 본향을 찾는 "외국인과 나그네임"을 깨달았다. 우리는 이러한 사람들에 대해 들은 바 있다. "하나님이 그들의 하나님이라 일컬음 받으심을 부끄러워하지 아니하시고 그들을 위하여 한 성을 예비하셨느니라"(히 11:13-16).

그러나 이것은 단순히 로즈메리와 함께 일한 사람들만의 업적은 아니다. 그들 배후에는 서서(혹은 무릎을 꿇고) 함께한 기도의 용사들과 나눔의 용사들이 있었다. 그들 대부분은 수단에 가본 적도 없는 충성스러운 후원자들로, 그들은 로즈메리의 일을 뒤에서 재정적으로 후원하였다. 그들이 없었다면, 극빈자들에게 나누어 주는 선한 일에 필요한 풍성한 자원은 공급되지 못했을 것이다.

모든 사역의 뒤에는, 전 세계의 물질적이고 영적인 필요를 채우는 일에 "예"라고 응답하기 위해 세상적인 보물에는 "아니오"라고 말하며 충성스럽게 나누는 수많은 사람들이 있다. 모든 '로즈메리'에게는 관대하게 나누는 여러 동역자들이 있어야 한다.

나는 종종 우리 사역(EPM)을 위해 기도하고 후원하는 사람들에게, 하나님께서 굶주리는 사람이나 장애인이나 고통받는 사람, 죄수들, 성경이 없는 사람들을 돕는 데 그들을 소중하게 사용하고 계시다고 말해 준다. 실제로 지금 당신이 읽고 있는 이 책도, 내가 이 책을 집필하는 동안 기도팀들이 하나님께서 내게 힘을 주시고 잘 인도해 주시도록 배후에서 많은 시간을 드려 신실하게 기도한 결과물이다.

최근 새로운 기부자인 브랜다가 우리 사역에 큰 금액을 기부하였다. 스탭 한 명이 그녀에게 감사의 전화를 하였을 때, 그녀는 이제 70살이 되어 개인 은퇴계좌에서 의무적으로 돈을 찾게 되었다고 설명해 주었다. 그녀는 그 돈을 자신을 위해 소비하는 대신 신뢰할 만한 사역들에 후원하기로 결정하였고, 그중 하나가 우리 사역이었다. 브랜다와 같은 투자 기부자들은 더 나은 나라를 갈망하기 때문에 나눈다. 또한 그들은 결코 흔들리지 않는 기초를 가진 도시에 자신들의 소유가 될 보물을 쌓는다.

기도와 나눔을 통해 그리스도를 높이고 사람들을 도울 때 우리는 우리의 모든 것을 세밀하게 관찰하시는 오직 한 청중으로부터 "잘하였도다 착하고 충성된 종아 … 네 주인의 즐거움에 참여할지어다"(마 25:23)라는 말을 듣게 될 것이다. 그리고 더 좋은 나라에서 예수님은 자신의 선하신 영광을 풍성하게 보여 주실 것인데, 여기에는 나눔을 통해 이 땅에서 천국으로 옮긴 보물들도 있을 것이다.

나눔은 영원한 기초를 쌓는 행위다

바울을 통해서 하나님은 이렇게 말씀하신다. "또 선을 행하고, 좋은 일을 많이 하고, 아낌없이 베풀고, 즐겨 나누어주라고 하십시오. 그렇게 하여, **앞날을 위하여 든든한 기초를 스스로 쌓아서**, 참된 생명을 얻으라고 하십시오"(딤전 6:18-19, 새번역).

어떤 주석가들은 바울이 천국에 있는 보물을 "든든한 기초"라고 말한 것은 여러 의미가 함축된 비유라고 생각한다. 그렇다면 보물은 어떻게 기초와 관련이 있는가?

천국에 보물을 쌓는다는 바울의 말은 예수님의 산상수훈이 담긴 마태복음 6장 19-21절을 그대로 반영한 것이고, 든든한 기초란 말은 동일한 메시지의 마지막 부분에서 영감을 받은 것 같다. 예수님은 제자들에게 천국에 보물을 쌓는 것(19-21절)과 돈이 아니라 하나님을 섬기는 것(24절)에 대해 가르치신 후에, "그러므로 누구든지 나의 이 말을 듣고 행하는 자는 그 집을 반석 위에 지은 지혜로운 사람 같으리니 비가 내리고 창수가 나고 바람이 불어 그 집에 부딪치되 무너지지 아니하나니 이는 주초를 반석 위에 놓은 까닭이요"(마 7:24-25)라고 말씀하셨다.

이어서 그림을 보여 주듯 생생하게 설명하셨다. "나의 이 말을 듣고 행하지 아니하는 자는 그 집을 모래 위에 지은 어리석은 사람 같으리니 비가 내리고 창수가 나고 바람이 불어 그 집에 부딪치매 무너져 그 무너짐이 심하니라"(마 7:26-27).

현재의 자족과 행복으로 만들어진 영원한 이득은 곧 무너질 듯 불안하고, 일시적이며, 불안정한 것 위에 세워질 수 없다. 돈과 소유 위에 세운 삶은 모래 위에 세운 삶이다. 예수님과 하나님의 말씀에 대한 순종 위에 세운 삶은 멋진 삶이고, 반석 위에 세운 삶이다. 우리의 기초가 단단할 때에만 우리는 안전하다.

"나의 이 말"에는 예수님이 4분쯤 전에 말씀하신 것, 즉 천국에 보물을 쌓기 위해 이 땅의 보물을 나누어 주는 것에 대한 가르침이 포함되어 있음을 이해해야 한다(마 6:19-21). 바로 이어서 예수님은 하나님과 돈을 함께 섬길 수 없다고 말씀하시고(24절), 물질적인 필요를 하나님이 공급하실지에 대해 염려하지 말라고 격려하시며(25-34절), 구하는 자녀들에게는 항상 좋은 것을 준다는 확신을 제자들에게 심어 주셨다(마 7:11).

세상의 지혜는 "미래의 견고한 기초를 쌓기 위해 당신의 재산으로 오늘 할 수 있는 일을 하라"고 말한다. 여기에 대해 반대할 부모나 재정상담가, 성도나 비신자가 어디 있겠는가? 그러나 말씀은 우리에게 '미래'에 관해 훨씬 더 큰 관점을 가질 필요가 있다고 말한다.

우리는 극도로 근시안적인 경향이 있기 때문에, 우리의 미래가 단지 이 땅에서의 삶에만 국한되어 있다고 생각한다. 하나님의 말씀은 현재의 재산을 새 땅에서 영원히 배당금을 받을 수 있도록 잘 사용하라고 우리를 격려한다(계 21-22). 40년을 미리 생각하는 사람들과 대조적으로, 우리는 **40억 년**을 미리 생각해야 한다. 우리는 이 세상에서 시작되고 죽음 이후에 충만하게 되는 영생의 삶을 지금부터 계획해야 한다. 눈을 크게 뜨고 이러한 관점을 가지고 생각할 때에만, 영원한 미래에 보상받을 수 있는 현재의 행동을 선택할 수 있을 것이다.

사랑의 조그만 행위

친구 태미는 이집트에 있는 난민을 섬기기 위해 그의 직장인 고등학교에 정기적으로 휴가를 낸다. 하지만 만일 당신이 사람들을 사랑하는 마음으로 멋진 삶을 살고 있다면, 그러한 모습은 해외에서뿐 아니라 집 가까이에서도 나타난다.

어느 날, 태미는 자기가 사는 오리건 주에 있는 한 식료품점 밖에서 한 젊은 여성을 알아보았다. "그녀는 내가 알고 있던 그런 활기찬 소녀가 아니었어요. 며칠간 잠을 자지 못한 것처럼 보였지요. 나는 어떻게 그녀를 도울 수 있을지 하나님께 잠시 기도했어요"라고 태미는 말한다.

이 소녀가 과거에 트라우마와 고통이 있었다는 사실을 알았으므로, 태미는 가게 안으로 들어가 그녀를 위해 음식과 옷을 살 수 있는 기프트 카드를 구입하였다. 태미는 말한다. "그녀에게 선물을 전해 주자 그녀는 자신의 가냘픈 팔로 나의 목을 단단히 감쌌어요. 이렇게 작은 방법으로 상처 많은 이 소녀를 사랑할 수 있게 된 것은 내게 최고의 선물이었어요."

영원한 기초는 강력하고 아름답다

디모데전서 6장 19절에서 기초에 대해 묘사한 그리스어 단어 **칼로스**(Kalos)는 대부분의 다른 구절에서 '좋은'이라고 번역되었지만, 이 구절의 다른 번역본에서는 '강한', '확실한', 혹은 '견고한'으로 표현하고 있다. 강함, 확실함, 견고함은 분명 기초를 좋게 만드는 것이므로 이러한 형용사들은 이해할 만한 선택으로 보인다.

디모데전서 6장 19절에 나오는 **칼로스**를 '아름다운'이라고 번역하는 경우는 아주 드물지만, 내가 참조했던 그리스어 사전에서는 '아름다운'이 첫 번째 혹은 주요한 뜻이 될 수 있다고 설명하고 있다. 대부분의 번역본의 다양한 구절에서는 이 단어를 '아름다운'으로 표현하고 있다.

우리는 일반적으로 기초를 매력적인 것으로 생각하지 않는다. 하지만 새 예루살렘에 대한 요한의 묘사는 우리에게 다가올 세계에 대한 새로운 관점을 제공하는데, 여기서 기초는 견고하고 기능적일 뿐만 아니라 놀랍도록 아름답다.

> "그 성의 성곽의 기초석은 각색 보석으로 꾸몄는데 첫째 기초석은 벽옥이요 둘째는 남보석이요 셋째는 옥수요 넷째는 녹보석이요 다섯째는 홍마노요 여섯째는 홍보석이요 일곱째는 황옥이요 여덟째는 녹옥이요 아홉째는 담황옥이요 열째는 비취옥이요 열한째는 청옥이요 열두째는 자수정이라"(계 21:19-20).

이어지는 구절에서는 진주로 만들어진 문들과 맑은 수정과 같은 순금의 거리를 묘사한다. 다음 세상의 기초와 물리적인 구조에 있어 하나님은 아름다움을 크게 중시하셨던 것이 분명하다! 그분은 아름다움과 미학의 발명가이시고, 자녀들을 위한 그분의 구속적인 계획은 그들에게 '재 대신 화관'(사 61:3)을 주는 것이다.

이 땅에서의 보석, 다이아몬드 목걸이, 금팔찌 등은 아름답기는 하지만, 새 땅에서 우리 주위를 둘러싸고 있을 보석들의 아름다움을 희미하게 잠깐 보여 주는 것일 뿐이다. 이렇게 상상해 보라. 이 땅의 다이아몬드, 금, 그리고 진주들은 지금 "잘하였다"라는 하나님의 칭찬으로 교환될 수 있고, 천국에서 받게 될 무한하고 더 아름다운 보물을 암시할 수 있다. 따라서 우리는 이 땅의 보석이나 장식품, 미술품 등의 아름다움을 부인할 필요는 없지만, 그것들이 현재는 정말 보물이더라도 결국에는 가장 아름다운 보물의 희미한 그림자에 불과하다는 것을 염두에 두어야 한다.

다이아몬드와 금과 그림들을 처분하여 고아와 어린이, 노예와 성매매 여성들의 안전과 정의를 보장하는 일에 투자한다면, 이것의 가치는 얼마나 될까? 거리에서 살아가는 사람들의 건강과 새로운 삶을 위해 나눈 돈의 가치는 얼마나 될까?

영화 〈쉰들러 리스트〉의 마지막 부분에서, 나치로부터 많은 유대인을 구한 오스카 쉰들러는 자신의 자동차와 금으로 된 핀을 바라보며, 더 많은 사람들을 살리기 위해 자신의 돈과 소유를 더 많이 나누지 못한 것을 후회한다. 쉰들러는 대부분의 사람들보다 훨씬 많이 자신의 기회를 사용했다. 그럼에도 불구하고 그는 다시 돌아가 물질적인 소유보다 생명을 살리는 선택을 할 기회를 더 많이 갖기를 원했다.

믿지 않는 사람에게 그들의 삶을 되살리고 그리스도를 선택할 두 번째 기회가 없는 것처럼, 그리스도인에게도 도움이 필요한 사람들을 더 돕고 하나님의 왕국을 위해 더 투자할 두 번째 기회는 없다. 우리는 우리의 자원을 가지고 차이를 만들 수 있는 기회를 이 땅에서 살아가는 잠시 동안만 가지고 있다.

요한 웨슬리는 이렇게 말했다. "나는 모든 것을 영원에서 얻게 될 이득에 의해서만 가치를 매긴다."[3] 나눔의 현재 가치와 영원한 결과가 이 땅에서 우리가 소유하고 있는 어떤 보물보다 훨씬 더 아름답다는 사실을 제대로 이해한다면, 정말로 나눌 가치가 있는지 망설이고 고민하는 일은 결코 없을 것이다. 디모데전서 6장 19절에 나오는 바울의 말을 빌리자면, 여기 이 땅에서의 거룩하고 기쁨이 넘치는 기회는 그리스도의 기초 위에 세워진 우리의 삶에도, 또한 장차 올 세상에도 장엄한 기초를 세우는 데 도움이 되는 것이다.

우리가 죽고 나서 5분만 지나면, 우리가 어떻게 살았는지 정확하게 알게 될 것이다. 그러나 돌아가서 다시 살기에는 너무 늦었다. 다행히도 하나님께서 말씀을 통해서 미리 말씀해 주셨기에 우리는 어떻게 살아야 하는지 알기 위해 죽을 때까지 기다릴 필요가 없다. 더 나아가 그분은 우리에게 그분의 영을 주셔서 하나님께서 말씀하신 그런 삶을 살 수 있게 하셨다.

이러한 관점에서, 우리는 자신에게 이렇게 질문해야 한다. '**아직 기회가 있을 때 생각해 보자. 먼 훗날 언젠가 뒤를 돌아보며 나누지 못해 아쉬워할 것은 무엇인가?**' 당신이 대답을 얻었다면, 왜 당장 그것을 나누지 않는가?

캔디스 도르셋은 내게 이야기를 하나 들려주었는데, 이는 나눔으로 나타나는 강하고 아름다운 사랑의 기초를 아주 강력하게 말해 주는 것 같았다.

> 암 진단을 받은 어머니의 상태는 의사가 생각하는 것보다 훨씬 더 심각했어요. 남은 시간이 많지 않아 우리는 어머니를 집으로 모셔왔지요. 그때 오빠는 3주 후에 예정된 결혼식을 앞두고 준비하고 있었어요. 오빠와 예비신부는 예식장, 잔치음식, 크루즈 등 모든 것을 취소하였고, 어머니가 참석할 수 있도록 이틀 후에 집에서 결혼식을 하

기로 결정했어요. 어머니와 오빠에 대한 소식이 하룻밤 사이에 사람들에게 전해졌어요. 사람들은 전 생애를 주님에 대한 간증으로 살아온 이 겸손하고 관대한 여인을 위해 무엇이든 기꺼이 하려고 했어요. 친구, 가족, 교회식구들, 그리고 이웃들이 다음 날 아침에 모여들었어요. 그들은 잔디 깎는 기계, 청소도구, 그리고 피자를 들고 와서, 하루 종일 집과 농장에서 결혼식 준비를 했어요. 청소, 파티 음식 주문, 꽃, 사진사, 설교자, 장식, 나비넥타이, 멜빵 등 아름다운 장면이었지요. '마무리를 잘하도록' 기도 부탁만 한 이 여인을 위해 모두가 관대하게 정성을 다하였어요.

죽어가는 어머니를 위해 결혼 계획을 변경한 이 젊은 부부가 그 희생을 돌이켜보며 후회할 거라고 생각하는가? 아니다! 그리고 이 결혼이 가능하도록 자신의 시간과 에너지와 돈을 자원하여 드린 사람들은 자신의 보물을 든든한 기초 위에 세울 수 있었다. 그것은 그들이 도운 가족들이 기뻐한 것만큼이나 가슴 벅찬 아름다운 기초였다.

우리의 보물은 주님과의 개인적인 관계를 포함한다

메시지 성경은 누가복음 12장 33-34절을 이렇게 표현한다. "후하게 베풀어라. 가난한 사람들에게 베풀어라. 파산하지 않는 은행, 강도가 침입할 수 없고 횡령의 위험이 없는 하늘 은행, 신뢰할 수 있는 은행과 거래하여라. 너희는 너희 보물이 있는 곳에 가장 있고 싶어 할 텐데, 결국 그렇게 될 것이다. 그것이 당연하지 않겠느냐?"

천국에 있는 보물에는 영적인 권한(눅 19:15-19), 소유(마 6:20), 즐거움(시 16:11)이 포함된다. 이 땅에서 희생한 사람들은 천국에서 '100배'나 받을 것이라고 예수님은 약속하신다(마 19:29). 이것은 10,000퍼센트인데, 얼마나 놀라운가!

그러나 관대하게 드린 사람들은 천국 보화 중에 **사람들**도 있음을 발견하게 될 것이다. 바울은 그가 사역했던 데살로니가 사람들을 그의 '기쁨'이요 '면류관'이라고 불렀다(살전 2:19). 마찬가지로, 그들도 바울을 후원하며 섬겼기 때문에 **바울**이 그들의 기쁨이자 면류관이 될 수 있다.

스테이시의 남편이 직장을 잃게 되었다는 것을 알게 되었을 때, 가족들은 현금으로만 생활하며 긴축 예산으로 살기로 작정했다. 스테이시는 은행에서 200달러를 식료품비로 인출하였지만, 결국 차를 수리하는 데 사용할 수밖에 없었다. 그다음 주에 그들의 상황을 전혀 모르는 친구가 스테이시에게 동네 식료품점의 기프트 카드 몇 장을 주었는데, 그것을 다 모으니 정확하게 200달러였다. 그녀는 이렇게 말했다. "나는 그것을 쥐고 울음을 터뜨렸어요. 그녀를 통한 주님의 공급하심이 얼마나 완전하고 분명한지 결코 잊을 수 없을 거예요."

스테이시의 친구는 그녀에게 필요했던 식료품비 금액을 꼭 맞게 채워 주도록 하나님에게 쓰임 받았다. 그녀는 정확한 금액을 몰랐지만 하나님은 아셨다. 이 친구는 천국에서 다른 보상을 받겠지만, 스테이시의 보상 중 하나는 그녀와 하나님과의 영원하고도 확실한 관계일 것이다.

내가 1990년에 EPM 사역을 시작했을 때는, 많은 재소자들에게 복음으로 다가가거나, 감옥에서 믿는 사람들을 제자로 키우는 일에 도움을 주도록 하나님이 우리 기관을 사용할 것이라고 결코 예상하지 못했다. 그러나 스텝 멤버인 샤론이 이 사역의 핵심 역할을 감당하였다. 그녀는 죄수들을 향한 뜨거운 마음으로 그들과 서신을 주고받는 일을 하면서 그들이 요청하는 책들을 무료로 보내 주었다.

최근에 샤론은 단 한 주 동안 재소자들로부터 375통의 편지를 받았고, 331개의 요청을 받아 498권의 책을 보내 주었다. 우리 기관은 규모가 작았고, 재소자들을 섬기는 것이 주요 사업도 아니었다. 그럼에도 지금까지 30,000명이 넘는 수감자가 우리에게 연락을 해왔다. 우리는 70,000권의 책을 보냈는데, 보통 감옥에서는 책을 여러 사람이 돌려가며 읽으므로 우리는 훌륭한 투자를 한 셈이다.

수감자들은 편지를 통해 자신들의 회심과 삶의 변화에 대해 이야기하며 우리의 도움에 감사를 표현한다. 이러한 편지들은 샤론의 사역이 얼마나 깊은 친밀함 가운데 이루어졌는지 잘 반영해 준다. 하나님은 많은 사람들과 점차적으로 소중한 관계를 맺게 하셨는데, 이들 중에 이 세상에서 우리가 만날 사람들은 아주 적을 것이다.

샤론은 우리에게뿐만 아니라 수천 명의 재소자들에게 '주는 자'이면서 또한 '선물'이었다. 잊히기 쉬운 사람들의 필요에 대해 그녀가 충성스럽고 부지런하게 후속 조치를 하지 않았다면, 재소자를 위한 우리의 사역은 존재할 수 없었을 것이다.

샤론의 모범에 감동을 받은 사람들이 이 사역에 투자하기 시작하였다. 어떤 사람들은 재소자를 방문하고, 복음의 소망을 전해 주는 편지를 썼다. 어떤 사람들은 그리스도를 높이는 교도소 사역에 재정적으

로 후원했다.[4]

새 땅에서 누군가 당신에게 이렇게 말하는 것을 듣는다고 상상해 보라. "내가 절망에 빠졌을 때, 외로울 때, 죄책감으로 황폐해졌을 때, 나를 위해 나누어 주고 기도해 줘서 고마워요. 당신이 보내 준 편지와 책들이 나의 인생을 바꾸었어요. 우리 앉아서 함께 이야기를 나눠요."

그들은 나의 가족입니다

에티오피아에서 태어난 세 살 된 사메슨은 아버지를 거의 알지 못했고, 어머니에게 버림받았다. 이모 손에 맡겨진 그는 끔찍한 환경에서 홀로 장시간 노동해야 했다. "어릴 때를 생각하면 항상 슬퍼요. 저는 가만히 앉아 소들을 바라보면서 울곤 했어요. 다른 아이들이 엄마 아빠가 자기들을 어떻게 사랑해 주는지 이야기하는 것을 들을 때면 아주 우울해졌지요."

그러나 후원을 받게 되면서부터 사메슨은 완전히 새로운 세상으로 옮겨간 것처럼 느껴졌다. 컴패션 센터에 처음 갔을 때 사메슨은 비슷한 나이의 아이들이 함께 재미있게 노는 것을 보았다. 시간이 가면서 분노에 차 있던 젊은이는 깊이 배려하는 사람으로 바뀌어 갔다.

후원자의 지원을 통해 사메슨은 목공기술 2년 교육과정에 등록할 수 있었고, 이 기술은 어른이 된 그에게 주된 수입원이 되었다. 그의 사업은 다섯 명의 직원들에게 일자리를 제공하고 있으며, 그는 예전의 자신처럼 후원을 받는 어린이에게 목공 일을 가르쳐 주고 멘토링을 해주고 있다.

과거의 삶이 어떠했고, 어떻게 변화되었는지 나누는 사메슨에 관한 비디오는 감동적이었다. 그 비디오는 그가 목공일을 하고, 다른 사람들을 고용하고, 그의 인생을 바꾼 동일한 프로그램에 참여하는 어린 소년들에게 멘토가 되는 과정을 보여 준다. 그는 계속 간직해 왔던, 그의 후원자가 보내 준 편지를 보여 주었다. "나는 그들을 사랑해요. 그들은 내게 가족과 같은 분들입니다. 그들은 나의 가족입니다."*

* "Sameson's Story," YouTube video, 4:10, posted by Compassion UK, December 23, 2015, https://www.youtube.com /watch?v=H0mpyAhEEE8#action=share.

당신은 영원한 투자 자산을 가지고 있는가

월드 팀(World Team)이 만든 훌륭한 10분짜리 비디오는, 인도네시아 파푸아 킴얄 종족이 그들의 언어로 하나님의 말씀이 완전히 번역된 것을 축하하던 역사적인 날을 담고 있다.[5] 나는 이것을 여러 번 보았지만, 놀라움으로 가득한 침묵에서 우러나는 흐느낌으로, 기쁨의 찬양으로 이어지는 그들의 강렬한 감정을 보며 아직도 기쁨의 눈물을 흘린다.

"우리의 마음은 더 이상 무겁게 눌리지 않아요. 아주 가벼워졌어요"라고 킴얄 부족의 한 장로는 말한다.[6]

"올해는 아주 중요한 해입니다. 기쁨의 해입니다. … 오늘, 하나님의 아들 예수 그리스도를 통하여 하나님은 우리에게 그분의 말씀을 주셨어요. 그래서 오늘 우리는 그 빛 안에서 살게 되었어요"[7]라고 다른 남자가 말한다.

그들은 자신들의 아름다운 언어로 이렇게 노래한다. "보좌에 앉으신 그분께, 어린 양께, 축복과 존귀와 영광과 다스리심이 영원히 영원히 있기를."

다음은 신약 성경을 받으며 목사가 한 기도다.

> 당신이 정하신 달, 당신이 정하신 날, 드디어 오늘이 왔습니다. 오 나의 아버지, 아버지시여, 당신은 시므온에게 그가 죽기 전에 그의 팔로 예수 그리스도를 안게 될 것이라고 약속하셨습니다. 오 하나님, 저는 동일한 약속을 지금까지 기다려왔습니다. 당신은 각기 다른 모

> 든 언어들을 살피시며, 어느 언어에 당신의 말씀을 주실지 선택하셨습니다. 당신은 우리가 우리의 언어로 당신의 말씀을 볼 수 있어야 한다고 생각하셨습니다. 오늘, 이것을 위해 당신이 선택한 날에 그 일은 성취되었고, 우리에게 전해졌습니다. … 당신은 그것을 여기 우리의 땅에 허락하셨습니다. 이 모든 것으로 인해 오 하나님, 당신을 찬양합니다.[8]

냅시와 나는 이 부족이 성경을 갖도록 도와주지는 못했지만, 하나님의 은혜로 전 세계 다른 부족들에게 하나님의 말씀을 전해 주는 데는 도움을 줄 수 있었다. 킴얄 사람들을 보면서 나의 기쁨은 더욱 커졌다. 하나님이 당신에게 맡기신 돈으로 성경이 없는 사람들의 언어로 말씀을 번역하는 데 투자하는 것보다 더 좋고, 더 지속되는 일이 있다고 생각하는가? 한 교회나 심지어 한 가정이 한 부족 전체를 위한 성경 번역에 재정적으로 후원하는 것이 가능하다!

이러한 투자를 레저용 자동차나 최신형 TV를 구입하거나, 고급 휴가를 즐기거나, 이미 충분히 저축한 은퇴자금에 더 많은 돈을 넣는 것과 비교해 보라. 이런 것들이 본질적으로 나쁘다는 것은 아니다. 그러나 하나님의 말씀을 갈망하는 사람들에게 자기들의 언어로 된 성경을 갖게 하는 것이 본질적으로 더 훌륭하고, 더 뛰어나며, 더 길게 지속되고, 영원히 아름답다! 새 차나 큰 집이나 최신형 스마트폰은 결국 어떻게 될 것인가? 이런 것들의 일시적인 속성을, 미전도 종족에게 다가가고, 외지 마을에 깨끗한 물을 공급하고, 굶주린 아이들을 먹이고, 젊은이들이 좋은 일자리를 얻고 삶을 잘 꾸려갈 수 있도록 교육하기 위해 드려지는 돈의 영원한 영향력과 비교해 보라.

다음과 같은 오래된 우스갯소리가 있다. "한 남자의 일생에 가장 행복한 두 날이 있다. 한 날은 보트를 산 날이고, 다른 날은 보트를 판 날이다." 우리가 가장 원한다고 생각하는 것들은 종종 가장 많은 시간과 노력과 재정적인 자원을 빼앗아 간다. 그러나 보트를 처분한 자금으로(아니면 다른 것들을 팔아서) 디모데전서 6장 19절에서 말하는 영원한 기초를 세우는 하나님의 왕국에 드린다면 무슨 일이 일어나겠는가? 우리의 행복은 얼마나 더 커지겠는가?

이 글을 쓰고 있는 현재, 아직도 성경이 번역되지 않은 언어는 약 4,000개에 이른다.[9] 낸시와 나의 영원한 투자 포트폴리오에서 가장 최우선 과제 중 하나는 아직도 남아 있는 미전도 종족을 위한 성경 번역에 후원하는 것이다. 이 세상보다 더 오래가고, 다음 세계까지 영원히 지속되고, 모든 종족, 나라, 언어가 영원토록 왕 되신 예수를 높이는 일에(계 5:9; 7:9-10) 동참하는 것은 우리에게 순전한 기쁨 그 자체다.

이러한 특권이 우리의 것이 됨을 상상해 보라. 하나님은 우리가 가지고 있을 수 없는 일시적이고 사라져 가는 보물을, 잃어버릴 수 없는 영원한 보물로 교환할 수 있게 해주신다. 이것이야말로 궁극적인 보상이 따라오는 멋진 삶, 풍성한 삶의 필수 요소다. 이것은 우리가 결코 지나칠 수 없는 유일하고 확실한 투자다.

하나님이 우리를 부르신 삶은 낮은 차원의 즐거움을 부인하는 것이라기보다는 더 큰 즐거움을 누리는 것이다. 가장 큰 즐거움은 그리스도를 따르는 것이며, 그분께 영광을 올려드리는 것이며, 다른 사람을 사랑하고 돌보는 것이며, 이 모든 좋은 것들을 주신 하나님 안에서 기쁨을 발견하는 것이다.

다른 사람의 유익과 하나님의 영광을 위해 한 일이 또한 하나님의 놀라운 계획 안에서 현재와 그리고 영원히 우리 자신의 행복을 위한 기초가 됨을 아는 것은 얼마나 놀라운 일인가!

토의를 위한 질문들

1. "영원의 견고한 기초를 쌓기 위해 당신의 재산으로 오늘 할 수 있는 일을 하라"는 조언은 당신의 예산, 소비, 그리고 투자하는 방식에 어떤 변화를 가져다주는가?

2. 기회가 있는 동안 나누어 주기를 원하는 것은 무엇인가? 언젠가 아무 소용없게 될 소유물이나 돈을 움켜쥐고 있지는 않은가?

3. 새 차, 새 집, 오락 시스템을 포함하여(이 어떤 것도 본질적으로 잘못된 것이 없음을 기억하라) 모든 소유물이 궁극적으로 끝이 있음을 충분히 생각하라. 영원의 관점에서 본다면, 사람들을 돕고 그들에게 복음을 전하는 데 투자하는 대신, 어떻게 이런 것들에 돈을 쓸 수 있겠는가?

4. 영원한 투자 포트폴리오를 만드는 것에 대해 생각한 적이 있는가? 당신의 포트폴리오에는 영원성을 추구하는 어떤 종류의 프로젝트나 기관이나 사람들이 포함되어 있는가?

17장
영원한 생명은 우리가 죽기 전에 시작한다

영원한 생명은 내면의 이상한 감정이 아니다!
죽을 때 가게 되는 최종 목적지도 아니다.
당신이 거듭났다면,
영원한 생명이란 바로 지금 당신이 소유하고 누리는 풍성한 삶이다.
W. 이안 토마스

하나님이 세상을 이처럼 사랑하사 독생자를 주셨으니
이는 그를 믿는 자마다 멸망하지 않고 영생을 얻게 하려 하심이라
요 3:16

칙필레(Chick-fil-A)라는 치킨집에서 친구들과 함께 식사를 하던 15살 드루 폼스마는 가난해 보이는 노인이 혼자 앉아 있는 것을 보았다. 소년들은 그와 이야기를 나눈 후 각각 5달러씩 내어 그에게 상품권을 사주었다.

이 남자는 깊은 감동을 받았고, 그 일을 본 다른 사람들도 같은 마음이었다. 이 소년들은 그날 무엇을 먹었는지 기억도 하지 못하겠지만 그 남자와, 그들의 선물이 그와 자신들에게 준 기쁨은 결코 잊지 못할 것이다.[1]

언젠가 드루는 한 소년이 할아버지와 함께 식당에 앉아 있는 것을 보았다. 그 소년은 말하거나 듣지도 않고 오로지 핸드폰에만 매달려 있었다. 드루가 그에게 다가가서 물었다. “이봐 친구, 이분이 너희 할

아버지야?"

"그래, 우리 할아버지야."

"너희 할아버지에게는 분명 어린 시절에 관한 재미난 이야기가 많을 거야."

"그렇겠지."

"핸드폰은 치우고 그런 이야기를 들어봐."

드루는 소년이 핸드폰을 호주머니에 집어넣는 것을 보았다. 식당을 나와서 바라보니 두 사람은 얼굴을 마주하며 대화하고 있었다. "나는 그들의 관계를 영원히 바꾸었어요"라고 드루는 말한다.[2]

나눔은 단순히 돈과 상품권뿐만 아니라, 시간의 나눔이나 잘 모르는 사람의 삶에 관여하는 대담한 행동의 나눔 등 다른 형태로도 이루어질 수 있다.

드루와 친구들은 어떤 보상을 경험하기 위해 천국에 갈 때까지 기다려야 할까? 그럴 필요가 없다. 그들은 즉각적으로 기쁨과 만족이라는 보상을 경험했다. 다른 사람의 삶에 투자함으로써 그들은 멋진 삶, '진정으로 삶다운 삶'을 얻게 되었다.

어떤 종류의 삶을 붙들고 살아가고 있는가

우리가 지금까지 공부한 디모데전서 6장은 하나님이 영감을 불어넣으신 다음과 같은 말씀 위에 세워져 있다. "그렇게 하여(관대한 나눔을 통해서), 앞날을 위하여 든든한 기초를 스스로 쌓아서, **참된 생명을 얻으라**고 하십시오"(딤전 6:19, 새번역).

언제 나눔이 개인적이 되는가

매트와 티파니 로플러 부부는 자녀를 갖는 것에 대해 기도를 하고 있었다. 그들은 우선 입양을 하는 것이 주님의 인도하심이라고 느꼈다. 아이티에 있는 고아원에 방문을 하고 나서 그들은 해외 입양 절차를 밟기 시작했는데, 그때 그들은 그 고아원이 부패한 아이티 관리들의 도움을 받는 인신매매 장소라는 것을 바로 알게 되었다. "이성적으로는 거기서 멈추는 것이 맞았지만, 첫 번째 제출서류에 사인하자마자 우리 마음은 확고해졌어요. 이들은 우리의 아이들이었고, 우리는 아이들을 위해서라면 무슨 일이라도 할 수 있었으며, 비용을 지불할 돈도 있었고, 그들을 우리 가정에 데려오는 것을 기다릴 필요도 없었어요"라고 티파니는 말한다.

아이티 정부는 모든 해외 입양을 금지하였지만, 매트는 아이티에 가서 인신매매단에 의해 유괴되었던 그들의 아이들을 찾아 나섰다. 매트와 티파니는 모아둔 돈을 다 쓰면서까지 총 66회나 아이티를 방문했다. 매트는 죽음의 위협에 직면한 적도 있었고, 이제는 그만 포기하라는 충고도 많이 들었다. 하지만 그들은 인내했고, 결국 주님은 그들의 아이들을 구출해 주셨을 뿐 아니라 그들의 삶 또한 변화시키셨다.

아이들을 집으로 데려오기 위해 6년 넘게 기다리는 동안, 매트는 선교팀을 이끌고 아이티에 가서 소액 금융 재단을 시작하기 위해 수입이 좋은 직장도 포기하였다. 또한 이 부부는 그들의 교회에서 고아들을 멘토링하고, 위탁 양육하고, 입양하는 사람들을 훈련시키기 위해 고아 돌봄 사역을 시작하였다. 티파니도 나중에 직장을 그만두고, 지역 단체와 비영리기관과 교회들 연합회를 만들어 아이들을 보호하고 가정을 건강하게 세우는 일을 하였다. 티파니는 이렇게 말한다. "훌륭한 두 아이를 양육하며 누리는 엄청난 축복 외에도 길을 잃거나 멀리 떨어져 있는 모든 자녀를 향한 하나님의 마음을 더 깊이 이해하게 되었어요. 하나님이 불가능한 일을 이루시는 현장을 보며 배운 믿음의 교훈은 그 무엇으로도 대체할 수 없는 소중한 경험이었어요."*

* Tiffany Loeffler, "Faith for the Impossible," Defending the Cause Regional Alliance, November 1, 2018, https://www.defendingthecause.org/single-post/2018/11/01/Faith-for-the-Impossible?fb_comment_id=1521813431201869_1521815581201654.

우리는 언제 풍성한 삶을 누릴 수 있는가? 죽고 나서가 아니라 나누고 나서다! 실제로, 나눌 때마다 우리는 누린다. 예수님과 바울이 말한 보물이 천국에서 우리를 기다리는 동안, 진정한 삶의 누림은 현재, 그리고 여기에서 일어난다.

천국에 보물을 쌓는 우리의 투자에는 다음과 같은 명시적인 목적이 있다. '그렇게 함으로' 예수님이 오셔서 주시려는 풍성한 삶을 붙들 수 있다. 물론 이것만이 유일한 목적은 아니다. 우리는 하나님과 사람들을 사랑하기 때문에 나눈다. 그러나 멋진 삶을 현재 붙들기 위해 또한 나누라고 하셨다.

우리는 한 번에 한 종류의 삶만 붙잡을 수 있다. 진정한 삶을 붙들기 위해서는 교만, 신격화, 섹스 중독, 돈을 사랑하는 삶에 대해 "아니오"라고 말해야 한다. 페이스북과 인스타그램에서 '좋아요'를 갈망하고, 자신의 렌즈를 통해 세상을 바라보는 데 시간을 뺏기는 '인생'에 단호하게 "아니오"라고 말해야 한다. 세상이 멋진 삶이라고 말하는 것을 거부하고, 하나님이 **진정** 멋진 삶이라고 말씀하시는 것을 붙잡아야 한다.

우리가 예수님께서 "거짓말쟁이요 거짓의 아비"(요 8:44)라고 부르신 마귀의 거짓된 주장에 의식적으로 "아니오"라고 말하지 않는다면, 하나님의 차고 넘치는 풍성한 삶의 약속에 "예"라고 말할 수 없을 것이다. 나눔은 우리가 정확히 그렇게 행동하도록 도와준다.

메시지 성경은 전도서 8장 12-13절을 잘 풀어서 설명하고 있다.

사람이 백 번이나 죄를 짓고 그때마다 처벌을 피해 빠져나간다 해서,

> 그의 삶이 훌륭하다고 말할 수 없다. 훌륭한 삶은 하나님을 경외하여 그분 앞에서 경건하게 사는 사람의 몫이다. 악인은 "훌륭한" 삶을 경험하지 못한다고 나는 굳게 믿는다. 그가 아무리 많은 날을 살아도, 그 삶은 그림자처럼 맥없고 칙칙할 뿐이다. 그는 하나님을 경외하지 않기 때문이다.

다른 말로 하면, 멋진 삶은 이 땅에서와 다가오는 세상에서 하나님을 사랑하고 경외함으로 그분을 예배하는 이들을 위해 보장된 것이다.

예수님은 나눔이 풍성한 삶을 가져온다고 말씀하신다

디모데전서 6장 19절 마지막 부분에 대한 그리스어 학자들 사이의 다양한 해석을 살펴보자.

- 진정한 생명(RSV)
- 진실된 생명이 어떤 것인지(CEV)
- 실제 생명(CJB)
- 진실한 생명(NLT)
- 영원히 지속되는 생명(PHILLIPS)

이러한 모든 표현들은 멋진 인생에 대해 말하고 있다. 이 진정한, 자족하는, 생동감이 있는, 뛰어난 삶은 "생명"이신(요 14:6) 예수님에 의해 주어졌다. "그 안에 생명이 있었으니 이 생명은 사람들의 빛이라"(요 1:4). 예수님은 "양으로 생명을 얻게 하고 더 풍성히 얻게"(요 10:10) 하기 위해 왔다고 하셨다. J. B. 필립스는 이 구절을 이런 식으로 옮긴다. "나는 그들에게 생명을 주기 위해 왔다. 이전보다 훨씬 더 큰 생명을." 메시지 성경은 이렇게 표현한다. "내가 온 것은 양들로 참되고 영원한 생명을 얻게 하고, 그들이 꿈꾸던 것보다 더 나은 삶을 얻게 하려는 것이다."

누구든지 "내 말을 듣고 또 나 보내신 이를 믿는 자는 영생을 얻었고 심판에 이르지 아니하나니 사망에서 생명으로 옮겼느니라"(요 5:24)라고 예수님은 말씀하셨다. 예수님은 이러한 생명의 두 가지 요점을 말씀하신다. 그것은 영원한 생명이고, 단번에 죽음을 뒤로 던져버린 생명이다.

모든 생명의 근원이신 예수님을 아는 것은, 타락한 세상에서 수수께끼 같은 가짜 대안이 아닌 진정한 생명을 붙드는 데 필수적이다. 디모데전서 6장 17-19절에서 나눔은 성화의 단순한 결과가 아니라 그것의 원인이라고 말하고 있음에 주목하라. 바울은 네 번이나 부유한 사람들에게 나누라고 말했다. 그는 "당신의 동기가 옳게 느껴질 때까지 기다렸다가 그때 나누라"고 말하지 않았다. 대신에, 바로 나가서 선을 행하고, 선한 일에 부하고, 관대하며, 나눌 준비를 하고, 그러고 나서 현재 멋진 삶을 경험하면서 미래에 보상을 기대하라고 말했다.

바울은 다른 곳에서 "하나님은 즐겨 내는 자를 사랑하시느니라"(고후 9:7)라고 말했지만, 기쁜 마음이 느껴질 때까지 기다리라고 제안하지 않았다. 또한 하나님은 기쁜 마음으로 성경을 공부하는 사람을 사랑하시지만, 성경을 공부하는 것이 행복하게 느껴질 때까지 미루어서는 안 된다. 기쁨은 성경 공부나 기도나 전도처럼, 나눔을 하기 전에 올 때도 있고, 하고 나서 따라올 때도 있다. 우리가 예수님께 순종하고 우리의 보물을 나눌 때, 나누는 그곳으로 우리 마음은 평안과 기쁨을 가지고 따라갈 것이다. 감사하다고 말하는 습관이 우리를 더 감사하게 하듯이, 나눔의 습관은 결국 우리를 더 관대하게 만들 것이다.

바울은 하나님의 영감을 받아 하나님의 사람들에게 나누라고 명령했는데, 이에 대한 순종은 삶을 변화시키는 결과를 가져온다. 나눔은 돈을 사랑하는 데서 오는 파멸, 멸망, 좌절로부터 우리를 구원할 수 있다(딤전 6:9-10). 나눔은 부의 과도한 압력을 방출하여 우리를 파괴하지 못하도록 막는 안전밸브다. 그뿐만 아니라, 나눔은 우리의 보물을 천국으로 옮김으로써 우리 마음이 그곳을 향하도록 한다. 그것이 우리의 거룩함과 행복을 모두 증가시키면서 우리를 풍성한 삶으로 인도하는 방법이다.

나눔은 나누는 자를 구원하는 속성을 갖고 있다. 우리는 시간을 구원하는 것처럼 돈을 구원할 수 있다(엡 5:16). 물론 그리스도가 유일한 구원자이시지만, 우리가 나눌 때 그분은 우리를 통해 구속적인 은혜의 기적을 베푸신다. 나눔의 구속적인 은혜를 알게 될 때, 우리는 진실되고 멋진 인생으로 더 깊이 들어가게 된다.

전략적인 삶과 나눔은 기쁨과 삶의 목적을 가져다준다

하나님은 모든 것을 누리라고 우리에게 주시는 복된(행복한) 하나님이시기 때문에, 하나님은 또한 우리에게 행복한 삶을 주신다(딤전

6:15, 17). 시편 16편 11절에서도 이 사실을 증언한다. "주께서 생명의 길을 내게 보이시리니 주의 앞에는 충만한 기쁨이 있고 주의 오른쪽에는 영원한 즐거움이 있나이다." 겸손하게 감사하는 마음으로 하나님과 사람들을 섬길 때 즐거움이 찾아온다.

디모데전서 6장 18절은 풍성하고 행복한 삶을 누리기 위해 주목할 만한 분명한 공식을 제시하고 있다. 선한 일을 많이 하고, 관대하며, 도움이 필요한 사람에게 재빠르게 나누어 주라는 것이다.

페이스북 팔로워들에게 그들의 나눔 이야기를 요청한 적이 있는데, 클라이드 파우어스가 이런 글을 남겼다.

> 우리가 하나님이 우리 손에 맡기신 것을 관리하는 청지기라는 사실을 알고 난 후부터, 우리는 싱글맘의 자동차 대출금을 갚아 주고, 병원에 입원한 남편을 방문할 수 있도록 아내의 비행기 값을 도와주었으며, 이동식 낙태 반대 진료소 구입비의 반을 돕고, 다른 사람들과 함께 크리스천 수양관의 쓸려나간 도로를 수리하는 데 참여하고, 자녀들의 치료를 위해 여행하는 부모의 경비를 제공하는 등 많은 특권을 누릴 수 있었습니다. 이러한 목록은 끝이 없고, 이 모든 것으로 인해 우리는 하나님을 찬양합니다!

이것이 멋진 삶과는 거리가 먼 사람들의 이야기처럼 들리는가, 아니면 그것을 꽉 붙들고 있는 사람들의 이야기로 들리는가?

바울이 "관대해져라"라고 명령했지 "단순하게 살아라"라고 하지 않았음에 주목하라. 때때로 사람들은 "단순하게 살아라. 그러면 다른 사람들도 단순하게 살 것이다"라고 말하기도 한다. 물론 단순하게 사는 것은 확실하게 많은 유익이 있지만, 그것이 **자동적**으로 다른 사람들에게 도움이 되는 것은 아니다. 「크리스마스 캐럴」에서 스크루지는 보통 구두쇠들이 그랬던 것처럼 단순하게 살았지만, 그의 긴축 생활은 어느 누구에게도 도움이 되지 않았다. 당신은 직장을 그만두고, 사회로부터 격리되고, 숲속에서 단순하게 살 수 있다. 그러나 그로 인해 어느 누가 혜택을 보는가?

더 나은 진술은 이런 것이 될 것이다. "다른 사람들이 유익을 얻을 수 있도록 관대하게 나누라." 예를 들어, 만약 내게 컴퓨터가 없다면 나는 보다 단순하게 살 수 있다. 하지만 그 대신 나는 하나님을 섬기기 위해 컴퓨터를 사용한다. 그것은 사람들에게 다가가게 해주고, 인세를 창출하여 하나님의 왕국에 자금을 공급하게 해주는, 책을 만드는 도구다. 물론 보다 단순하게 살아감으로써 물질만능주의와 싸우고 다른 사람을 도울 자금을 마련할 수도 있지만, 우리의 목표는 전략적이고 관대한 삶이 되어야 한다.

도둑질을 하다가 새 삶을 시작한 사람에 대한 하나님의 조언은, 자기 마음대로 쓰기 위해 충분한 돈을 벌라는 것이 아니라, "가난한 자에게 구제할 수 있도록 자기 손으로 수고하여 선한 일을 하라"(엡 4:28)는 것이었다.

누군가 우리에게 "일하는 이유가 무엇입니까?"라고 묻는다면, 우리는 우리 자신과 가족들의 필요를 공급할 뿐만 아니라 도움이 필요한 사람들을 돕기 위해 일한다고 대답해야 한다.

멋진 인생을 붙잡자

우리는 단지 멋진 인생을 기다리며, 언젠가 우리에게 올 날을 바라고만 있어서는 안 된다. 우리는 그것을 여기, 그리고 현재 **붙들어야** 한다(딤전 6:19). 이것을 어떻게 할 수 있을지 궁금해할 필요는 없다. 관대한 드림을 통해 가능하다고 하나님이 직접적으로 말씀하셨기 때문이다.

'붙잡다'라는 말의 뜻은 현재에 결과를 가져오는 현재 시제 행동을 가리킨다. ESV 성경은 사도행전 16장 9절, 18장 17절, 그리고 21장 30절에 나오는 이 단어를, 그 당시 성도들이 체포되고 끌려가고 매질 당하는 상황을 고려하여 '움켜잡다'로 옮겼다. 이 도전적인 단어는 우리가 힘을 다하여 끈질기게 진실된 삶을 움켜쥐어야 한다는 것을 의미한다. 만일 우리가 그렇게 하지 않으면, 그것은 우리에게서 도망쳐 달아날 것이기 때문이다.

때때로 하나님은 우리가 평범한 그리스도인의 삶에서 벗어나 풍성한 삶을 붙잡도록 하기 위해 급진적으로 나누기를 요청하실 수도 있다. 이럴 때 우리는 주의 깊게 경청할 필요가 있다. 만일 어떤 사람들이 하나님께서 그들을 급진적으로 나누도록 인도하신다고 느낀다면, 우리는 성령의 인도하심을 방해하지 않도록 주의해야 한다.

나는 20대에 그리스도께로 돌아온 한 청년을 알고 있다. 몇 년 동안 믿음이 성장한 후, 그는 말씀을 읽는 가운데 하나님께서 그가 자신의 아름다운 집을 팔아 그 돈을 하나님의 왕국에 드리도록 인도하신다는 것을 느꼈다.

이것을 내게 이야기했을 때 흥분한 그의 얼굴을 나는 결코 잊지 못한다. 그런데 한 달 후 그를 다시 보았을 때, 그는 완전히 풀이 죽어 있었다. 괜찮은지 물었더니, 집을 팔려는 계획을 성경공부 모임에서 나누었는데, 그룹 멤버들이 그것은 지혜롭지 못한 행동이라고 청년을 설득했다는 것이다.

나는 지난 몇 년 동안 이 이야기를 많은 사람에게 들려주었다. 그중에는 그 그룹의 조언이 그가 잘못된 결정을 하지 못하도록 구해 주었다고 믿는 사람들이 꽤 있었다. 나는 그 생각에 진심으로 동의하지 못한다. 나는 그의 환경과, 확신의 깊이와, 집을 팔 것을 예상하며 기뻐했던 마음을 잘 알고 있다. 그는 높은 소득을 올리는 목수 기술자였다. 만일 그가 자신의 결정을 그대로 진행했다 하더라도, 그는 여전히 전 세계 상위 1-2퍼센트에 해당하는 부자로 살아갔을 것이다. 또한 영원한 상급과 주님의 인도하심을 따랐다는 기쁨도 가졌을 것이다. 이것을 기반으로 하나님께서 그를 더 높은 단계로 인도하실 줄 누가 알겠는가?

만일 그때 그가 말씀을 통한 하나님의 인도하심을 따르고, 좋은 의도로 얘기했던 크리스천 친구들의 조언을 듣지 않았다면, 그는 자신의 삶을 하나님을 신뢰하는 궤도에 올려놓았을 것이다. 이제 중년이 된 이 남자는, 한때 하나님을 향해 품었던 뜨거운 마음을 더 이상 가지고 있지 않다.

만일 그가 하나님에 대해 "예"라고 하고, 문화에 대해(슬프게도 교회의 문화도 포함하여) "아니오"라고 하며 참으로 의미 있는 삶을 선택했다면, 하나님이 그에게, 그리고 그를 통하여 얼마나 큰일을 하셨을지 나는 오늘날까지 아쉬워한다.

어떤 기관에 기부하기 전에 해야 할 19가지 질문들

1. 나는 지역교회에 기본적인 드림의 책임을 완수하였는가?
2. 이 사역은 투자할 만한 독특한 가치가 있는가?
3. 기관에서 발행하는 인쇄물을 읽었을 뿐 아니라, 직접 이해관계가 없으면서 내용을 잘 아는 사람과 대화를 나누어 보았는가?
4. 이 기관이 실제 현장에서 무슨 일을 하는지 보고 참여하기 위해 비전여행을 고려하고 있는가?
5. 기관의 직원이 사역하는 사람에게 종의 마음으로 섬기는 것을 보여 주는가?
6. 기관의 직원들이 일치감과 동료 의식, 상호 존중하는 모습을 보여 주는가? (직원들에게 "과거 몇 년 동안 이 기관을 떠난 사람들의 이유는 무엇인가?"라고 물어보라.)
7. 사역의 이사진이나 홍보 담당자가 아니라 '낮은 직책'의 사람과 직접 대화를 나누어 보았는가? 그들은 사역에 대해 어떻게 느끼고 있는가?
8. 이 사역은 성경적으로 건전하며 그리스도 중심인가? 사람들이 주 예수의 이름을 부르며 인도하심을 구하고, 성령님의 힘 주심을 간구하는가?
9. 사역 지도자에게서 성실성, 정결함, 겸손함 같은 성품이 나타나는가?
10. 그 기관이 가지고 있는 책임구조(단지 말로만의 책임은 충분하지 않다)는 어떠한가?
11. 이것이 세속적인 기관이라면, 기독교적인 가치관을 따르지 않는 이 기관에 주는 이유는 무엇인가?
12. 기관의 목적, 목표, 전략과 전술은 얼마나 분명하며, 그것을 수행하는 데 얼마나 효과적인가?
13. 이 기관은 보다 전략적으로 개선되기 위해 열린 마음으로 배우려 하는가?
14. 이 사역에 대해 객관적인 견해를 가지고 있는가, 아니면 부정적인 것은 보지 않고 긍정적인 면만 보고 있는가? (그들에게 "당신들의 약점은 무엇인가?"라고 물어보라.)
15. 이 기관의 모금 활동 방법은 윤리적이며 하나님과 사람에 대한 바른 관점을 보여 주는가?

16. 얼마나 많은 돈을 일반 관리비와 모금 활동을 위해 사용하며, 얼마나 많은 돈이 사람들의 사역에 실제로 쓰이는가?
17. 이 사역은 타문화권 사역 요소와 지역 여건을 분명하게 이해하고 있는가? 돈의 사용을 통해 그러한 여건에 어떻게 영향을 미칠 수 있는가?
18. 이 기관은 다른 사람들에게 평판이 좋으며 협력을 잘하는가?
19. 이 기관은 영원의 관점이 뚜렷하며 그것이 모든 사역의 기초가 되어 있는가?

* For the full article, see Randy Alcorn, "Nineteen Questions to Ask Before You Give to Any Organization," Eternal Perspective Ministries, December 26, 2012, ttps://www.epm.org/resources/2012/Dec/26/nineteen-questions-ask-you-give-any-organization..

영원의 관점을 붙드는 것을 미루지 마라

내가 쓴 「천국 보화의 원리」이라는 책에서 사용한 비유가, 돈의 일시적인 속성과 **지금 이 순간** 영원의 관점을 선택하는 것의 중요성을 이해하는 데 도움이 되었다고 말하는 사람들이 많다.[3]

당신이 남북전쟁 당시에 살고 있다고 상상해 보라. 집은 북쪽에 있지만 남쪽에 거주하면서 남부동맹군 화폐로 상당한 금액을 모았는데, 북군이 곧 전쟁에서 이길 것이라는 사실을 알고 있다고 가정하자. 당신은 가지고 있는 남부동맹군 화폐를 어떻게 하겠는가?

당신이 지혜롭다면 대답은 하나밖에 없다. 얼마 있지 않으면 무용지물이 될 남부동맹군 화폐를 전쟁이 끝나면 유일하게 가치가 있을 북군 화폐로 바꾸는 것이다. 전쟁이 끝나 돈이 가치를 잃을 때까지의 짧은 기간 동안 기본적인 필요를 만족시킬 정도의 돈만 가지고 있으면 된다.

우리는 믿는 사람으로서 다가오는 사회적, 경제적 대변동에 대한 내부 정보를 가지고 있다. 불가피한 운명이 기다리고 있음에도 불구하고 세상에 많은 보물을 쌓는 것은, 마치 남부동맹군 화폐를 쌓는 것과 같은 일이다. 이것은 잘못되었을 뿐만 아니라 어리석기 짝이 없는 행동이다! 이 세상의 화폐는 우리가 죽거나 그리스도가 재림하실 때(둘 다 임박해 있다), 아무런 가치가 없게 될 것이다. 진실되고 풍성한 삶을 원하는 사람들은 이러한 현실을 깨닫고 받아들여야 한다.

우리의 모든 현금과 소유물은 남부동맹군 화폐라고 할 수 있다. 하나님은 우리가 아직 할 수 있을 때 이 일시적인 화폐를 잘 활용하여, 이 땅에서 잘 살아갈 뿐만 아니라 영원을 위한 자산도 마련하기를 원하신다. 우리는 영원한 보물을 쌓기 위해 가족들의 필요를 공급하고, 하나님을 사랑하는 일에 드리고, 다른 사람의 필요를 위해 사용할 수 있다. (구원은 전적으로 우리의 노력 없이 얻은 것이며, 우리가 무엇을 하는지와 전혀 관계가 없다는 것을 기억하라. 하지만 하나님은 특별히 우리가 한 일에 대해서 보상하겠다고 약속하신다.)

바울이 디모데전서 6장 9-10절에서 분명하게 가정한 것을 예수님은 마태복음 6장 19-21절에서 명확하게 말씀하셨다. 세상의 모든 보물은 파멸될 것이다. 주님이 다시 오실 때는 굶주린 사람들을 먹이고 지상명령을 성취하기 위해 쓰였어야 할 돈과 소유들이 연기와 함께 사라져 버릴 것이다.

당신은 죽거나 그리스도가 다시 오실 때, 얼마나 많은 휴지 조각이 된 돈을 남기겠는가? 왜 그것을 낭비하는가? 지금 영원한 가치가 있는 것으로 왜 바꾸지 않는가? 계속 가지고 있지도 못할 것을, 가지고 있다고 해도 당신의 마음을 만족시킬 수 없는 것을, 왜 영원에 투자하지 않는가?

카드를 가장 먼저 없애고 빈손이 된 사람이 승자가 되는 카드게임을 해본 적이 있는가? 게임이 끝날 때 가지고 있는 모든 카드는 당신에게 불리하게 계산된다. 아메리칸 드림은 손에 가능한 한 많은 카드를 쥐고 죽는 것이다. 그러나 우리는 게임을 잘못하고 있다. 우리의 목표는 하나님의 왕국을 위해 모든 것을 투자하여 생애 마지막에는 카드가 하나도 없는 것이 되어야 하지 않겠는가?

디킨스의 고전 「크리스마스 캐럴」의 시작 부분에서 우리는 에베네저 스크루지를 만난다. 이 부유한 구두쇠는 신랄하고, 불평불만이 가득하고, 지독하게 욕심이 많으며, 극도로 불행했다. 그러나 그는 세 번의 초자연적인 환상을 통해 완전히 바뀌고 난 후, 런던의 거리를 걸으며 도움이 필요한 사람들에게 자신의 재산을 마음껏 나누어 주었다. 그의 마음은 기쁨으로 흥분되었다. 하루 전만 해도 자선을 비웃던 사람이 이제는 나눔에서 가장 큰 기쁨을 누렸다! 그는 하나님이 우리의 죄악 중의 핵심인 이기심을 어떻게 용서하시는지, 나눔을 통해 그것을 어떻게 거룩하게 변화시키시는지 보여 주는 세월이 흘러도 변하지 않는 표상이 되었다.

무엇이 스크루지를 기쁨이 가득한 삶으로 변화시켰는가? 그것은 영원의 관점을 갖게 되었기 때문이다. 초자연적인 간섭을 통하여 그는 과거와 현재, 그리고 아직도 바뀔 수 있는 미래를 영원의 눈으로 바라볼 수 있었다.

하나님은 우리에게도 삶을 변화시키는 영원의 관점을 주실 수 있다. 우리는 살아있는 동안 나눔의 절대적인 중요성을 배울 수 있다. 하나님은 관대하게 베풀 때 주어지는 가치 있는 삶을 경험할 수 있도록 우리를 가르치고, 인도하고, 자유롭게 하기 위해 하나님의 말씀과 내주하시는 성령을 우리에게 주셨다.

나눔의 중요성과 즐거움

나눔은 고상하고 긍휼한 행동 그 이상이다. 이것은 이 세상의 버팀목에 위치한 거대한 지렛대로서, 우리가 산을 다음 세상으로 옮길 수 있게 해준다. 우리가 죽으면, 우리가 나눈 것에 대한 믿기 어려울 정도로 놀랍고 영원한 결과를 마침내 보게 될 것이다.

나눔으로 인해 다른 사람들과 우리 자신은 영원히 달라지게 된다. 돈과 소유와 시간과 달란트를 나누는 것은 위대하고 영원한 차이를 만드는 신성한 기회다. 또한 이것은 **지금** 멋진 삶으로 들어갈 수 있는 기회를 제공한다.

매트 맥퍼슨은 젊을 때, 그의 인생을 주님이 인도해 주시기를 구했다. 매트는 양궁 활을 만들었는데, 그는 세계에서 가장 뛰어난 활을 만들 수 있는 지혜를 달라고 하나님께 기도했다. 그는 싱글 캠 활을 개발하였고, 현재 세계 최대의 양궁 활 회사를 소유하고 있다.

매트는 다른 사업도 시작했는데, 그중 하나는 아버지와 함께 시작한 '맥퍼슨 기타'였다. 그들의 목표는 세상에 영향을 주기 위해 돈을 버는 것이다. 그들은 현재 전 세계 700명 이상의 선교사들을 전액 지원하고 있다.

매트의 이야기는 어떤 사람들의 삶을 목사나 선교사로 섬기도록 부르시지 않고 하나님의 왕국을 넓히는 데 사용하신 하나님께 감사를 하게 만든다. 스탠리 탬, R. G. 르투너, 아트 디모스, 데이비드 그린, 알랜과 캐서린 반하트, 이들 외에도 이 책에 나오는 여러 사람들로 인해 감사한다. 음악가, 예술가, 운동선수 등을 포함하여 전 세계에는 수백만의 신실한 사업가와 전문가들이 있다. 매트가 혼자 700명의 선교사를 전액 지원하고 있다면, 세속적인 직업을 가진 신자들이 자신의 재능과 열정을 충실히 사용하여 관대하게 후원하는 사업을 함으로 인해 얼마나 많은 다른 선교사들이 사역을 펼칠 수 있겠는가? 그 사업가와 전문가들은 선교사들을 후원하면서 자신들은 사업장과 이웃이라는 독특한 선교지에서 그리스도를 섬긴다.

매트 맥퍼슨은 이렇게 말한다. "나는 죽을 때, 나 자신을 위해 사고 싶었는데 사지 못한 어떤 것을 두고 아쉬워하지 않을 거예요. '그리스도를 위해 더 많은 것을 하고 싶었는데'라고 생각할 것 같아요."[4]

나는 매트가 정확하게 옳다고 생각한다. 그리스도의 임재 앞에 나아갈 때, 우리는 영원의 관점으로 모든 것을 선명하게 보게 될 것이다. 그렇다면 아직 이 세상의 삶을 살아가는 동안, 장기적인 관점을 더 예리하게 하고, 지금 멋진 삶을 붙잡는 것은 어떤가? 우리가 죽을 때 가장 중요한 것을, 지금 현재 가장 중요한 것으로 만드는 것은 어떤가? 우리가 실제로 나눈 것과 언젠가 나누었으면 하고 기대하는 것 사이의 간격을 없애는 데 우리의 남은 생을 보내는 것은 어떤가?

토의를 위한 질문들

1. 하나님은 예수 안에서 진실되고 순수하고 풍성한 삶을 우리에게 제공하신다. 당신은 어떤 종류의 유사품에 가장 유혹받기 쉬운가? 돈, 소유물, 인기, 관계, 능력, 외모, 혹은 다른 어떤 것에 집중하는가? 이러한 유사품의 인생을 거부하기 위해 바꾸거나 버려야 할 것은 무엇인가?

2. 참된 인생을 살아가기 위한 핵심은 예수를 아는 것이다. 매일의 삶에서 그분을 더 잘 알아가고 더 사랑하기 위해 당신은 어떤 투자를 할 수 있겠는가?

3. 하나님께서 집을 팔아 그것을 나누라고 인도하신다고 느끼는 좋은 직업을 가진 젊은이에게, 당신은 어떤 조언을 했을 것 같은가? 성경을 비추어 볼 때, 예수님은 그에게 어떤 조언을 하셨을 거라고 생각하는가?

4. 죽기 전에 "더 많은 물건을 구입했으면 좋았을 텐데"라고 말하는 사람이 있겠는가? 죽어가는 사람들이 실제로 후회하거나, 관계나 소유나 선택에 있어 다르게 행동했었더라면 하고 아쉬워하는 것은 무엇이라고 생각하는가?

18장
하나님이 지속적으로 우리에게 더 많이 주실 때

쌀 몇 포대를 나누는 사람에게 하나님은 몇 트럭으로 되돌려 주신다.

찰스 스펄전

너희 삶을 거저 주어라. 그러면 삶을 돌려받게 될 것이다.
돌려받는 정도가 아니라 축복까지 덤으로 받게 될 것이다.
받는 것보다 주는 것이 더 낫다. 베풂은 베풂을 낳는다.

눅 6:38, 메시지

클리프 밴슨 시니어와 클리프 밴슨 주니어는 소득의 10퍼센트를 드린 어느 날, 궁극적인 기준을 달성한 것처럼 자축했다고 말한다. 그러나 그들은 성경적인 관대함의 관점에서는 남겨진 90퍼센트로 무엇을 하는지도 살펴보아야 한다는 것을 나중에 깨닫게 되었다.

그들은 이익금의 절반을 기부할 목적으로 주택건축 회사를 설립했다. 클리프 시니어는 말한다. "비즈니스를 시작하고, 돈을 벌고, 그것을 나누어 주고… 이런 생각을 하면 얼마나 신이 났는지 몰라요."[1]

"관대함은 재미있어요! 당신이 직접 그렇게 할 때까지는 얼마나 재미있는지 알 수 없을 거예요"라고 클리프 주니어는 말한다. "당신 자신을 위해 돈을 쓰면 그 기쁨이 재빠르게 달아나지만, 나눔과 그것으로 인한 영원한 보상의 기쁨은 오래 지속된답니다."[2]

당신의 집을 파괴시킬 확실한 방법

찰스 스펄전은 150년 전에 나눔에 대해 이러한 언급을 하였다.

"인색한 인간은 사역이나 선교 지원에 드리는 헌금을 아끼면서, 그렇게 아낀 것이 경제적으로 잘한 행동이라고 자위하지만, 그것이 자신을 궁핍하게 만드는 줄은 꿈도 꾸지 못한다. 그들의 변명은 자신의 가족들을 돌보아야 한다는 것이지만, 하나님의 집을 등한시함으로써 그들 자신의 집을 확실하게 파괴하게 된다는 사실은 잊고 있다. … 광범위하게 관찰한 바에 의하면, 내가 알고 있는 가장 관대한 그리스도인은 항상 가장 행복하였고, 거의 예외 없이 가장 부유하였다. 나는 아낌없이 나누는 사람들이 자신이 꿈도 꾸지 못한 부를 얻게 되는 것을 보았고, 비열하고 관대하지 못하고 인색한 사람들이 그 인색함으로 인해, 더 올라가려는 욕심으로 인해 도리어 가난으로 떨어지게 되는 것을 종종 보았다. 사람들이 재산을 점점 늘려가는 신실한 청지기를 신뢰하는 것처럼, 주님 또한 종종 그렇게 하신다. 주님은 몇 부대를 나누는 사람에게 몇 수레로 되갚아 주신다. 또한 주님은 재산이 많지 않은 사람에게는 십일조를 바치고 남은 것에 자족하는 귀한 마음을 주셔서 적은 소유로도 큰 것을 소유한 것 같은 부요함을 느끼게 하신다."

* Charles H. Spurgeon, *Morning and Evening: Daily Readings*, October 26 (morning).

당신은 나눔의 은사가 있는가

놀랍게 들릴지 모르지만, 나는 하나님께서 당신에게 나눔의 은사를 주셨다고 믿는다. 당신을 알지도 못하면서 어떻게 그런 말을 할 수 있는지 궁금한가?

만약 당신이 이러한 말에 고민을 하고 있다면 이 책을 접할 수 있고 읽을 수 있다는 뜻이며, 전 세계 부유함의 기준으로 상위 5퍼센트

이내에 든다는 것을 의미한다. 시간당 15달러를 번다면 상위 2퍼센트에 속하므로, 당신은 아마 상위 1퍼센트에 근접할 가능성이 높다. 하나님께서 가르침의 은사가 있는 사람들에게 책과 훈련을 공급하시고, 긍휼의 은사가 있는 사람들에게 의료 지식이나 자원을 제공하시는 것이 적절한 것처럼, 하나님은 나눔의 은사가 있는 사람들에게 풍성한 물질적인 자원을 맡기신다.

로마서 12장 6-8절에서 바울은 7가지 은사에 대해 말하는데, 이것은 예언하는 일, 섬기는 일, 가르치는 일, 권면하는 일, 나누어 주는 일, 지도하는 일, 그리고 자선을 베푸는 일이다. 이 모든 은사 가운데 오늘날 그리스도인 공동체가 가장 적게 생각하고 거론하는 것이 나눔이라고 나는 확신한다. 그것은 서구 교회에서 가장 깊숙이 묻혀 있는 은사다.

우리는 가르침의 은사를 정기적으로 보며 그것이 무엇인지 알고 있다. 기적적인 치유, 회복된 결혼, 성공적인 자녀교육, 극적인 회심 등 나눔을 제외한 거의 모든 것에 대한 간증을 듣는다. 우리는 성경 박사, 기도의 용사에 대해서는 알지만, 자신의 수입 대부분을 기부하기도 하는 나눔의 용사에 대한 이야기는 거의 듣지 못한다. 젊은이들이 자신에게 나눔의 은사가 있다고 생각하고, 그 은사의 청지기가 되는 것이 어떤 모습인지 궁금해한다면, 그들은 어디서 격려를 받고 모범을 볼 수 있겠는가?

물론 우리 모두는 그런 은사가 없더라도 섬기고, 긍휼을 베풀고, 나누도록 부름을 받았다. 그러나 하나님께서는 주권적으로 시대마다 그 당시의 필요와 기회에 따라 특정 은사를 그분의 자녀들에게 보다 넓게 주시는 것이 분명하다. (예를 들어, 전염병이 돌 때는 긍휼의 은사를 부어 주신다고 믿는다.)

하나님께서 세계복음화의 계획을 완성시키려 하시고, 전례 없이 많은 수의 고통받는 사람들을 돕기 원하신다고 지금 생각해 보자. 하나님은 어떤 사회적인 발전을 장려하시겠는가? 사람들에게 쉽게 다가갈 수 있도록 하는 기술은 실제로 우리 손끝에 있다. 그렇다면 하나님께서 또 어떤 것을 공급해 주시기를 기대할 수 있겠는가? 나는 물질적이고 영적인 필요를 채우는 일에 자원하는 사람들을 하나님이 전 세계에서 일으키시는 것이 이치에 맞다고 생각한다. 또한 나는 이러한 모든 필요를 채우고 하나님의 나라를 확장시키기 위해 하나님께서 전례 없이 많은 재정을 공급하실 것이라고 생각한다.

주위를 돌아보라. 하나님께서 하고 계시는 일이 바로 이런 것이 아닌가? 이제 나눔의 용사들로 구성된 군대를 일으켜서, 예수 그리스도의 이름으로 파송되는 사람들을 위한 비용을 기쁨으로 지불해야 할 때가 아닌가!

만일 당신이 하나님께 "나에게 나눔의 은사를 주셨나요?"라고 물은 적이 없다면, 지금이야 말로 적기가 아닐까? 아마도 이것이 하나님께서 세상의 모든 책들 가운데 바로 이 책을 지금 당신의 손에 들리게 하신 이유가 아닐까? 하나님께서 에스더 왕후에게 하신 것처럼, 하나님이 당신을 일으키셔서 당신에게 특별한 은사와 기회와 물질적인 자원을 공급하심이 "이 때를 위함이 아닌지"(에 4:14) 누가 알겠는가.

나눔이 더 염려하게 만드는가, 혹은 덜 염려하게 만드는가

'만일 내가 관대하게 나눈다면, 내가 나눈 것을 채워 줄 돈은 어디서 나오는지에 대해 염려할 수밖에 없을 것이다'라는 논리를 가지고 있는 사람들이 있다. 그러나 예수님은 실제로 그 반대의 말씀을 하셨다. 그분은 이 땅에 보물을 쌓지 말고 천국에 쌓으라고 명령하신 다음(마 6:19-21), 바로 이어서 올바른 관점을 받아들이고(22-23절) 올바른 주인(돈이 아닌 하나님)을 섬기라고(24절) 말씀하셨다.

우리 주님은 이 말씀에 이어서 세 번이나 "염려하지 말라"(마 6:25, 31, 34)고 하셨다. 25절의 "그러므로"라는 말은, 염려하지 말라는 명령을 그분이 방금 말씀하신 것에 비추어 이해해야 함을 말해 준다. 다른 말로 하면, 올바른 장소에 보물을 투자하고, 올바른 관점을 받아들이고, 올바른 주인을 섬기는 사람들은 아무것도 염려할 필요가 없다. 이와 대조적으로, 잘못된 곳(천국이 아닌 이 땅)에 보물을 투자하고, 잘못된 관점(영원하지 않고 일시적인 관점)을 받아들이고, 잘못된 주인(하나님이 아닌 돈)을 섬기는 사람들은 염려할 이유가 차고 넘친다.

예수님은 구체적으로 음식, 음료, 옷과 같은 삶의 필수품에 대해 염려하지 말라고 말씀하셨다. 그리고 "먼저 그의 나라와 그의 의를 구하라 그리하면 이 모든 것을 너희에게 더하시리라"(마 6:33)라고 하셨다. 주님의 말씀에 의하면, 우리의 물질적인 공급이 부족한 이유는 나눔 때문이 아니다. 하나님은 구약 시대에 그렇게 하셨던 것처럼(말 3:8-11) 주는 사람에게 채워 주겠다고 약속하셨기 때문에, 실제로 그것은 우리의 물질적 필요에 대한 해결책의 일부다. 예수님도 동일한 것을 약속하신다(눅 6:38). 우리의 보물을 나눌 때 하나님의 나라를 먼저 구하는 것, 이것이 바로 우리의 물질적인 필요를 채우겠다는 예수님의 약속의 조건을 충족시키는 것이다.

오늘날과 같은 풍족한 사회에서 우리는 우리가 살아가는 데 얼마가 필요한지에 대해 자기기만을 하며 살아간다. 한 부유한 과부가 자기가 알고 있는 재산이 많은 다른 과부들에 대한 이야기를 들려주었다. "우리는 더 많이 나누어야 한다고 대화를 시작하지만, 곧바로 수백만 달러를 챙겨 놓지 않으면 결국 거리에서 쓸쓸히 인생을 마치게 될 것이라는 '여자 부랑자 신드롬'에 빠져들어요!"

관대한 나눔이 불안정이나 염려의 원인이 아니라는 것은 진리다. 나눔은 염려의 해결책이다.

나눔은 부메랑 효과를 가져온다

성경은 관대하게 드리는 자에 대한 하나님의 말씀으로 가득 차 있다. "네 재물과 네 소산물의 처음 익은 열매로 여호와를 공경하라 그리하면 네 창고가 가득히 차고 네 포도즙 틀에 새 포도즙이 넘치리라"(잠 3:9-10). 그러나 하나님이 의도하신 것은 하나님이 주신 것을 창고에 갖고 있는 것이 아니다! 우리는 그것을 관대하게 나누어 주어야 한다. 우리는 그것이 하나님께 속한 것임을 인식하면서 계속 그분께 드리고, 하나님은 계속 우리에게 주신다. 예수님은 이렇게 말씀하신다. "주라 그리하면 너희에게 줄 것이니 곧 후히 되어 누르고 흔들어 넘치도록 하여 너희에게 안겨 주리라 너희가 헤아리는 그 헤아림으로 너희도 헤아림을 도로 받을 것이니라"(눅 6:38).

R. G. 르투너는 고객의 말을 회상하며 다음과 같이 말했다. "나는 하나님이 내게 주시는 것보다 더 많이 삽으로 퍼서 드리려고 하지만, 항상 그분이 이겨요. 왜냐하면 그분은 더 큰 삽을 가지고 계시니까요."[3] 다른 많은 사람들처럼, 그는 이 잠언 말씀에 따라 살았다. "흩어 구제하여도 더욱 부하게 되는 일이 있나니 과도히 아껴도 가난하게 될 뿐이니라 구제를 좋아하는 자는 풍족하여질 것이요 남을 윤택하게 하는 자는 자기도 윤택하여지리라"(잠 11:24-25).

어떤 경우에는 하나님이 추가로 공급하시는 때가 있음이 분명하다. 기대하지 않은 수표가 우편으로 배달되어 올 수도 있고, 구입하려고 생각했던 물건을 누가 줄 수도 있다. 낸시와 나는 은행 잔고가 이상하다는 것을 알게 됐는데, 우리가 알고 있던 것보다 훨씬 많은 돈이 들어 있었다.

하나님의 공급하심이 덜 분명하게 보이지만 동일하게 관대한 경우도 있다. 10년 전에 고장이 났어야 할 세탁기가 여전히 잘 돌아간다. 200,000마일 이상이나 탄 차가 지난 3년 동안 아무런 문제없이 잘 달린다. 은행 계좌가 월말 훨씬 이전에 바닥이 났어야 했는데 어떻게 잘 굴러간다. 하나님이 엘리사 시대의 한 과부에게 기적적으로 기름을 공급하신 것처럼(왕하 4:1-7), 광야에서 이스라엘 백성들의 옷과 신발을 40년 동안이나 헤어지거나 닳지 않게 하신 것처럼(신 8:4), 일반적으로는 교체해야 할 것의 수명을 관대하게 연장시켜 주시는 때도 있음을 나는 확신하다.

밥이 다니던 교회가 예배실 확장을 위한 건축 캠페인을 시작했을 때, 밥은 희생적으로 헌금을 하기로 결정하였다. 그는 매일 아침 스위스 모카커피를 마시고 있었다. 만일 그가 3년 동안 이 습관을 포기하면 추가로 780달러를 드릴 수 있다는 계산이 나왔다. 밥은 교회의 건축 모금을 위한 모임에서 짧은 연설을 하며 커피를 포기하겠다는 계획을 언급하였다.

이틀 후, 그는 교회에서 연설을 한 호그돈 씨가 맞느냐고 묻는 한 여성의 전화를 받았다. 그녀는 자신을 제너럴 푸드 직원이라고 소개하면서 그에게 박스 하나를 보내 주었다. 박스 안에는 밥이 포기한 것과 동일한 수개월 분의 스위스 모카가 들어 있었다. 밥은 이렇게 말했다. "이상한 것은, 그 이후로 그녀를 본 적도, 그녀의 소식을 들은 적도 없다는 사실입니다. 모든 예배마다 그녀를 찾았지만 없었어요. 아마도 하나님의 천사일지도 모르겠어요. 당신은 하나님보다 결코 더 많이 나눌 수 없어요."[4]

이 조그만 일이 밥에게는 결코 작지 않았다. 이것은 그가 어린아이처럼 하나님을 신뢰하고 더 많이 나눌 수 있도록 하나님 아버지께서 그에게 보여 주신 관대하고 신속한 친절이었다.

이것은 건강과 부의 복음이나 번영신학이 아니다. 나는 업보와 같은 개념으로, 혹은 마가복음 10장 30절을 잘못 적용하여, 하나님께서 우리가 포기한 것만큼 정확하게 항상 돌려주시거나, 10배나 100배 더 돌려주셔야 한다고 말하려는 것이 아니다. 우리가 그분을 위해 진정으로 희생할 때 하나님은 종종 기쁨이나 끈기나 인내심을 주신다. 그리고 이런 눈에 보이지 않는 선물은 비축해 놓은 아침 커피보다 훨씬 더 소중하다. 하나님께서 그분의 사랑과 인정을 상기시켜 주는 조그만 것들을 때때로 보상으로 주실 때, 당신은 얼마나 기쁘겠는가?

나눔을 미루지 마라

가치가 있는 일에 돈을 드리는 것과, 죽고 나서 그 돈을 사역에 남기는 것에는 차이가 있다. 나는 당신이 유언으로 교회와 당신이 좋아하는 사역에 상당한 돈을 남기기를 추천한다. 남겨진 가족들이 재정적으로 문제가 없다면, 상속 재산의 대부분을 하나님의 일에 남길 수도 있다. 낸시와 나는 이렇게 하도록 이미 준비를 하였다. 그러나 당신이 죽을 때 다른 사람이 당신의 재산을 처분하게 되면, 그 사람에게는 하나님에 대한 믿음도, 당신이 하고 싶어 하는 어떠한 희생도 요구되지 않는다. 당신은 아무런 선택도 할 수 없고 누군가에게 당신의 돈과 소유를 남길 뿐이다.

중요한 포인트는 여기에 있다. 당신이 믿음의 행위를 볼 수 있고 하나님의 은혜를 누릴 수 있을 때, 관대하게 그리고 상당하게 **지금** 나누라는 것이다. 연기된 나눔은 연기된 순종이다.

많은 사람들은 자녀와 손자손녀들에게 재산을 물려주어야 한다는 생각에 사로잡혀 나누기를 주저한다. 나는 이런 생각을 재고해 볼 것을 권한다. 구약성경 시대에는 대부분의 사람들이 너무 가난해서 땅을 살 수 없었다. 그래서 부모가 자녀와 손자손녀들에게 땅의 소유권을 물려주는 것이 아주 중요했다. 상속이 없으면, 결국 노예가 되거나 자신들과 함께 사는 부모를 돌봐 줄 수 없었다. 그 결과 그들은 "선한 사람의 유산은 자손 대대로 이어"진다는 말을 들었다(잠 13:22, 새번역).

그러나 오늘날의 미국이나 다른 부유한 나라들에서의 유산은 고대 이스라엘과 근본적으로 다른 경우가 많다. 그것은 장성한 사람들에게 주어지는 뜻밖의 횡재일 수 있는데, 그 자녀들은 다음과 같은 특징을 가지고 있다.

- 부모와 따로 생활한다.
- 부모에게 의존하며 살아가지 않고, 의존해서도 안 된다.
- 자신의 일과 기술과 저축과 투자로 인한 일반소득이 있다.
- 이미 필요한 것보다 훨씬 많이 가지고 있다.

이러한 자녀들이 집이나 농장이나 다른 부동산을 상속받으면, 그 유산을 어떻게 하겠는가? 현재 하고 있는 일이나 소득을 만들어 내는 데는 이런 것들이 필요하지 않으므로, 받은 것을 파는 경우가 대부분이다. 상속은 이미 높은 그들의 생활 수준을 더 높이거나, 때에 따라서는 상상할 수 없이 높여 버린다.

부모들이 좋은 뜻으로 장성한 자녀에게 많은 돈을 남기는 것은 심각한 부부간의 갈등을 일으킨다. 남편의 부모로부터 온 '남편의' 돈, 아내의 부모로부터 온 '아내의' 돈이 결혼을 망치고, 건강하지 못한 독립을 야기한다.

일을 하지 않고 얻은 소득인 상속 재산이 상속자들에게 심각한 영향을 줄 수 있다는 것은 많은 연구와 개인적인 관찰을 통해 확인할 수 있다. 그것은 재정적인 무책임, 낭비, 게으름, 그리고 중독에 빠지도록 이끄는 경우가 많다.

수년 동안 부유한 신자들과 대화하고 교류할 기회가 있었는데, 많은 금액의 상속이 얼마나 파괴적인 영향을 주는지에 대한 가슴 아픈 이야기를 듣고 많이 놀랐다. 「상속된 재산의 유산」(The Legacy of Inherited Wealth)이라는 책은 두 명의 부유한 상속녀가 17명의 상속자들과 인터뷰한 내용을 담고 있는데, 거기에는 그들이 받은 재산의 축복과 저주가 자세히 기록되어 있다. 그들의 이야기에 따르면, 상속의 저주가 상속의 축복보다 훨씬 크다. 그들은 상속된 재산의 밝은 면을 찾아내려고 노력하였지만, 어두운 면에 대해 이야기할 때 훨씬 더 큰 확신을 보여 주었다. 그들은 당황, 분노, 의심, 불안정, 억울함 등을 경험했는데, 이 모든 것은 부유하게 성장하였거나 상속을 받아 부자가 된 사람들에게 공통으로 나타나는 현상이었다.[5]

사람들은 종종 어릴 때나 경제적으로 여유롭지 못했을 때 개발했던 성품, 훈련, 절제, 하나님에 대한 신뢰에 대해 증언한다. 그런데 이렇게 고백하는 사람들이 자기 자녀들에게는 많은 돈을 남겨주어 그러한 축복을 빼앗으려 한다는 것은 얼마나 모순적인 일인가.

장성한 자녀가 재정적인 선택에 있어 지혜롭게 행동하는 모습을 보여 주지 못했다면, 그들에게 재산을 넘겨주어서는 안 된다고 확신한다. 지혜가 없는 상태의 자녀에게 재산을 넘겨주면, 그 재산은 낭비될 뿐만 아니라 자녀들의 나쁜 습관을 장려하고 훈련과 절제의 기회를 빼앗아 결국 자녀를 망치게 할 것이다. 재산을 지혜롭게 관리하는 모습을 보여 주지 못한 사랑하는 자녀들에게 유혹을 더 얹어주는 것보다 하나님의 돈을 더 잘 사용할 수 있는 방법이 분명히 있다.

내 주위에는 부모들보다 돈을 더 많이 벌거나, 그렇게 되려고 애쓰는 성인 자녀들을 둔 부모가 많이 있다. 나는 이들에게 이렇게 묻는다. "전 세계 기준에 의하면 이미 최고로 부유한 당신의 자녀들이, 당신이 남기려고 하는 상속재산으로 무엇을 하기를 기대합니까?"

"그들이 도움이 꼭 필요한 사람들에게 나누어 주면 정말 좋겠어요."

분명한 답변은 바로 이것이다. "그런데 하나님이 그 돈을 당신에게 맡기셨다면, 당신은 왜 그것을 나누지 않나요?"

다음과 같은 질문을 생각해 보자. 만일 당신의 재산관리자가 죽으면서 당신의 모든 재산을 **자신의** 자녀에게 남긴다면 당신은 어떻게 생각하겠는가? 우리의 돈이 실제로 하나님의 것이고 우리는 그의 재산관리자임을 알면서도, 죽을 때 그 모든 것을 우리의 성인 자녀들에게 남겨야 한다고 생각하는 이유는 무엇인가? 특히 하나님이 자녀들에게도 주된 공급자이시고, 우리를 돌보아 주셨듯이 그들도 돌보아 주실 것을 믿는다면 왜 그렇게 행동하겠는가?

낸시와 나는 우리 자녀와 손자손녀들에게 관대하게 대했고, 계속 관대해지려는 계획을 가지고 있다. 우리는 그들이 결혼 초기에 집 계약금을 준비할 때 도움을 주었다. 이제 그들 가족들은 우리처럼 충분한 소득을 올리는 미국 중산층이 되었고, 전 세계에서 부유한 층에 속한다. 우리는 수년 전에, 손자손녀들에게 나쁜 영향을 주지 않을 정도로 적절한 금액만 남길 것이라고 자녀들에게 말해 주었다. 우리의 상속재산 대부분은 우리 교회와 사역을 잘하는 기관에 넘겨질 것이다. 한편 우리는 이러한 사역에 후원하기 위해 죽을 때까지 기다리지 않을 것이다. 우리의 나눔 대부분은 살아있을 때 이뤄질 것이다.

나눌 것이 아무것도 남아 있지 않을 때

2008년 경제 불황 때, 다른 많은 사람들처럼 우리 친구인 마이크와 도린도 봉급이 줄어들었다. 어떤 때는 아무 소득이 없는 달도 있었다.

그들은 집 대출금과 그들에게 의존하는 사역과 선교사들을 후원할 수 없는 것이 염려가 되어, 은행의 대출 담당자에게 전화를 하였다. 그날은 토요일이었지만, 다른 방법이 없었기에 메시지를 남겼다. 그런데 토요일에는 근무한 적이 없었던 담당자가 그날따라 출근을 하여, 바로 그날에 끝나는 정부보조프로그램을 통해 비용 없이 다시 대출을 받을 수 있도록 조치해 주었다. 그 조치로 인해 2개월간의 대출금이 면제되었고, 월 납입금도 줄어들었다. 대출금을 지불하는 것보다 기부 약속을 지키는 것이 우선이었는데, 놀랍게도 이 두 가지를 모두 이룰 수 있었다!

비슷한 시기에, 도린은 집에서 일할 수 있는 일자리를 제안받아 재정적으로 부족했던 부분을 채울 수 있었다. 점차적으로 소득이 회복되었고, 그들은 단 한 번도 후원이나 대출금 지불을 빠뜨린 적이 없다. 도린은 이러한 '우연의 일치'를 하나님이 은혜로 베푸신 기적이라 생각한다.

만일 그들이 나눔을 끊음으로써 문제를 '해결'하려고 했다면, 이 이야기가 어떻게 달라졌을지 상상해 보라. 그들의 헌금으로 인한 영원한 상급을 잃는 것은 말하지 않더라도, 매일 매일 공급하시는 하나님의 손길도 보지 못했을 것이다.

하나님은 당신이 나눔을 통해 하나님의 공급하심을 시험하도록 초청하신다

싱가포르에 사는 제라드와 제럴딘 로우 부부는, 하나님께서는 우리가 공급하겠다고 하신 그분의 약속을 시험하고, 위대함과 충분함을 보여 주시는 그분을 신뢰하기를 원하신다고 믿는다(말 3:10; 눅 6:38).

매년 로우 부부는 얼마만큼 나누어야 하는지 기도하면서 결정한다. 정말 할 수 있을지, 꼭 해야 하는지 의문이 들 정도로 위기가 오고 재정적으로 불안정했을 때에도 거의 대부분 실패하지 않고 결정한 수준까지 드릴 수 있었다.

저축을 축내는 데까지 갈 때도 있었지만, 그들은 여전히 약속한 것을 지키고 있다. "우리는 훈련을 통해 회계사 수준이 되어 하나님께 드리기로 약속한 것을 엑셀로 관리하기 시작했어요. 돈이 거의 바닥나 하나님께 드릴 것이 없을 때마다, 하나님은 잃어버린 소득을 회복시켜 주시며 계속 드릴 수 있는 방법을 제공해 주셨어요"라고 제라드는 말한다.[6] 그들은 이 영역에서 자신을 시험해 보라고 초청하시는 하나님의 말씀을 곧이곧대로 믿는다. "그렇게 하지 않으면, 그분을 시험하지 않는 거예요"라고 제럴딘을 말한다.[7]

하나님은 우주에서 가장 위대한 기부자이시므로, 당신이 그분보다 더 많이 나누는 것을 허락하지 않으실 것이다. 시작하라, 그리고 노력하라. 그리고 무슨 일이 벌어지는지 보라. 로우 부부와 다른 수많은 사람들처럼 낸시와 나는 하나님이 계속해서 행하시는 일을 보며 놀라고 감사해 왔다. 이것을 경험하면 할수록, 기쁨과 즐거움은 더 커지고 하나님을 더 신뢰하게 된다.

당신이 무엇을 하든지 더 많은 것이 돌아오게 된다면, 그것을 너무 꽉 붙들지는 마라. 하나님께서 우리에게 왜 그토록 풍성하게 공급하시는지 정확히 말씀해 주셨다는 것을 기억하라. "하나님께서 여러분을 모든 일에 부요하게 하시므로, 여러분이 후하게 헌금을 하게 될 것입니다"(고후 9:11, 새번역). 이 구절은 이렇게 이어진다. "우리가 여러분의 헌금을 전달하면, 많은 사람이 하나님께 감사를 드리게 될 것입니다."

다른 사람들의 물질적, 영적 필요를 채움으로써 하나님께 계속 기쁨으로 돌려 드리라. 당신의 보물이 당신의 마음을 따르도록 기다리게 하지 말라. 그 대신 당신의 보물을 자유롭게 나눈다면, 당신의 마음이 이 땅에서의 삶이 끝난 후 가장 중요한 보물을 따라가는 것을 보게 될 것이다. 당신은 하나님께서 당신의 나눔을 당신의 미래를 위한 준비의 일부로 사용하고 계심을 믿음으로 그렇게 할 수 있다. 그것은 모든 기대를 뛰어넘을 만큼 멋질 것이다.

이것은 믿기 어렵지만 사실이다. 우리는 분명 현재보다 더 오래 살 것이고, 또한 현재 나누는 것보다 더 많이 나눌 수 있다. 이 땅에서 천국으로 우리의 보물을 옮기며 죽음을 넘어 영원으로 나아갈 수 있다.

하나님을 신뢰하고, 그분이 우리 안에서, 우리를 통해서, 우리 주위에 있는 사람들을 통해서 행하시는 일을 보는 흥미진진한 모험, 이것이 바로 멋진 인생이다. 이것은 새로워지고 엄청나게 좋아진 우주에서 하나님과 그분의 백성들이 함께하는, 영원한 생명의 끝없는 즐거움이 따라오는 흥분과 행복이 있는 풍성한 삶이다. 우리를 기다리는 그 세계에서, 우리는 우리의 가장 위대한 보물인 예수님과 함께할 것이고, 그분을 아는 사랑하는 가족들, 친구들과 재회할 것이다. 더불어 우리의 투자로 인해 인생이 영원히 변화된 많은 사람들을 처음으로 만나게 될 것이다. 오래 알고 지낸 사람이든, 처음 보는 사람이든, 이러한 사람들 모두가 우리의 기쁨이요 면류관이 될 것이다(빌 4:1; 살전 2:19).

영원한 투자 수익률(EROI)을 기억하라. 이 짧은 인생의 끝에는 다음 세상, 끝이 없는 세상이 시작되는데, 그때 예수님께 이런 말을 듣는 것보다 더 좋은 일을 상상할 수 있겠는가. "잘하였도다 착하고 충성된 종아 네가 적은 일에 충성하였으매 내가 많은 것을 네게 맡기리니 네 주인의 즐거움에 참여할지어다"(마 25:23).

토의를 위한 질문들

1. "제게 나눔의 은사가 있나요?"라고 하나님께 물어보았거나, 왜 이렇게 많은 것을 나에게 주셨는지 물어본 적이 있는가? 저자가 말하는 '나눔의 용사들로 구성된 군대'의 일원으로서, 하나님이 당신의 마음에 관대하게 후원하는 마음을 주신 이유는 무엇이겠는가?

2. 하나님이 당신과 당신 가정에 기대하지 않았던 것을 공급하신 적이 있는가? 이러한 경험을 기억하는 것은 당신이 나누려고 할 때 믿음의 걸음을 내딛도록 어떻게 격려하는가?

3. 유언으로 돈을 남기는 것은 당신의 믿음이나 희생이 전혀 요구되지 않는다는 생각을 해본 적이 있는가? 돈을 남기기 위해 죽을 때까지 기다리지 않고, 지금 의미 있는 나눔을 하는 것의 이점과 단점은 무엇인가?

4. 말라기 3장 8-12절을 읽으라. 관대한 나눔을 통해서 하나님의 약속을 의도적으로 시험해 본 적이 있는가? 그런 적이 없었다면, 그렇게 할 때의 유익은 무엇이라고 생각되는가?

결론

현재가 기회의 문이다

2000년 5월, 존 파이퍼는 4만 명의 대학생들이 모인 컨퍼런스에서 설교를 하였다. 그때 반응이 너무나 뜨거워서 「삶을 낭비하지 말라」(Don't Waste Your Life)는 제목의 책으로도 출판되었다.

존 파이퍼는 그의 교회가 후원하고 있는 80세 두 동갑 여성에 대한 이야기를 학생들에게 들려주었다. 루비는 카메룬에서 간호사 선교사로 섬기고 있었고, 로라는 의사인데 루비를 방문하고 있었다. 그들이 카메룬 마을들을 여행하고 있을 때, 타고 가던 차의 브레이크가 고장이 나 추락하게 되어 두 사람 모두 사망했다.

루비는 대부분의 인생을 가난하고 도움이 필요한 사람들 속에서 그리스도를 섬기는 데 보냈고, 함께 일했던 대부분의 미국인 동료들이 은퇴하여 따뜻한 곳으로 떠난 후에도 20년 동안 여전히 그곳을 지키고 있었다.

사망한 두 여인에 대해 말하면서 존 파이퍼는 이렇게 질문했다. "이것이 비극인가요?"[1] 비록 이것은 가슴 아픈 이야기임에는 틀림이 없지만, 그의 대답은 "아니오"였고, 이것은 비극이 아니었다.

그러고 나서 존 파이퍼는 〈리더스 다이제스트〉에 실린 글을 학생들에게 읽어 주며, 그가 말하는 진짜 비극이 무엇인지 이야기하였다. 그 글은 일찍 은퇴한 50대 부부가 30피트 길이의 배를 타고 놀러 다니며, 소프트볼 게임을 하고, 조개껍질을 수집하는 '멋진 인생'을 묘사하고 있었다.

"이런 꿈을 사지 마세요"라고 존 파이퍼는 말했다. "아메리칸 드림, 멋진 집, 멋진 차, 멋진 직업, 멋진 가족, 멋진 은퇴, 그리고 우주의 창조주 앞에 서서 자신이 한 일을 결산하게 되는 인생의 마지막에서 **조개껍질** 모으기…. 그때 당신은 주님께 이렇게 말할 겁니다. '주님, 제 조개껍질 수집품이 여기 있어요! 그리고 저는 스윙을 잘해요. 또 이 멋진 배도 보세요!' … 제발 당신의 인생을 낭비하지 마세요."[2]

물론 하나님은 디모데전서 6장 17절 말씀처럼 "우리에게 모든 것을 후히 주사 누리게 하시는" 분이시기에, 우리는 조개껍질을 줍거나 골프를 치며 시간을 보낼 수 있다. 그리고 꼭 루비처럼 아프리카의 가장 가난한 사람들과 함께 인생 전체를 보내야 하는 것도 아니다.

그렇지만 우리는 루비 같은 사람들을 찾아서 후원하는 일을 해야 할 필요는 있다. 우리는 이렇게 말해야 한다. "내가 직접 가든지, 아니면 여기 있으면서 이웃과 사회와 직장과 교회에서 그리스도를 섬기든지, 나의 인생을 낭비하지 않기로 결심합니다. 지구 곳곳에 하나님의 왕국이 확장되는 일에 관대하게 드리고, 나 또한 멋진 삶과 풍성한 삶, 예수님과 그분의 복음과 그분의 백성들에게 영원히 남는 투자에 헌신하겠습니다."

나눔과 멋진 인생에 대해 당신이 믿고 있는 것은 무엇인가

이 책의 앞부분에서 우리는 예수님께서 당시 사람들의 머릿속에 있는 멋진 인생에 대한 관점을 어떻게 바꾸셨는지 보았다. 예수님은 욕심에 주의하라고 경고하시고, 인간의 삶은 얼마나 많은 돈을 버는지, 얼마나 많은 것을 소유하는지와 관련이 없다고 말씀하셨다(눅 12:15). 예수님은 주는 것이 받는 것보다 행복하다는 진리(행 20:35)를 알려 주셨는데, 이것은 통찰력이 없는 사람들에게는 상식에 어긋나 보이지만, 그것을 경험한 모든 사람들에게는 명백한 것이었다.

우리는 움켜쥐거나 과소비하는 것에 만족해서도 안 되지만, 만족이 되지도 않는다. 관대함은 진정 멋진 삶이다.

기본적인 필요가 충족되고, 몇 가지 하고 싶은 일을 하고 난 다음에는, 돈이 더 이상 도움이 되지 않고 상처를 주기 시작한다는 것을 우리는 안다. 부는 쉽게 우상이나 거짓 신이 된다. 예수님은 하나님과 돈을 동시에 섬길 수 없다고 말씀하셨다. 그러나 예수님께서 돈을 사랑하는 것으로부터 우리를 자유롭게 하기 위해 오셨고, 이제는 돈을 **가지고** 하나님을 섬길 수 있게 되었다는 것은 복된 소식이다.

예수님은 풍성한 삶이 물질적인 부요함에 있지 않고, 오직 그에게서만 발견될 수 있는 생명을 주는 영적인 풍성함에 있음을 분명히 하셨다. 영원하고 풍성한 삶은 궁극적인 기부자이신 예수님에게 나아갈 때 이 세상에서 시작되고, 그분을 점점 닮아가면서 계속된다. 복음 그 자체가 우주 역사상 가장 위대한 나눔이다.

우리는 디모데전서 6장 18-19절에서 참된 생명을 붙드는 하나의 중요한 방법을 발견할 수 있다. 당신은 영적인 훈련의 목록이나 하나님을 높이는 많은 실천 항목들을 기대할는지 모른다. 그러나 하나님은 우리가 관대해지고 나누는 것을 열망함으로써 그리스도 안에서 풍성하고 참된 생명을 경험할 수 있다고 말씀하신다. 나눔을 통해서 우리는 예수님께서 영원히 홀로 왕 중의 왕으로 다스리실 세상에서 무한한 행복을 누리며 사는 삶을 조금 맛보게 된다. 관대함은 천국에 영원한 보물을 쌓고, 도움이 필요한 사람에게 꼭 필요한 도움을 주며, 현재 삶에서 영원한 기쁨을 미리 맛보게 한다.

그러나 **당신이 이것들을 믿지 않는다면**, 이 모든 것은 단순히 말뿐이고, 당신에게 아무런 영향도 주지 못할 것이다. 당신이 이러한 것을 머리로만 받아들이고, "주님, 당신의 돈과 소유로 무엇을 하기를 원하십니까?"라고 묻지 않는다면, 당신의 삶에 어떤 지속적인 차이도 만들지 못할 것이다. 하나님께서 당신에게 나눔의 수준을 높이고 멋진 삶을 붙들 때라고 말씀하고 계신가? 우리가 공부한 말씀에 비추어 볼 때, 나는 그렇다고 믿는다.

나눔이란 어찌되었건 그분의 소유인 것을 하나님의 손에 올려놓는 것임을 이해하기 바란다. 이것은 영원에 투자하는 것이고, 이 세상 이후까지 영원히 남을 것이다. 그러나 또한 이것에는 현재 풍성한 삶을 누리는 즉각적인 투자라는 추가 인센티브가 있음을 간과하지 않았으면 좋겠다. 우리는 예수님을 높이고 다른 사람들에게 유익을 주는 두 가지 이유 모두를 위해 나눈다. 그리고 그 과정 속에서 놀랍게도 우리 자신과 가족들이 지금, 그리고 영원히 혜택을 누린다. 하나님을 섬기기 위해 그분이 우리에게 주신 어떤 동기들도 등한시하지 말자.

마지막으로 물어야 할 질문들

하나님이 모든 것을 소유하신다면, 우리는 마치 우리가 소유한 것처럼 행동하던 것을 멈추어야 하지 않을까? 그분에게 이렇게 질문해야 하지 않을까?

- 당신의 돈과 소유로 제가 무엇을 하기를 원하십니까?
- 당신의 돈으로 무엇을 사고, 무엇을 사지 말아야 합니까?
- 제가 얼마만큼 가지고, 얼마만큼 나누기를 원하십니까?
- 전 세계적으로 또한 지역적으로 많은 필요들이 있는데, 어디에 그리고 누구에게 나누기를 원하십니까?

우리는 하나님의 재산 관리자이므로, 정기적으로 그분과 함께 점검하고, 그분의 것을 어떻게 투자하기 원하는지 그분에게 물어야 하지 않을까?
우리의 서비스 기간이 끝나면(우리가 죽든지, 그분이 다시 오시든지) 모든 직무 성과에 대한 최종적인 평가를 받을 것이라는 확신을 가지고 매일 살아야 하지 않을까? "이러므로 우리 각 사람이 자기 일을 하나님께 직고하리라"(롬 14:12).
예수님께서 우리에게 맡기신 모든 것으로 어떻게 그분을 섬기기 원하는지 매일 자신에게 묻고 있는가? 우리가 이 땅에서 충성스럽게 그분을 섬기면, 그분은 천국에서 영원히 지속될 보물로 보상하기를 원하신다는 것을 인식하고 있는가? "무슨 일을 하든지 사람에게 하듯이 하지 말고, 주님께 하듯이 진심으로 하십시오. 여러분은 주님께 유산을 상으로 받는다는 사실을 기억하십시오. 여러분이 섬기는 분은 주 그리스도이십니다"(골 3:23-24, 새번역).

다음에는 무엇이 기다리고 있는가

당신은 이 책을 내려놓자마자, 그 내용이나 책을 읽을 때 하나님이 당신에게 말씀하신 것을 잊어버리고 싶은 유혹을 받게 될 것이다. 변화된 삶을 살지 못하도록 합리화하는 마귀의 속삭임에 귀를 기울이지 마라. "네 마음은 나누고 싶지 않지? 그러면 해서는 안 돼"라고 말하는 것을 듣지 마라. "나눌 때 행복해진다는 모든 이야기들은 과장되었어. 가지고 있는 것을 더 단단히 붙들어"라는 말을 믿지 마라. '**나눔이 중요한 것은 확실해. 하지만 나중에 돈을 많이 벌면 그때 시작해야지**'라고 생각하도록 유혹하지 못하게 하라. 당신이 이런 것을 믿으면, 하나님이 약속하신 일은 결코 일어나지 않을 것이다.

마귀는 나눔이 우리에게서 멋진 삶을 빼앗아 갈 것이라고 말하며 우리를 속이지만, 예수님은 나눔이 멋진 삶을 살게 한다는 진리를 말씀하신다. 이제 질문은 하나밖에 없다. 누구를 믿을 것인가?

예수님은 관대하고 나누는 데 열심을 내라고 말씀하신다. 조금의 의심이나 염려가 없어질 때까지 기다린다면, 당신은 아마도 다음 단계로 결코 나아가지 못할 것이다. 그러나 믿음으로 그 걸음을 내딛는다면, 그것이 얼마나 신나는 일인지 발견하게 될 것이다. 나눔은 당신이 경험할 수 있는 궁극적으로 가장 건강하고 가장 기쁨이 가득한 중독이 될 것이다.

멋진 삶을 지금 꼭 붙들고, 하나님께서 우리에게 맡기신 제한된 시간을 영원을 위해 투자하는 것은 대단히 중요하다. 우리가 이 세상을 떠나고 나면, 기도를 통해 하나님의 손을 움직일 또 다른 기회는 결코 오지 않을 것이다. 상처받은 영혼을 치유할 수도 없다. 지옥에서 구원받을 수 있도록 그리스도를 전할 수도 없다. 병든 사람을 돌볼 수도 없다. 굶주리는 사람에게 음식을 제공할 수도 없다. 죽어가는 사람을 위로할 수도 없다. 태아를 구할 수도 없다. 말씀을 그들 마음에 다가오는 언어로 번역할 수도 없다. 미전도 종족에게 복음을 전해 줄 수도 없다. 당신의 집을 열어 누군가를 맞을 수도 없다. 옷이나 음식이 필요한 사람에게 나눠 줄 수도 없다.

이 생애에서 가진 자원으로 무엇을 했는지가 바로 당신의 자서전이다. 믿음의 펜과 일의 잉크로 기록된 이야기가 더 이상 편집할 수 없는 상태로 영원히 저장될 것이고, 천사들과 구원받은 사람들과 하나님 앞에서 보이고 읽히게 될 것이다.

길고 끝나지 않는 내일의 빛으로 오늘을 바라보면, 우리의 선택들은 엄청나게 중요해진다. 성경을 읽고, 기도하고, 교회에 가고, 믿음을 나누고, 돈을 나누는 나의 선택들은(나의 육신이 아니라 하나님의 영에 인도함을 받아 은혜 가운데 행한 행동들은) 다른 영혼들뿐만 아니라 나 자신에게도 영원한 결과를 가져온다.

죽을 때 우리는 우리 인생의 초상화에 사인하게 될 것이다. 페인트가 마르고, 초상화가 영구히 마무리된다. 이후에 고치는 것은 불가능하다. 나는 이 책을 여러 번 수정하였지만, 내가 일단 죽고 나면 다시 돌아가서 내가 무엇을 하고 무엇을 말하는지, 누구를 신뢰하고 섬기는지, 얼마나 많이 나누는지 수정할 수 없을 것이다. 경기 종료 휘슬이 울리면 더 이상 점수를 올릴 수 없고, 결과는 확정된다. 바로 이곳, 현재가 멋진 삶을 붙들고 하나님이 우리를 위해 준비하신 모든 것을 경험할 수 있는 유일한 기회다.

예수님이 당신에게 제공하실 풍성한 삶이 어떤 모습일지 나는 정확하게 말해 줄 수 없다. 당신이 이 책을 읽은 것을 사용하여, 성령께서 당신을 이론에서 실제 어떤 삶으로 인도하실지 나는 모른다. 그러나 절대적인 확신을 가지고 말할 수 있는 것은, 당신이 하나님의 영광을 위하여 관대한 삶을 살겠다고 헌신하면 그분을 기쁘시게 하고 높이게 될 것이고, 당신의 삶은 그리스도 중심의 행복이 가득하게 될 것이다. 언젠가(살아있는 동안일 수도 있지만 다음 세계에서는 확실하게) 이것이 당신이 내린 가장 중요한 결정 중 하나였음을 깨닫게 될 것이다.

아마도 당신은 물질에 대한 집착을 줄이고, 하나님의 왕국을 위해 더 많은 돈을 투자하기 위해 생활 스타일을 바꾸어야 할지도 모른다. 어쩌면 하나님은 집을 줄이거나, 오래된 차를 계속 몰게 하거나, 보석을 팔거나, 저축한 돈의 일부를 나누거나, 비싼 휴가를 포기하거나, 라떼나 외식을 거르게 하실 수도 있다. 어쩌면 지역 사회나 도시나 도움이 필요한 이웃을 섬기는 일에 시간과 돈을 투자하도록 당신을 인도하실 수도 있다. 어쩌면 당신은 어떤 사람들의 식료품비나 식사비를 대신 지불하여, 사람들이 우연한 친절의 행동이라고 부르는 것이 실제로는 거룩한 계획이었음을 발견하는 나눔의 모험을 계획할 수도 있다.

당신이 마음 깊이 멋진 삶, 풍성한 삶, 관대한 삶을 경험하게 되면, 이것보다 더 낮은 삶을 결코 원하지 않게 되리라고 확신한다. 당신의 삶은 결코 예전 같지 않을 것이며, 당신도 그것을 원하지 않을 것이다!

나눌 기회가 되면 바로 시작하라. 결코 중단하지 마라. 그리고 하나님이 당신과 당신이 주는 사람을 어떻게 바꾸시는지 관찰하라.

하나님은 당신에게 "생명을 얻게 하고 더 풍성히 얻게"(요 10:10) 하겠다고 약속하신 분이다. 그러므로 계속 나아가라. 성령의 능력으로 진정한 생명의 삶을 붙들도록 도와주시기를 기도하라.

이것은 하나님이 응답하기를 기뻐하시는 기도다.

토의를 위한 질문들

1. 이 책을 읽으며 멋진 인생에 대한 당신의 생각은 어떻게 바뀌었는가?

2. 영원한 생명을 여기 그리고 현재에 붙들기 위해, 당신의 관계, 돈, 소유물, 그리고 우선순위에서 어떤 구체적인 변화를 만들 수 있겠는가? 이러한 변화들을 이루어 하나님이 당신을 위해 의도하신 풍성하고 영원을 생각하는 삶을 살아갈 수 있도록 힘주시기를 하나님께 기도하라.

3. 멋진 인생을 살기 위하여 삶을 변화시키는 이러한 진리들을 함께 나눌 사람들의 목록을 만들어 보라.

감사의 글

나에게 수십 년 동안 큰 격려를 해준 틴데일 하우스의 편집자이자 사랑하는 친구인 론 비어즈에게 감사한다. 이 책과 나의 다른 여러 책들의 훌륭한 편집자인 스테파니 리체에게도 마음 깊이 감사한다.

책임편집자 케이라 레오니노, 편집자 린다 하워드, 디자이너 딘 레닝거, 교열 담당자 브리타니 버거만, 마케터 크리스티 그레이브만, 생산 관리자 아네트 타로리와 바이어 팀 울프, 홍보 담당자인 케이티 도딜렛과 아만다 우즈에게 또한 감사한다. 그리고 표지 디자인을 해준 친구 팀 그린에게 감사한다.

또한 EPM의 스텝 멤버들에게 감사한다. 그들은 각기 맡은 은사로 나의 책, 나의 인생, 우리의 사역을 함께 도와주었다. 수많은 영역에서 너무나 많은 것으로 도와준 나의 뛰어난 비서인 첼시 웨버에게 특별히 감사한다. 이 책을 출판사에 넘기기 전에 꼼꼼하게 살펴준 EPM의 스테파니 앤드슨, 도린 부톤, 그리고 케이시 노르퀴스트에게 마음 깊이 감사한다.

항상 그러하였듯이, 나의 영혼의 동반자이며, 내가 잘한 것이 있다면 칭찬받아야 마땅하지만, 내가 잘못한 것에 대해서는 결코 비난받을 수 없는 나의 아내 낸시에게 진심 어린 감사를 보낸다.

이 모든 사람들과의 관계에는 다음의 말씀이 적용된다. "철이 철을 날카롭게 하는 것 같이 사람이 그의 친구의 얼굴을 빛나게 하느니라" (잠 27:17).

역자의 글

"내 인생의 멘토, 랜디"

얼마 전에 미국에서 의사로 평생을 보내다가 은퇴하신 분을 만났다. 무엇을 하고 지내시는지 물었더니, 미술에 관심이 많아 세계 여러 유명한 미술관을 돌아다니며, 한 곳에 한두 달씩 살면서 감상을 한 지 오래되었다고 한다. 다음 주에는 또 다른 곳에 가기로 되어 있다며 자랑스럽게 이야기하시는데, 기쁨이나 열정은 찾아보기 힘들었고 마치 숙제를 하는 학생처럼 느껴졌다.

꽤 오래 전에 나는 인생의 전환점이 된 랜디 알콘의 「돈 소유 영원」이란 책을 우연히 접하게 되었다. 읽고 또 읽으며 감동과 회개와 감사를 하였고, 번역을 하면서 깊이 묵상하게 되었다. 저자는 무엇을 위해 어떻게 사는 것이 가장 보람된 것인지를 다양한 각도와 여러 케이스를 통해 물러갈 곳이 없도록 제시하였다.

나는 더 많이 나누기 위해 생활을 단순화하고 집중할 필요가 있다고 생각하고, 살고 있던 융자금이 있는 새집을 처분하여 남은 금액의 십일조를 선교헌금으로 드리고, 현금만으로 오래되었지만 아담한 집을 구입하고, 어떤 빚도 지지 않으려고 하였다. 이런 과정이 쉽지는 않았고 결혼생활의 가장 어려운 터널을 지나게도 되었지만, 신실하신 주님은 모든 것이 주님께서 주신 것이고 그분께 드려진 것만(그것이 돈이든 시간이든 섬김이든) 영원히 남는다는 것을 보여 주시며 우리 가족이 더 주님께 가까워지도록 축복해 주셨다. 그리고 아직은 갈 길이 멀지만 소득의 상당 부분을 영원히 남을 일을 위해 드릴 수 있게 되었다.

젊은 사람들은 한 번밖에 없는 인생의 황금기를 어떻게 신나게 보낼 것인가 찾아다니고, 나이 든 사람들은 수고를 마치고 이제부터 신나게 살아보려고 계획을 세운다. 그러나 이 책은 의미 있고 지속적이고 영원한 보상이 있는 '멋진 인생'으로 우리를 초대한다. '멋진 인생'을 꿈꾸며 다양한 시도를 한 수많은 사람들의 사례와 결과들을 보여 주며 지혜로운 선택을 하라고 도전한다. 수많은 사람들이 '신기루'를 좇다가 '이게 아닌데' 하며 후회 속에 떠나는 것을 보면서도 그대로 그 길을 따라가는 사람들에게 저자는 새로운 길을 제시한다. 나눔은 소비하는 것이나 잃어버리는 것처럼 없어지는 것이 아니라, 받는 사람에게 도움을 주고, 주는 사람에게 큰 기쁨이 되며, 더불어 영원한 상급도 받는 멋진 인생의 비결임을 깨닫는 것은 얼마나 큰 축복인가!

김신호

주

1장. 무엇이 멋진 인생인가

1. Kristen Kuchar, "The Emotional Effects of Debt," The Simple Dollar, updated December 13, 2017, https://www.thesimpledollar.com/the-emotional-effects-of-debt/.
2. Christian Smith and Hilary Davidson, *The Paradox of Generosity: Giving We Receive, Grasping We Lose* (New York: Oxford University Press, 2014), 1.
3. 같은 책, 44.
4. Jenny Santi, *The Giving Way to Happiness: Stories and Science behind the Life-Changing Power of Giving* (New York: Random House, 2015), xix.

2장. 돈을 많이 갖는 것이 멋진 인생은 아니다

1. Karen S. Schneider and Bob Meadows, "Owen Wilson: What Happened?" *People*, September 10, 2007, https://people.com/archive/cover-story-owen-wilson-what-happened-vol-68-no-11/.
2. Kim Teller, letter to the editor, *People*, December 10, 2007, https://people.com/archive/mailbag-vol-68-no-24/.
3. "Global Health Observatory (GHO) Data: Suicide Rates (Per 100 000 Population)," World Health Organization, last updated July 17, 2018, http://www.who.int/gho/mental_health/suicide_rates/en/.
4. Randy Alcorn, "Our Time aboard Operation Mobilization's Ship, *Logos Hope*," "Story Onboard Ship," YouTube video, 0:27, Eternal Perspective Ministries, July 28, 2017, http://www.epm.org/blog/2017/Jul/28/ship-logos-hope.
5. Robert Powell, "The Good Life Is Not Only about Money," MarketWatch, July 30, 2010, https://www.marketwatch.com/story/the-good-life-is-not-only-about-money-2010-07-30.

6. Jesse Carey, "12 of DL Moody's Most Profound Quotes about Faith," *Relevant*, February 5, 2016, https://relevantmagazine.com/god/12-dl-moodys-most-profound-quotes-about-faith.
7. Christian Smith and Hilary Davidson, *The Paradox of Generosity: Giving We Receive, Grasping We Lose* (New York: Oxford University Press, 2014), 224.
8. Dr. and Mrs. Howard Taylor, *Hudson Taylor and the China Inland Mission: The Growth of a Work of God* (London: China Inland Mission, 1918), 384, https://archive.org/stream/hudsontaylorchin00tayl/hudsontaylorchin00tayl_djvu.txt.
9. Alice Gray, *Treasures for Women Who Hope* (Nashville: Thomas Nelson, 2005), xvii–xx.
10. Randy Alcorn, "Twelve Giving Stories," Eternal Perspective Ministries, February 16, 2010, https://www.epm.org/resources/2010/Feb/16/twelve-giving-stories/.
11. 같은 곳.
12. 같은 곳.

3장. 더 나은 종류의 풍성함

1. Renee Lockey, "Work like a Doctor, Live like a Nurse," *WDW Blog*, March 1, 2018, https://womendoingwell.org/work-like-a-doctor-live-like-a-nurse/.
2. Richard Wurmbrand, *Tortured for Christ* (Colorado Springs: David C. Cook, 2017), 58.
3. Aleksandr I. Solzhenitsyn, *The Gulag Archipelago: 1918–956*, trans. Thomas P. Whitney and Harry Willetts, abridged by Edward E. Erickson Jr. (New York: HarperCollins, 2007), 313.
4. "Pete and Deb Ochs: Jailhouse Generosity," Vimeo video, 8:35, Generous Giving, https://generousgiving.org/media/videos/pete-and-deb-ochs-jailhouse-generosity.

4장. 사랑은 어떤 모습일까

1. Trevor Hamaker, "What's the Difference between Love & Charity in the New Testament?" *Varsity Faith* (blog), July 14, 2010, http://www.varsityfaith.com/2010/07/

whats-difference-between-love-charity.html.

2. "The Holy Man," LIFE International, July 9, 2016, https://www.lifeinternational.com/articles/holy-man.

3. Laura Bult, "Nobel Peace Prize Winner Elie Wiesel's Best Quotes on Survival, Activism and Humanity," *New York Daily News*, July 2, 2016, https://www.nydailynews.com/news/world/elie-wiesel-quotes-survival-spirituality-humanity-article-1.2697132.

4. John Wesley, "On Dress (Sermon 88)," Wesleyan-Holiness Digital Library, accessed April 11, 2019, https://whdl.org/dress-sermon-88.

5. 이 이야기는 작가의 블로그에 실려 있다. Randy Alcorn, "John Wesley's Example of Giving," Eternal Perspective Ministries, May 14, 2014, https://www.epm.org/blog/2014/May/14/john-wesley-giving. See also Charles Edward White, "Four Lessons on Money from One of the World's Richest Preachers," *Christian History* 19 (Summer 1988): 24, https://christianhistoryinstitute.org/uploaded/50cf76d05900d6.14390582.pdf.

6. Utpal Dholakia, "Why People Who Have Less Give More," *Psychology Today*, November 20, 2017, https://www.psychologytoday.com/us/blog/the-science-behind-behavior/201711/why-people-who-have-less-give-more.

7. Randy Alcorn, *Happiness* (Carol Stream, IL: Tyndale, 2015), 217–4. (「행복」, 디모데, 2017)

8. Christian Smith and Hilary Davidson, *The Paradox of Generosity: Giving We Receive, Grasping We Lose* (New York: Oxford University Press, 2014), 11–2.

9. Arthur C. Brooks, as quoted in "Those Who Serve Others Are *Happier, Healthier*, and More Prosperous," Spokane Cares, accessed January 8, 2019, http://www.spokane cares.org/index.php?c_ref=160.

5장. 우리가 할 수 있는 최고의 투자

1. John Rinehart, "The Gospel Patron behind Sudan Interior Mission," Gospel Patrons, May 19, 2017, https://www.gospelpatrons.org/articles/the-gospel-patron- behind-sudan-interior-mission.

2. "Who We Are: About," SIM, accessed January 4, 2019, https://www.sim.org/en_US/

about.

3. Rinehart, "Sudan Interior Mission," https://www.gospelpatrons.org/articles/the-gospel-patron-behind-sudan-interior-mission.
4. "I Like Foster Care," YouTube video, 3:44, posted by I Like Giving, August 31, 2017, https://www.youtube.com/watch?v=-h5yPCurnWE&sns=em.
5. Elisabeth Elliot, *Shadow of the Almighty: The Life and Testament of Jim Elliot* (Peabody, MA: Hendrickson, 2008), 11. (「전능자의 그늘」, 복있는사람, 2008)

6장. 부자가 되는 것의 위험성

1. Graham Noble, "The Life and Death of the Terrible Turk," *Eurozine*, May 23, 2003, https://www.eurozine.com/the-life-and-death-of-the-terrible-turk.
2. Lindsay Wissman, "2017 Federal Poverty Level Guidelines," PeopleKeep, February 7, 2017, https://www.peoplekeep.com/blog/2017-federal-poverty-level-guidelines.
3. "June 2018 Median Household Income," Seeking Alpha, August 1, 2018, https://seekingalpha.com/article/4193310-june-2018-median-household-income.
4. Globalrichlist.com also allows you to calculate your relative wealth by entering the equity in your home and the total value of all your possessions and investments.
5. Paul Piff, "Does Money Make You Mean?" TED talk, October 2013, https://www.ted.com/talks/paul_piff_does_money_make_you_mean/discussion?referrer=playlist-306.
6. Anne Manne, "The Age of Entitlement: How Wealth Breeds Narcissism," *Guardian*, July 7, 2014, https://www.theguardian.com/commentisfree/2014 /jul/08/the-age-of-entitlement-how-wealth-breeds-narcissism. See also Jessica Gross, "Six Studies on How Money Affects the Mind," *TED Blog*, December 20, 2013, https://blog.ted.com/6-studies-of-money-and-the-mind/.
7. William Barclay, *William Barclay's Daily Study Bible*, Luke 18, StudyLight.org, https://www.studylight.org/commentaries/dsb/luke-18.html.
8. William F. High with Ashley B. McCauley, *The Generosity Bet: Secrets of Risk, Reward, and Real Joy* (Shippensburg, PA: Destiny Image, 2014), 71–2.
9. 같은 책, 73－4.

7장. 당신의 보물을 오래 안전한 곳에 보관하라

1. "The Stanley Tam Story," YouTube video, 1:01:55, posted by U.S. Plastic Corporation, April 9, 2014, https://www.youtube.com/watch?v=QxPGFlxTSro.
2. Kate Gibson, "Nearly Half the Planet's Population Lives on Less than $5.50 a Day," CBS News, updated October 17, 2018, https://www.cbsnews.com/news/nearly-half-the-planets-population-lives-on-less-than-5-50-a-day-worlf-bank-reports/.
3. John Rinehart, *Gospel Patrons: People Whose Generosity Changed the World* (Reclaimed Publishing, 2014).
4. 같은 책, 37–7.
5. 같은 책, 61–2.
6. 같은 책, 94–28.

8장. 자족: 얼마만큼이 충분한가

1. William F. High with Ashley B. McCauley, *The Generosity Bet: Secrets of Risk, Reward, and Real Joy* (Shippensburg, PA: Destiny Image, 2014), 35–6.
2. "The Decision That Led to 9 Million Downloads," *Life.Church Open Network Blog*, October 7, 2016, https://openblog.life.church/the-decision-that-led-to-9-million-downloads/.
3. "The Bible App," YouVersion, accessed January 7, 2018, https://www.youversion.com/the-bible-app/.
4. High with McCauley, *The Generosity Bet*, 37.
5. Tori DeAngelis, "Consumerism and Its Discontents," *Monitor on Psychology* 35, no. 6 (June 2004): 52, https://www.apa.org/monitor/jun04/discontents.
6. 같은 곳.
7. Gary G. Hoag, *Wealth in Ancient Ephesus and the First Letter to Timothy* (Winona Lake, IN: Eisenbrauns, 2015).
8. Jeremiah Burroughs, *Rare Jewel of Christian Contentment* (Lafayette, IN: Sovereign Grace, 2001), 2.
9. Jerry Bridges, *The Practice of Godliness* (Colorado Springs: NavPress, 1996), 85. (「경건

에 이르는 연습」, 네비게이토, 2006)

10. Steven J. Cole, "Lesson 27: The Secret for Contentment (Philippians 4:10-13)," Bible.org, July 30, 2013, https://bible.org/seriespage/lesson-27-secret-contentment-philippians-410-13.

11. Hoag, *Wealth in Ancient Ephesus*, 177.

12. C. S. Lewis, *The Weight of Glory* (New York: HarperCollins, 2001), 34. (「영광의 무게」, 홍성사, 2019)

13. Randy Alcorn, *If God Is Good: Faith in the Midst of Suffering and Evil* (Colorado Springs: Multnomah Books, 2014). (「악의 문제 바로 알기」, 두란노, 2011)

14. Mark and Jennifer Higinbotham, personal testimony, October 16, 2017.

9장. 돈: 축복인가 저주인가

1. Journey of Generosity is an overnight event put on by Generous Giving, https://generousgiving.org/small-gatherings.

2. "Three Lessons from Esther and Caspar Jiang, China," JoyGiving.org, accessed January 8, 2019, https://joygiving.org/esther-and-caspar/.

3. 같은 곳.

4. 같은 곳.

5. Mark Cartwright, "Temple of Artemis at Ephesus," Ancient History Encyclopedia, July 26, 2018, https://www.ancient.eu/Temple_of Artemis_at Ephesus/.

6. Associated Press, "Hundreds of Coins Found in French Patient's Belly," NBC News, February 18, 2004, http://www.nbcnews.com/id/4304525/ns/health-health_care/t/hundreds-coins-foundin-french-patients-belly.

7. Charles R. Swindoll, *Strengthening Your Grip: How to Be Grounded in a Chaotic World* (Brentwood, TN: Worthy Books, 2015), 88.

8. Rich Duprey, "Maybe You Were Better Off Not Winning the Lottery Jackpot," Motley Fool, January 27, 2018, https://www.fool.com/retirement/2018/01/27/maybe-you-were-better-off-not-winning-the-lottery.aspx.

9. Derek Thompson, "Lotteries: America's $70 Billion Shame," Atlantic, May 11, 2015,

https://www.theatlantic.com/business/archive/2015/05/lotteries-americas-70-billion-shame/392870/.

10. Jeff Rose, "6 Ways to Prevent Ruining Your Life If You Win the Lottery," *Forbes*, August 21, 2016, https://www.forbes.com/sites/jrose/2016/08/21/winning-the-lottery.

11. Motley Fool, "Maybe You Were Better Off."

12. Annie Gabillet, "Lottery Horror Stories That Will Make You Think Twice about Buying That Ticket," Popsugar, May 28, 2018, https://www.popsugar.com/smart-living/Lottery-Horror-Stories-33026559.

13. Nick Britten, "Lottery Winner Dies after Blowing Millions on Drink, Racehorses and Football," *Telegraph*, April 2, 2010, https://www.telegraph.co.uk/news/uknews/7547902/Lottery-winner-dies-after-blowing-millions-on-drink-racehorses-and-football.html.

14. Tony Dokoupil, "'The Drama Is Nonstop': Powerball Winner 'Wild' Willie Wants His Old Life Back," NBC News, September 25, 2013, http://usnews.nbcnews.com/_news/2013/09/25/20663854-the-drama-is-nonstop-powerball-winner-wild-willie-wants-his-old-life-back.

15. Randy Alcorn, *Happiness* (Carol Stream, IL: Tyndale, 2015), 81–2. (『행복』, 디모데, 2017)

16. John Wesley, *John Wesley*, ed. Albert C. Outler (New York: Oxford University Press, 1964), 241.

17. John Piper, "Is Love of Money Really the Root of All Evils?" Desiring God, February 7, 2017, https://www.desiringgod.org/articles/is-love-of-money-really-the-root-of-all-evils.

18. 같은 곳.

19. Tony Cimmarrusti, "Tony and Martha Cimmarrusti: 2017 Celebration of Generosity," Vimeo video, 16:13, Generous Giving, https://generousgiving.org/media/videos/cimmarrusti-2017.

10장. 돈이 당신의 영혼에 할 수 있는 것은 무엇인가

1. John Cortines and Gregory Baumer, *God and Money: How We Discovered True Riches*

at *Harvard Business School* (Carson, CA: Rose Publishing, 2016), 120–1.

2. Gregory Baumer, "God and Money: An Interview with Gregory Baumer and John Cortines," YouTube video, 13:55, posted by Crossroads Church, March 11, 2018, https://www.youtube.com/watch?v=9bVrZTMZNgM.
3. Cyprian, *The Lapsed: The Unity of the Catholic Church*, chapters 9–1.
4. John Wesley, *John Wesley*, ed. Albert C. Outler (New York: Oxford University Press, 1964), 246.
5. John Chrysostom, as quoted in John C. Haughey, ed., *The Faith That Does Justice: Examining the Christian Sources for Social Change* (Eugene, OR: Wipf & Stock, 1977), 130.
6. Ray Bradbury, *Fahrenheit 451* (New York: Simon & Schuster, 2018), 149–50. (『화씨 451』, 황금가지, 2009)

11장. 돈에 대한 좋은 소식

1. Richard L. Pratt Jr., *1 & 2 Corinthians*, Holman New Testament Commentary (Nashville: B&H, 2000), 156. (『Main Idea로 푸는 고린도전·후서, 디모데, 2005)
2. 같은 책.
3. Randy Alcorn, *The Apostle*, Kingstone Bible, vol. 10 (Leesburg, FL: Kingstone Comics, 2015).
4. Timothy Friberg, Barbara Friberg, and Neva F. Miller, *Analytical Lexicon of the Greek New Testament*, Baker's Greek New Testament, vol. 4 (Grand Rapids, MI: Baker Books, 2000), 165.
5. Randy Alcorn, *Heaven* (Carol Stream, IL: Tyndale, 2004). (『헤븐』, 요단출판사, 2006)
6. "Three Lessons from Raja B. and Shantha Singh, India," JoyGiving.org, accessed January 13, 2019, https://joygiving.org/raja-and-shantha/.
7. 같은 곳.
8. 같은 곳.
9. Randy Alcorn, "Is God Happy, or Is He Blessed?" chapter 14 in *Happiness* (Carol Stream, IL: Tyndale, 2015). (『행복』, 디모데, 2017)

10. Charles H. Spurgeon, "Adorning the Gospel" (Sermon #2416).

11. Archibald Thomas Robertson, *Word Pictures in the New Testament*, vol. 4.

12. John Phillips, *Exploring the Pastoral Epistles: An Expository Commentary* (Grand Rapids, MI: Kregel, 2004), 190.

13. Robert Jamieson, A. R. Fausset, and David Brown, *Commentary Critical and Explanatory on the Whole Bible*, 1 Timothy 1:11.

14. A. W. Pink, *Gleanings from Paul: Studies in the Prayers of the Apostle* (Bellingham, WA: Logos Research Systems, 2005), 344.

12장. 진정한 부의 원천

1. "Alan Barnhart: God Owns Our Business," Vimeo video, 16:58, Generous Giving, https://generousgiving.org/media/videos/alan-barnhart-god-owns-our-business.

2. 같은 곳.

3. 같은 곳.

4. Liz Essley Whyte, "Giving It All," *Philanthropy*, Spring 2014, https://www.philanthropyroundtable.org/philanthropy-magazine/article/spring-2014-giving-it-all.

5. Michael Douglass, "Here's How Many American Millionaires There Are," Motley Fool, January 23, 2017, https://www.fool.com/retirement/iras/2017/01/23/heres- h o w - many-american-millionaires-there-are.aspx.

6. globalrichlist.com for more perspective on this topic.

7. Crown Financial Ministries offers a variety of stewardship resources and studies (https://www.crown.org). Good Sense Movement (https://goodsensemovement.org) offers printed and DVD resources by Dick Towner and others, including *Freed-Up Financial Living*. Dave Ramsey's Financial Peace University has helped many people get out of debt (https://www.daveramsey.com/fpu). See Howard Dayton's Compass—Finances God's Way at https://compass1.org. Many families have benefited from the practical financial advice of Ellie Kay (https://elliekay.com). See also Randy Alcorn, "Debt: Finding Freedom and Wisdom," chap. 16 in *Managing God's Money* (Carol Stream, IL: Tyndale, 2011).

13장. 선한 일에 부요하게 되라

1. William F. High with Ashley B. McCauley, *The Generosity Bet: Secrets of Risk, Reward, and Real Joy* (Shippensburg, PA: Destiny Image, 2014), 81.
2. 같은 책.
3. 같은 책, 82.
4. Ryan Scott, "Super Service Challenge Gamifies Giving for Businesses," *Forbes*, November 3, 2014, https://www.forbes.com/sites/causeintegration/2014/11/03/super-service-challenge-gamifies-giving-for-businesses-3/#53da7564301b.
5. Timothy George, *Galatians: An Exegetical and Theological Exposition of Holy Scripture*, New American Commentary, vol. 30 (Nashville: B&H, 1994), 403.
6. F. F. Bruce, *The Epistle to the Galatians: A Commentary on the Greek Text* (Grand Rapids, MI: Eerdmans, 1982), 253–4.
7. Martin Luther, *A Commentary on Saint Paul's Epistle to the Galatians*, Galatians 5:22.
8. Johannes P. Louw and Eugene A. Nida, eds., *Greek-English Lexicon of the New Testament: Based on Semantic Domains*, 2nd ed., vol. 1 (New York: United Bible Societies, 1996), 569.
9. Lori Basheda, "Family Makes 200K a Year and Gives Most of It Away," *Orange County Register*, October 6, 2008, http://www.ocregister.com/2008/10/06/family-makes-200k-a-year-and-gives-most-of-it-away/.
10. "Tom and Bree Hsieh: Into the Neighborhood," Vimeo video, 7:44, Generous Giving, https://generousgiving.org/media/videos/tom-and-bree-hsieh-into-the-neighborhood.

14장. 나눔은 흥미진진한 모험이다

1. "Mary Clayton: Giving the Shirt off Your Back," Vimeo video, 5:10, Generous Giving, https://generousgiving.org/media/videos/mary-clayton-giving-the-shirt-off-your-back.
2. Johannes P. Louw and Eugene A. Nida, eds., *Greek-English Lexicon of the New Testament: Based on Semantic Domains*, 2nd ed., vol. 1 (New York: United Bible Societies, 1996), 568.

3. Randy Alcorn, "Debt: Finding Freedom and Wisdom," chap. 16 and "Questions and Answers about Debt," chap. 17 in *Managing God's Money: A Biblical Guide* (Carol Stream, IL: Tyndale, 2011); "Debt: Borrowing and Lending," chap. 17 in *Money, Possessions, and Eternity* (Carol Stream, IL: Tyndale, 2003). (「내 돈인가, 하나님의 돈인가?」, 토기장이, 2011)
4. Ana Harris, "When You Don't Have Much to Offer," *Ana Harris Writes* (blog), January 10, 2018, http://anaharriswrites.com/when-you-dont-have-much-to-offer/.

15장. 천국에 예금된 보물들

1. I develop this in detail in my books *The Treasure Principle*, rev. ed. (Colorado Springs: Multnomah, 2017) (「천국 보화의 원리」, 생명의말씀사, 2010) and *The Law of Rewards* (Carol Stream, IL: Tyndale, 2003). (「상급 받는 그리스도인」, 두란노, 2004)
2. Alcorn, *The Treasure Principle*, 100. (「천국 보화의 원리」, 생명의말씀사, 2010)
3. Mart Green, "Mart Green on Life's Greatest Investment Opportunity," Eternal Perspective Ministries, December 28, 2018, https://www.epm.org/blog/2018/Dec/28/lifes-greatest-investment-opportunity.
4. A. W. Tozer, "The Transmutation of Wealth," in *Born after Midnight* (Harrisburg, PA: Christian Publications, 1959), 107.
5. 같은 책, 106.

16장. 하나님 나라 우선

1. "The Light and Life of Men," Vimeo video, 1:11:52, posted by Fellowship Bible Church, December 4, 2016, https://vimeo.com/194245357.
2. "Rosemary Khamati of PEACE International," Vimeo video, 2:15, posted by Fellowship Bible Church, December 2, 2016, https://vimeo.com/194067948.
3. John Wesley, *Wesley Gold*, comp. Ray Comfort (Orlando: Bridge-Logos, 2007), 107.
4. https://www.prisonfellowship.org/action/ for opportunities to get involved with prison ministry.

5. "Dedication of the Kimyal New Testament," World Team, YouTube video, 10:50, https://us.worldteam.org/stories/video-details/dedication-of-the-kimyal-new-testament.
6. 같은 곳.
7. 같은 곳.
8. 같은 곳. Randy Alcorn, "The Word of God Entering a Tribe's Language in 2010," Eternal Perspective Ministries, December 31, 2010, https://www.epm.org/blog/2010/Dec/31/word-god-entering-tribes-language-2010.
9. Wycliffe Global Alliance, "2018 Bible Translation Statistics FAQs: Going Deeper," accessed January 21, 2019, http://resources.wycliffe.net/statistics/2018_Statistics_FAQs_EN.pdf.

17장. 영원한 생명은 우리가 죽기 전에 시작한다

1. "Drew Formsma at Ramsey Solutions," Vimeo video, 5:10, posted by I Like Giving, June 12, 2017, https://vimeo.com/221321916/1a2dd525a2.
2. 같은 곳.
3. Randy Alcorn, *The Treasure Principle*, rev. ed. (Colorado Springs: Multnomah, 017), 7–8. (『천국 보화의 원리』, 생명의말씀사, 2010)
4. William F. High with Ashley B. McCauley, *The Generosity Bet: Secrets of Risk, Reward, and Real Joy* (Shippensburg, PA: Destiny Image, 2014), 196.

18장. 하나님이 지속적으로 우리에게 더 많이 주실 때

1. William F. High with Ashley B. McCauley, *The Generosity Bet: Secrets of Risk, Reward, and Real Joy* (Shippensburg, PA: Destiny Image, 2014), 154.
2. 같은 책, 155.
3. R. G. LeTourneau, *Mover of Men and Mountains: The Autobiography of R. G. LeTourneau* (Chicago: Moody, 1972), 110.
4. High with McCauley, *The Generosity Bet*, 162.

5. Barbara Blouin and Katherine Gibson, eds., *The Legacy of Inherited Wealth: Interviews with Heirs*, rev. ed. (Blacksburg, VA: Trio Press, 1995).
6. Cameron Doolittle, "Three Lessons on Giving from Gerard and Geraldine Low," Generosity Path, December 12, 2016, http://www.generositypath.org/morestories/low?rq=gerard%20low.
7. 같은 곳.

결론. 현재가 기회의 문이다

1. "You Have One Life, Don't Waste It—John Piper," YouTube video, 7:28, posted by Desiring God, October 23, 2014, https://www.youtube.com/watch?v=mfpmbmsvu3A.
2. 같은 곳.

랜디 알콘의 기빙

1판 1쇄 인쇄 2021년 8월 25일
1판 1쇄 발행 2021년 9월 1일

지은이 랜디 알콘
옮긴이 김신호
발행인 조애신
책임편집 이소연
디자인 임은미
마케팅 전필영, 고태석
경영지원 전두표

발행처 도서출판 토기장이
주소 서울시 마포구 망원로 26 토기장이 B/D 3F
출판등록 1998년 5월 29일 제1998-000070호
전화 (02) 3143-0400
팩스 (02) 3143-0646
이메일 tletter@hanmail.net
페이스북 www.facebook.com/togijangibook
인스타그램 @book.library.togi

ISBN 978-89-7782-455-3

도서출판 토기장이는 생명 있는 책만 만듭니다.
“우리는 진흙이요 주는 토기장이시니 우리는 다 주의 손으로 지으신 것이니이다” (이사야 64:8)